Zeit für Klöster

Orte der Ruhe und Besinnung

Hanspeter Oschwald
Mirko Milovanovic

BUCHER

Inhalt

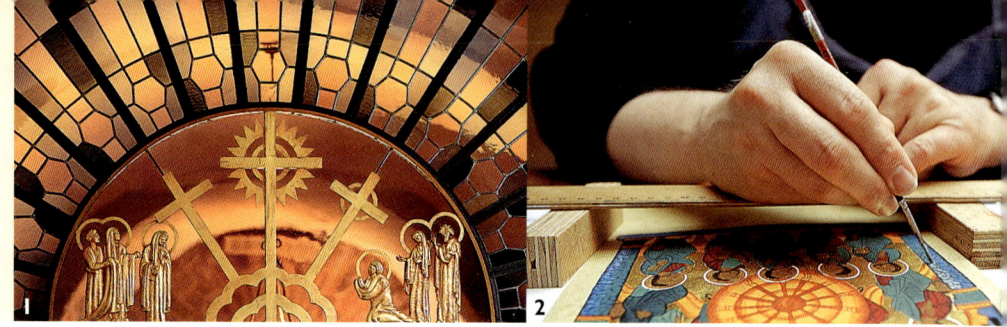

1 Detail der Pforte in St. Odilienberg. 2 Mit sicherer Hand: Bruder Ansgar vom Kloster Nütschau fertigt Ikonen. 3 Im Chor der Klosterkirche Weltenburg. 4 Deckenmalerei im Kloster Einsiedeln. 5 Beim Chorgebet. 6 Fürstenzimmer im Kloster Habsthal. 7 Admonter Klosterladen. 8 Buchmalerei in Kloster Einsiedeln. 9 Schnitzarbeit im Kloster Weingarten. 10 Die Bibliothek im Empfangszimmer von Kloster Weltenburg. 11 Wappen von Stift Admont. 12 Kloster Maria Laach: Kräutergärtnerei.

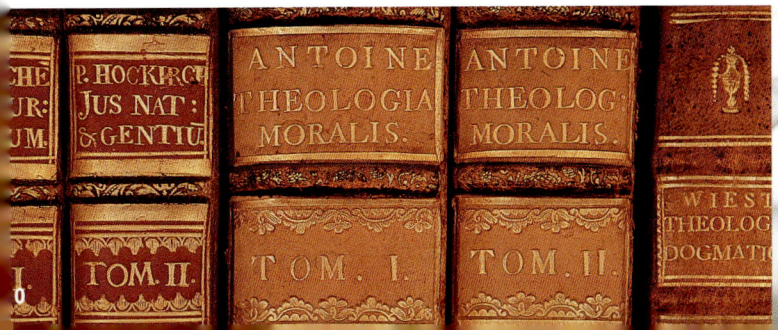

Klöster laden ein, Tage oder Wochen der Stille und der inneren Einkehr im Zusammenleben mit ihrer Ordensgemeinschaft zu verbringen. Wer heute auf der Suche nach sich selbst – oder nach Gott – einen Konvent aufsucht, wird nicht nach Religiosität oder Konfession gefragt. Das Klosterleben auf Zeit soll keine Weltflucht bedeuten, sondern diejenigen, die es in Anspruch nehmen, zu Ruhe und Innerlichkeit, zu Bescheidenheit und Einfachheit führen. So können sie anschließend ausgeglichener und spirituell gestärkt in das Alltagsleben zurückkehren.

Während ihres Aufenthaltes im Kloster nehmen die Gäste am Tagesablauf der Mönche oder Nonnen teil. Dazu gehören auch die von der Ordensregel vorgeschriebenen gemeinschaftlichen Gebete und Gottesdienste wie hier etwa die tägliche Feier der Eucharistie im Benediktinerkloster Mariastein in der Schweiz.

Die Rückkehr der Klöster –
Mönchsleben auf Zeit, Kunstgenuss und leibliches Wohl

Klöster haben Konjunktur. Wer hätte es gedacht? Vor einigen Jahren entdeckte zunächst eine kleine Minderheit das Leben in der Klausur. Nur wenige Konvente waren darauf vorbereitet. Jetzt rüsten die meisten für Besucher auf, welche auf einen Tag, auf Wochen oder lediglich zum Einkaufen naturbelassener Lebensmittel sowie Bier, Wein und Klosterlikör kommen.

Die Menschen haben Lust aufs Kloster bekommen, seitdem sich herumgesprochen hat, dass nicht nur Frömmler sich für einige Tage zu geistlichen Übungen hinter den Schutz der Klostermauern begeben. Gehetzte Manager, Studenten mit Prüfungsangst, Männer und Frauen in der Midlife-Crisis, Unternehmer vor wichtigen Entscheidungen, Gestresste auf der kurzzeitigen Flucht vor Ärger in Beruf und Familie. Eines wissen sie alle: Wer heute an eine Klosterpforte

klopft, muss zwar manchmal lange auf Eintritt warten, weil die Gemäuer sich weitläufig ausdehnen und meistens nur noch wenige Patres, Brüder oder Nonnen ihr Leben dort verbringen. Wenn sich dann schließlich die schwere Tür aus einer anderen Zeit öffnet, stellt jedoch niemand die vielleicht befürchtete Frage: Wie halten Sie es mit der Religion? Die Gretchenfrage taucht hier nirgends mehr auf. Ob gläubig oder nicht, ob katholisch, evangelisch oder sonst etwas spielt beim Eintritt ins Kloster auf Zeit keine Rolle. Bei kunstbeflissenen Suchern nach Zeugnissen großer abendländischer Kultur ohnehin nicht und natürlich auch nicht bei Zechgästen. Auch das Entree für wochenlange Aufenthalte hängt nicht von der Konfession ab, weder beim Kloster auf Zeit bei den Benediktinern noch beim Mitleben im Kloster bei den Kapuzinern.

Das gilt für alle 32 Klöster, die in diesem Buch vorgestellt werden. Eine überschaubare Zahl, die ausgewählt wurde, um möglichst jedem Neugierigen etwas zu bieten. Im Idealfall kommen die Gäste in den Genuss aller drei Kriterien, die bei der Wahl zu Grunde gelegt worden sind: geistliches Auftanken (Meditation), geistige Ansprüche bei kulturellen Entdeckungen (Kunst und Geschichte) sowie leibliches Wohlergehen (Bier, Wein und Klostergarten).

Viele Klöster wurden bewusst in abgelegenen Landstrichen gegründet, wo noch heute die Natur in ihrer Ursprünglichkeit erlebt werden kann. Es waren Entwicklungszentren, von denen aus Mönche das Land urbar machten. Sie kultivierten Ackerbau und Viehzucht. Sie lehrten die Menschen und förderten die Wirtschaft. Sie wurden reich und demonstrierten Wohlstand. Ihren Glauben manifestierten sie mit Kirchen und Klosterbauten, die ganze Epochen markierten.

Andere Klöster thronen hoch über Städten und Dörfern. Sie zeugen von einer verflossenen Macht, die längst Geschichte ist. Die ganze Landschaften dominierenden Bauwerke mit ihren in den Himmel ragenden Glockentürmen beanspruchen nichts mehr. Sie laden aber ein, den Weg zu sich selbst, manchmal auch zu Gott, zu finden.

«Hier kann ich über den Glauben reden, Fragen stellen und beten, ohne dass ich von irgendjemandem mitleidig belächelt werde», erzählt eine junge Hamburgerin in einem Kloster im Schwarzwald. Sie hat Erfahrungen gemacht, die vor zwei Generationen noch undenkbar waren. Über Glauben reden und sich als gläubig zu bekennen, wirkt heute anscheinend häufig als ein Zeichen von Gestrigkeit. Wissen das die Kirchenoberen?

Im Schutz der Mönchszellen darf darüber geredet werden. Niemand lächelt – warum auch? Schämen braucht sich schon gar niemand, denn Sinnsuche und Glaubenserfahrung gehören zum Trend. Die Nachfrage nach Informationen lässt auf eine Wiedergeburt der Klöster in unserer Heimat schließen, aber anders, als die Klosteroberen es sich vorgestellt haben. Religion wird niemand aufgedrängt. Der Freiraum des Einzelnen bleibt respektiert. Das Angebot der Spiritualität bleibt diskret, aber ständig präsent. Ob ein Atheist aus einem der neuen Bundesländer das Benediktinerkloster Niederaltaich an der Donau nach zwei Wochen wieder als solcher verlassen hat, weiß beispielsweise Altabt Emmanuel Jungclausen nicht. Eigentlich will er es auch nicht wissen. Der Gast schien jedenfalls gefunden zu haben, was er gesucht hatte.

Dieses Kapitel beginnt mit den religiösen Erfahrungen, weil es für ein Kloster angebracht ist, damit einzusteigen. Eines schließen jedoch alle Konvente gleichermaßen aus: Die Klöster beklagen zwar Nachwuchsmangel, aber Novizen als künftige Ordensleute auf diese Weise anzuwerben, wo man die Gäste doch für Tage und Wochen beeinflussen könnte, kommt für sie nicht in Betracht. Nicht um die eigenen Probleme soll es gehen, sondern um ein Angebot für Menschen «draußen», die die Jahrhunderte zurückreichenden Erfahrungen der Mönche nicht ignorieren, sondern modern nutzen wollen. So weit sind diese Erfahrungen von der Jetztzeit gar nicht entfernt. So sehr haben sich die Menschen nicht geändert, dass sie nicht noch immer auf denselben Wegen auf der Reise nach innen ihr seelisches Gleichgewicht suchen wollten oder könnten. Die Benediktinerregel «Ora et labora – bete und arbeite» sagt ins Weltliche übersetzt auch nur, Tätigkeit und Muße im rechten Maß zu finden.

Auf diese wieder in ihrer Wichtigkeit erkannten menschlichen Bedürfnisse wollen die Klöster antworten, weil sie überzeugt sind, dass sie dadurch nicht nur einen neuen anerkannten Stellenwert in der Gesellschaft erobern. Wenn sie eine Nachfrage erfüllen können, dann lösen sie gleich zwei Probleme: Ihre Gäste bekommen ihre Erwartungen erfüllt, die erhoffte «Dienstleistung». Und die meist armen Klöster bessern ihren Haushalt auf, stabilisieren ihre oft gefährdete materielle Existenz. Die Klöster kehren keineswegs als überholte Einrichtungen in die Gesellschaft zurück, nachdem über Jahrzehnte hinweg die Entfremdung von Welt und Orden die Kommunikation unterbrochen hat.

Der Andrang in Biergärten und Weinkellern bettete die Klöster in eine folkloristische Wahrnehmung ein, die heile Welt vorspiegelte, aber von Glaubenserfahrungen weit entfernt blieb. Dasselbe trifft auf die Besichtigungstouren von Bildungsreisenden zu, die in Kirchenschiffen, den Reiseführer in der Hand, die Köpfe nach schmuckvollen Details reckten. Nichts ist dagegen einzuwenden, die Klöster als Museen zu betrachten. Wer die Klosterschätze an Architektur, Malerei, aber auch Glasfenstern, kunstvollen Uhren und religiösem Mobiliar, kostbaren Paramenten, Altären und schwerem

1 «Ora et labora – bete und arbeite»: In schmiedeeisernen Lettern ziert die berühmte Regel des heiligen Benedikt von Nursia den Eingang zum Klausurbereich im Kloster Ettal. 2 Im Klostergarten von St. Marienthal. 3 Beim Orgelspiel im Kloster Benediktbeuern. 4 Festliche Kerzenbeleuchtung in der Stiftskirche Zwettl. 5 Historische Fotografie: Äbtissin Benedikta Depuoz, welche die in der Oberlausitz beheimatete Zisterzienserinnenabtei Marienstern in den Jahren von 1903 bis 1918 leitete.

Gestühl nicht nur betrachten, sondern auch begreifen will, kommt jedoch um eine Auseinandersetzung mit dem Geist, der die Schöpfer beseelt hat, nicht herum. Sie lohnt sich, weil sie die eigene Geschichte spiegelt.

Ein aufmerksamer Klosterbesuch ist wie das Blättern in einem Bildband der Geschichte. Die Rolle der Mönche bei der Urbanisierung und Zivilisierung des Abendlandes teilt sich mit. Eine wunderschöne oberschwäbische Barockkirche lädt ebenso zum Verweilen, Schauen und Staunen ein. Kriege, Leid und Elend, ewige Sehnsüchte und Hoffnungen, Trost und Frieden, alles, was die Menschen bewegt, spricht aus den Kirchen und Klöstern. Die Sprache muss aber wieder gelernt werden. Wer weiß noch die Symbole zu interpretieren, die früher jedes Kind verstand? So leicht und einfach wie

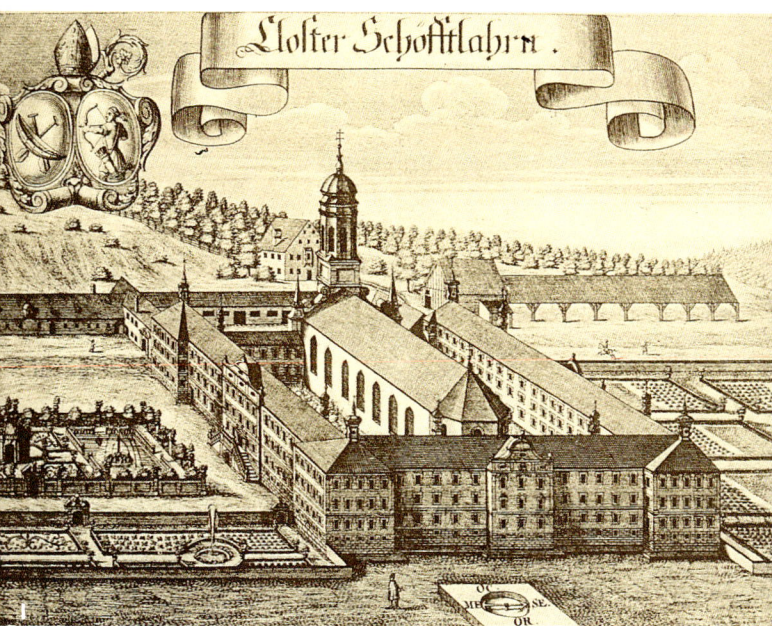

ein Ausflug in den Biergarten von Andechs ist das dann eben doch nicht. Erst recht sollte ein längerer Aufenthalt gründlich vorbereitet werden, wenn der Geist ebenso auf seine Kosten kommen soll wie der Leib in der Klosterbrauerei.

Wer aber die Klosterpforten für mehrere Tage hinter sich schließen will, sollte nicht nur etwas über die Geschichte des Ortes nachgelesen haben, sondern auch mit Bedacht das richtige Kloster für seine Bedürfnisse auswählen. Einige Ratschläge sollen helfen, die Lust aufs Kloster voll und ohne Reue auszuleben.

Eine Kernfrage können Unerfahrene nur selten definitiv beantworten: Was suche ich eigentlich? Traue ich mir zu, einige Zeit in völliger Stille zu leben oder werde ich auch zu jenen wenigen gehören, die den Schock der Stille nicht überstehen und schleunigst den Ort wieder verlassen? Wer schon Erfahrungen mit Meditation gemacht hat, tut sich leichter. Wer nicht, sollte vielleicht zunächst einmal an Meditationsübungen teilnehmen. Für das erste Mal im Kloster empfehlen sich die Programme von Kloster auf Zeit, die

1 Kloster Schäftlarn auf einem alten Stich. 2 Gemälde der Abtei Admont in der Steiermark. 3 Brauereimönch in einer mittelalterlichen Darstellung – links oben: das damalige Zunftzeichen der Brauer. Historische Aufnahmen: 4 Beim Bücherbinden in Beuron 5 und beim Restaurieren in Admont. 6–7 Schätze im Stift Zwettl: Goldkreuz und Krummstab.

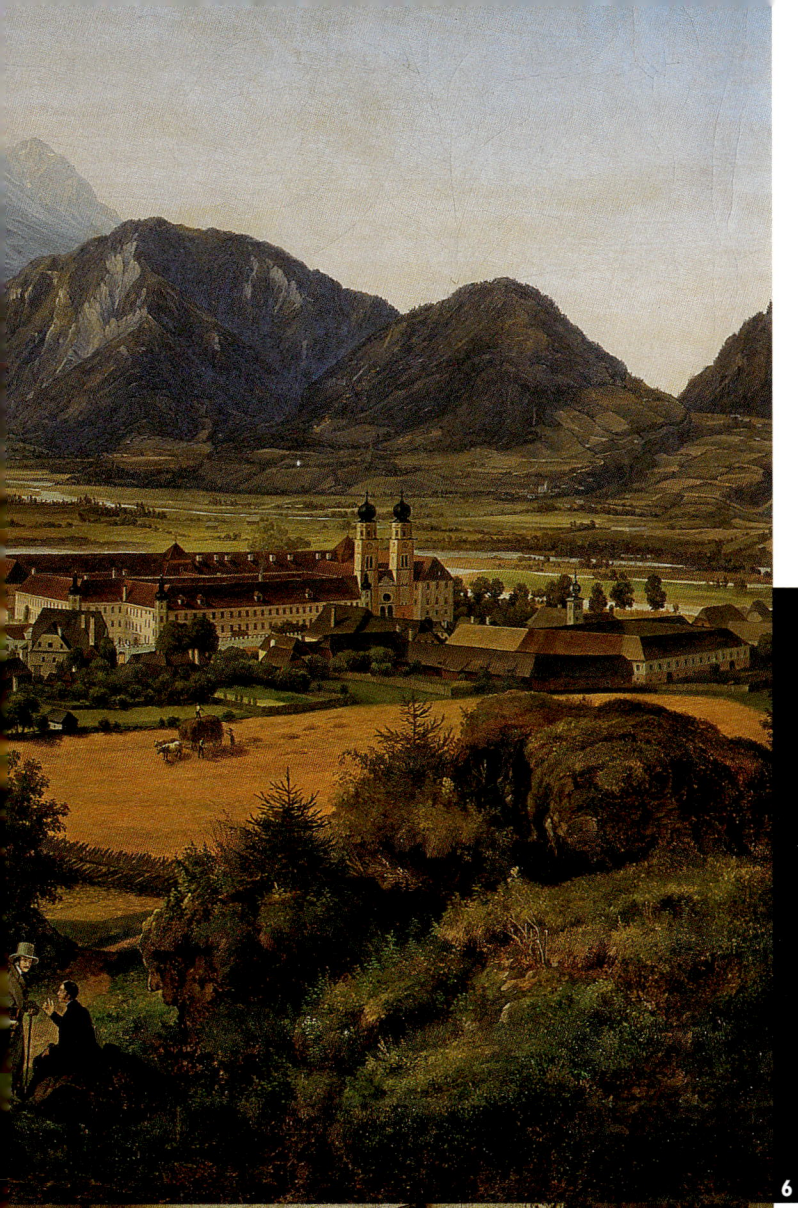

vor allem von den traditionell gastfreundlichen Benediktinern, den «Erfindern» dieses Angebots, gepflegt werden. Vorträge, Übungen und Einzelgespräche weisen neben Abwechslung durch Mitarbeit den leichteren Weg in die eigenen seelischen Problemzonen.

Stärker beanspruchen die Kapuziner ihre Gäste. Sie betonen das vollkommene Mitleben mit den Bettelmönchen. Tag für Tag teilen die Gäste alles, was die Brüder tun. Sie leben meistens in einfachen Zellen, die anders als bei Kloster-auf-Zeit-Programmen modernen Komfort, etwa individuelle Waschzellen, vermissen lassen. Dafür ist es den Gästen überlassen, was sie für die Unterbringung bezahlen. Kloster auf Zeit dagegen nennt feste Tarife.

Das Leben als Mönch oder Nonne ist in allen Fällen gesund. Klostergärten sind sprichwörtliche Bioländer, naturbelassen und voller

6   7

Entdeckungen von Kräutern, Aromen und Geschmäckern, die überdüngtes Gemüse und Obst kaum mehr ahnen lassen. Solche Gärten wollen bebaut und gepflegt sein, eine wichtige Arbeit für die Gäste beim Mitleben, die dafür neben gesunder Kost manch guten Tipp von den klösterlichen Gärtnern mitnehmen können. Für die Selbstversorgung unterhalten die meisten Klöster einen landwirtschaftlichen Betrieb. Mal als Bauer Hand anzulegen kann deshalb auch zum Klosterbesuch gehören. Die Hausarbeiten teilen sich Dauerbewohner und Besucher selbstverständlich. Beim Geschirrspülen ist im Plausch schon manches zur Sprache gekommen, was in einer förmlichen Aussprache kaum ausgesprochen worden wäre – der Abwasch als Therapie.

Zu den im Voraus zu klärenden Fragen zählen aber auch die Erwartungen, die über das eigentliche Klosterleben hinaus führen. In welcher Landschaft möchte ich diese Zeit verbringen, in Stadtnähe oder lieber abgelegen mit schönen Ausflugszielen? Bei längeren Aufenthalten kann das Freizeitangebot den Ausschlag geben. Für

andere ist aber das Profil des gastgebenden Ordens wichtiger. Das kleine Ordenslexikon dieses Buches hilft bei der Auswahl.

Bettelorden wie die Franziskaner bieten gewöhnlich rustikalere Lebensbedingungen. Die Benediktiner wiederum erfüllen in der Regel höhere Ansprüche. Kontemplative Orden wie die Trappisten garantieren durch das strenge Schweigegebot der Mönche die konsequenteste Stille. Eine Ausnahme bilden die Jesuiten, die mitten unter uns wirken. Ihre Ordensgemeinschaft lebt nicht in Klöstern, sondern in Ordenshäusern, die überwiegend in den Städten liegen. Sie nehmen bisher nur vereinzelt Gäste auf, wiewohl ein intellektueller Disput mit Jesuiten den eigenen Kopf ordentlich herausfordern kann – auch eine Art von geistiger Einkehr. Als Leiter

Historische Fotografien aus Kloster Marienstern in Sachsen: **1** Novizinnen im Jahr 1937 vor **2** und nach der Einkleidung. Die Novizin erhält an diesem feierlichen Tag ihr Ordensgewand, nachdem sie eine erste Probezeit, das so genannte «Postulat», absolviert hat. Das Noviziat dauert meist ein bis zwei Jahre. Währenddessen übt sich die Novizin darin, nach den Ordensregeln zu leben und sich auf die weiteren Gelübde vorzubereiten. Es steht ihr während des Noviziats frei, das Kloster wieder zu verlassen, da sie noch durch kein Gelübde gebunden ist. Nach dem Noviziat folgt die zeitliche und später die ewige Profess, mit der sich die Nonne endgültig an ihre Ordensgemeinschaft bindet – mit allen Rechten und Pflichten. **3** Nonne im Bügelzimmer (1950). **4** Schülerinnen im adventlich geschmückten Speisesaal des klösterlichen St.-Josef-Internats, zusammen mit der damaligen Leiterin, Präfektin Schwester Martha Müller (1930); im Kriegsjahr 1941 brannte das 1802 gegründete Internat ab. Auf seinen Ruinen wurde das noch heute bestehende Maria-Martha-Heim errichtet, in dem behinderte Mädchen betreut werden. **5** Aufgetischt: Refektorium im österreichischen Zisterzienserstift Zwettl.

von Akademien und Veranstalter von Tagungen bieten sie eine andere Art von Auftanken, auf die hier jedoch nicht weiter eingegangen werden kann. Die jesuitischen geistlichen Übungen, die Exerzitien, gehören für die Sinnsuche und die eigene Spiritualität dennoch zur ersten Wahl.

Letztlich geht es den «inneren Schulen» aller Orden um die ganzheitliche und harmonische Erkenntnis und Entwicklung des Einzelnen. Ein Ziel, das anscheinend wieder zur Sehnsucht einer wachsenden Zahl von modernen Menschen gehört, die nicht mehr in fernöstliche Kulturen aussteigen müssen, sondern sich sozusagen um die Ecke neu sortieren können. Wie schön und gastfreundlich diese Ecken sein können, sollen die folgenden Seiten zeigen.

Leib und Seele zusammenhalten
Wenn der Heilige Berg ruft, kommen Millionen nach Andechs

Wo alle gleich sind und bayerische Gemütlichkeit groß geschrieben wird. Besinnung, Erbauung und bayerische Gastlichkeit unter einem Dach.

Eine alte Erfahrung unter Christgläubigen hat schon immer geraten: «Wenn nichts mehr geht, dann geh!» Gemeint war damit nicht eine Kündigung oder ein Abschied auf ewig. Wenn früher dieser Rat gegeben wurde, dann verbarg er eine freundliche Aufforderung, den Pilgerstab in die Hand zu nehmen. Bei einer Wallfahrt konnten trübe Gedanken verscheucht, neuer Mut und Zuversicht getankt werden. Sie brachte oft genug auch Leib und Seele wieder zusammen.

Nirgends trifft dies bis heute mehr zu als auf einem heiligen Berg Bayerns, der sozusagen den Münchnern vor die Haustür gesetzt ist und bei einem Sonntagsausflug leicht zu erreichen ist. Manchen reicht sogar ein etwas längerer sommerlicher Feierabend, um sich dort mit der Welt wieder ins Reine zu bringen. Denn der Heilige Berg empfängt den mit Mühsal Beladenen nicht nur mit seiner himmelwärts weisenden Kirche und dem schlanken Zwiebelturm. Natürlich harren dort oben auch Mönche der Sünder. Es sind Benediktiner – keine Nebensache, auch wenn es vielen so scheint.

Nach einem appetitanregenden Marsch durch Felder und Auen warten am Ziel bayerische Schmankerl und exquisite Biere. Die Rede ist natürlich vom populärsten Wallfahrtsort, vom Kloster Andechs in der Nähe des Ammersees, das bald in der ganzen Bundesrepublik Filialen eröffnet. Allerdings nicht das Kloster selbst, sondern der Klosterbräu, dessen Leiter Pater Anselm Bilgri geschäftstüchtig nicht nur über zweihundert Beschäftigte und eine Brauerei mit einem jährlichen Ausstoß von an die 100 000 Hektoliter gebietet. Er erschließt im ganzen Land Restaurant- und damit kirchenfremde Märkte, deren Gäste beim Andechser so viel oder so wenig ans Kloster denken wie beim Franziskaner oder Paulaner. Die Brauerei sichert die wirtschaftliche Unabhängigkeit des Andechser Klosters. Es braucht weder Spenden noch Kirchensteuer.

Gehen wir etwas tiefer. Nirgends in der ganzen kirchlichen Welt von heute gibt ein Kloster vielleicht so eindeutig Antwort auf die Frage nach dem Geheimnis des Zusammenhalts von Leib und

1 Mönch und Manager: Pater Anselm Bilgri ist für mehr als zweihundert Beschäftigte und eine Brauerei zuständig. 2 Das winterliche Andechs. 3 Fensterausschnitt im «Bräustüberl»: Klösterliche Gartenarbeit hat eine lange Tradition. 4 Pater Anselm bei einer Taufe in der Klosterkirche.

Seele wie Andechs. 1,5 Millionen Besucher ziehen jährlich den Weg zum Klosterberg hinauf, um ebenso Erbauung und leibliches Wohl zu befriedigen. Biergenuss steht bei den meisten im Vordergrund. Doch auch sie können sich auf der Aussichtsterrasse des «Bräustüberls» angesichts der Fernsicht auf den Wendelstein bis zu den Allgäuer Alpen dem Gefühl, dem Schöpfer irgendwie besonders nahe zu sein, nicht entziehen. Vielleicht sind sie ja auch nachdenklich auf einsamem Wanderwege durch Felder, Wiesen und Wälder ringsum hinaufgestiegen, etwa durch die wildromantische Schlucht des Kienbachs. Ein landeskultureller Lehrpfad, der vom Großparkplatz des Klosters entlang eines Kreuzweges rund um die Birkenmoosäcker führt, vermittelt einen Eindruck von der Geschichte, Entstehung und Entwicklung der Landschaft.

Von jeher war den Mönchen die Sorge um das leibliche Wohl des Gastes ein besonderes Anliegen. Nach der Regel des heiligen Benedikt: «Alle Fremden, die kommen, sollen aufgenommen werden wie Christus», wurden Pilger von den Benediktinern stets verköstigt. Diese benediktinische Tradition der Gastfreundschaft und die urbayerische Gemütlichkeit finden in Andechs zueinander. Die Symbiose verdankt der Ort vielleicht einer gewissen bayerischen Schlitzohrigkeit, die etwa Pater Anselm gut zu Gesicht steht. Er moderiert nicht nur im bayerischen Fernsehen eine Talkrunde und lockt mit allerhand attraktiven Einladungen zum Stammtisch und zur geistigen Auseinandersetzung mit den Problemen der Zeit auf den Heiligen Berg. Er hat mehrere Bücher geschrieben, darunter zwei Kochbücher, die einträchtig neben dem Gebetbuch ihren Platz finden: «Geheimnisse der Klosterbrauerei» und «Kochen für Leib und Seele – Das Kloster-Andechs-Kochbuch».

Der verschmitzte Pater ist einem Witz nicht abgeneigt. Von ihm könnte eine Anekdote stammen, die einem nicht näher bekannten Kloster oder gleich mehreren nachgesagt wird: Im späten Mittelalter, als die Fastenzeit noch penibel eingehalten wurde, stellte sich

mehr noch den Mönchen als dem gläubigen Fußvolk die bis heute nur in Bayern eindeutig beantwortete Frage, ob Bier denn ein Genuss- oder ein Lebensmittel sei. Benediktinermönche wollten dieses fundamentale Problem von Rom lösen lassen.

Sie schickten also ein nicht ganz gefülltes Fass Bier an die päpstliche Kurie, um dort das letztinstanzliche irdische Urteil zu erfragen, ob

1 Die Seminare in Kloster Andechs, wie hier im Herzog-Albrecht-Zimmer, sind bei Führungskräften aus der Wirtschaft sehr gefragt. 2 Die Chorkapelle im so genannten Fürstentrakt wurde von 1989 bis 1990 renoviert. 3 Bildergalerie mit Mariendarstellungen. 4 Kreuze begleiten den Weg zum Pfortenhof. 5 Beispiel für die Kunstfertigkeit der Wessobrunner Schule: Portal im Fürstentrakt mit aufwändig geschnitzter Holztür, Marmorsäulen und üppig verziertem Giebel. 6 Auch an der Außenfassade setzen sich die Stilelemente der Wessobrunner Meister fort.

sie Bier als Lebensmittel auch in der Fastenzeit trinken dürften. Auf dem Transport soll das Bier so durcheinander geschüttelt worden sein, dass es bei der Ankunft in Rom ungenießbar sauer war. Da fiel den Prälaten, die lieber dem Wein zusprachen, der Befund nicht schwer: «Wahrlich ein echtes Fastengetränk.» Dabei ist es bis heute geblieben.

Andechs und das Bier gehören zusammen seit Anfang an, wiewohl das Bier erst in späteren Jahren zur eindeutig primären Attraktion auf dem Heiligen Berg wurde. Angefangen hat die Geschichte von Andechs so um das 10. Jahrhundert. Der Überlieferung nach ließ ein Ahnherr des Andechser Fürstengeschlechts, der selige Rasso,

Reliquien, die er im Heiligen Land erworben hatte, in der Kapelle der Burg von Andechs lagern, der Hausburg seiner Familie. Der im Laufe der Zeit ständig vermehrte Reliquienschatz, darunter die «Heiligen Drei Hostien», legte den Grundstein für Andechs als einen der berühmtesten deutschen Wallfahrtsorte.

Sie konnten auf ein weites Hinterland zurückgreifen. Denn die Andechser Grafen erwarben durch geschickte Heiratspolitik ausgedehnte Besitztümer, die bis nach Istrien, Dalmatien und Kroatien reichten. Ende des 12. Jahrhunderts bekamen sie von Kaiser Friedrich Barbarossa den Herzogtitel von Meranien verliehen und erreichten den Höhepunkt ihrer Macht. Das Geschlecht brachte Königinnen, Bischöfe und sogar Heilige, die heilige Hedwig und die heilige Elisabeth von Thüringen, hervor.

Die männliche Linie der Andechs-Meranier endete Mitte des 13. Jahrhunderts mit dem Tod Ottos II., des letzten Grafen von Andechs und Herzogs von Meranien. Die Burg wurde zerstört und die Andechser wären im Dunkel der Geschichte verschwunden, wenn da nicht weit und breit der Reliquienschatz bekannt gewesen wäre, der bei der Zerstörung verschwunden war. Die drei heiligen Hostien, Zweige der Dornenkrone Christi, das Siegeskreuz Karls des Großen und einige andere wurden in der Burgkapelle vergraben. Nach dem Fall der Burg gab es dann ein Problem, denn die vom Schatz Wissenden hatten leider alle das Zeitliche gesegnet. Aber im Jahre 1388 soll der Sage nach der Schatz durch ein kleines Wunder wieder gefunden worden sein. «Während der Messe huschte eine Maus durch die Kirche und verlor ein Stück Pergament, worauf der Platz der vergrabenen Heiligtümer verzeichnet war.» Kurzzeitig mussten die Pretiosen zur Sicherheit nach München gebracht werden, so viele Pilger kamen nach Andechs. Um 1406 veranlasste dann Herzog Ernst von Bayern den Bau der jetzigen Wallfahrtskirche auf dem nunmehr Heiligen Berg. Vierzig Jahre später entstand auch das heutige Benediktinerkloster. Die einstmals in gotischem Stil gebaute Kirche wurde durch einen Brand später

verwüstet, wieder aufgebaut und der wunderbare Rokokostil, in dem sie heute zu bewundern ist, wurde 1755 zu den Feiern des 300-jährigen Bestehens im Zuge einer Renovierung eingeführt. Der Übernahme des Klosters durch die Benediktiner im Jahre 1455 folgten wechselvolle Zeiten mit Krieg, Hunger und Seuchen. Erst um 1588 ging es wieder aufwärts. Unter Abt Michael Einslin (1610–1640) erlebte die Wallfahrt einen ungeahnten Aufschwung. Allein von 1622 bis 1626 zog es eine halbe Million Pilger nach Andechs. Dann kam der Dreißigjährige Krieg. Es folgten Pest, Besetzung, Plünderung. Mehrmals musste der Schatz während des Krieges nach München oder Wasserburg am Inn in Sicherheit gebracht werden, bis 1648 endlich Friede geschlossen wurde. Doch noch größer als im Krieg war der Schaden, als in der Nacht zum 4. Mai 1669 der Blitz in den Kirchturm einschlug. Die Gebäude des Klosters brannten fast völlig aus. Zum Glück konnte das Inventar von Kirche und Kloster gerettet werden. Wie durch ein Wunder blieb der Reliquienschatz unversehrt in der Heiligen Kapelle – ihre

1 Musiker-Quintett im Konzertsaal. 2 Beliebtes Ausflugsziel nahe München: der klösterliche Biergarten. 3 Am besten schmeckt das Andechser Bier im «Bräustüberl» auf dem Heiligen Berg. 4 Im rustikalen Florian-Stadl findet im Sommer das jährliche Carl-Orff-Festival statt.

Andechs (Benediktinerkloster)

«Unsere Tradition ist es, fortschrittlich zu sein – unseren Fortschritt verdanken wir einer großen Tradition.»

Anreise
Bahn: S-Bahn S5 München–Herrsching, von der S-Bahnstation Herrsching aus mit Bus oder Taxi.
Auto: Autobahn A96 München–Lindau, Ausfahrt Oberpfaffenhofen Richtung Herrsching.

Geschichte
Klostergründung 1455 durch Herzog Albrecht III. zur Betreuung der Wallfahrt. 1755 wurde die Kirche unter Federführung von J. B. Zimmermann in den bis heute erhaltenen Rokokoraum verwandelt. Nach der Säkularisierung des Klosters 1803 wurde es 1846 von König Ludwig I. erworben und 1850 an die Abtei St. Bonifaz in München als Landgut übergeben.

Sehenswürdigkeiten
Kloster: Kirche, Kirchturm, Heilige Kapelle, Kerzensammlung, Fürstentrakt, Stuckaturen des bayerischen Barock und Rokoko. *Umgebung:* Oberbayerisches Fünf-Seen-Land, Schifffahrt auf dem Starnberger See und Ammersee, Carl-Orff-Museum in Dießen.

Klosterbetrieb
Klosterbrauerei, Klosterladen, Klostermetzgerei, Bräustüberl, Klostergasthof, Garten, Ausstellungen und Konzerte (jährliches Orff-Festival im Florian-Stadl), Online-Shop.

Gästeangebot
Ferienwochen für Jugendliche, Einzelaufenthalte im Kloster, Exerzitien für Manager, Besinnungstage für Unternehmer/-innen und Manager/-innen, Führungstraining auf der Basis der Benediktsregel, Seminare und Tagungen. Vermietung von Tagungsräumen für Veranstaltungen im Fürstentrakt des Klosters sowie im Florian-Stadl und im Alten Pferdestall, Führungen auf dem Heiligen Berg.

Gottesdienste
Mittwoch: 18.00 Abendgebet der Mönche mit Eucharistiefeier. *Sonntag:* 9.00, 10.15, 11.30 Messfeiern, 18.00 Uhr Messe.

Unterkunft
Klostergästetrakt: Einzel-/Doppelzimmer mit Etagendusche/WC. Zimmerreservierung in nahen Hotels über das Kloster möglich, Tel. 0 81 52-37 62 47. E-Mail: tagung@andechs.de.

Auskunft und Reservierung
Kloster Andechs, Bergstraße 2, 82346 Andechs, Tel. 0 81 52-37 60, Fax: 0 81 52-37 62 67, Internet: www.andechs.de, E-Mail: info@andechs.de.

Tür ließ sich nicht öffnen, der Schlüssel befand sich in kurfürstlicher Verwahrung in München. Der Wiederaufbau des Klosters war nicht leicht. Kurfürst Ferdinand Maria schickte seine eigenen Bauleute auf den Berg. 1675 endlich war das Kloster wieder hergestellt.

Mit dem Ende des 18. Jahrhunderts kündigte sich auch für Andechs eine Wende an, wenn nicht gar das Ende befürchtet wurde. Im Jahr 1803 verfügte die kurfürstliche Regierung im Zuge der Enteignung des Kirchenbesitzes durch die Säkularisation die Aufhebung des Klosters Andechs. Erst 1850 wurde Kloster Andechs von Ludwig I. als Wirtschaftsgut der Benediktinerabtei St. Bonifaz in München wiedergegründet. Und seither haben es die Benediktiner getreu ihrem Motto «Ora et labora» gepflegt und verwaltet.

Während des Zweiten Weltkriegs war das «Bräustüberl» geschlossen, erst im März 1952 öffnete es wieder seine Pforten. Wie seit vielen Jahren finden sich heute Alt und Jung im Biergarten ein, um ohne Standesunterschiede in dieser urwüchsig-bayerischen Atmosphäre zu entspannen. Jeder holt sich sein Bier selbst, wie es bayerische Tradition gebietet. Hier ist jeder gleich, und bayerische Gemütlichkeit wird groß geschrieben. Womit sich der Kreis dessen schließt, was Kloster Andechs für seine Besucher aus aller Welt bereithält: Besinnung, Erbauung und bayerische Gastlichkeit.

Fast ein Paradies auf Erden
Heiteres, erhabenes, stilles, beschauliches Benediktbeuern

*Berühmte Gäste zogen hier durch oder blieben für länger:
Johann Wolfgang von Goethe und Carl Orff,
Joseph von Fraunhofer und Thomas Mann.*

Wer weiß, zu welch heiteren oder frivolen Liebesliedern Johann Wolfgang von Goethe sich hätte inspirieren lassen, wenn er, sicherlich genüsslich, hätte lesen können, was sich in der Bibliothek des Klosters Benediktbeuern verborgen hielt. Doch 1786 notierte der Dichterfürst in sein Tagebuch lediglich: «Benediktbeuern liegt köstlich und überrascht bei seinem Anblick.» Goethe besuchte das Benediktinerkloster auf seiner Reise nach Italien. Damals war der Schatz im Pfaffenwinkel noch nicht gehoben. Das geschah erst ein Vierteljahrhundert später und wurde auch da noch nicht in seinem Wert richtig erkannt. Bei der Auflösung des Klosters während der Säkularisation 1803 fanden die neuen staatlichen Herren eine Sammlung hochmittelalterlicher Lieder und Gedichte, die Carmina Burana. 1847 wurden sie nachgedruckt und ein viel späterer Leser, der Komponist Carl Orff, machte sie erst weltberühmt. Er vertonte 1930 eine Auswahl der Lieder und schuf damit sein bekanntestes Werk.

Frivol, heiter, erhaben, weltoffen, still, beschaulich, behäbig, nachdenklich, gelassen, kaum ein Adjektiv, das ins Bilderbuchvokabularium eines paradiesisch anmutenden Ortes passt, bleibt in Benediktbeuern außen vor. Der Anblick grasender Kühe auf grünen Wiesen vor dem dahingestreckten Kloster mit den alles überragenden Zwiebeltürmen vor Hochgebirgskulisse bedient jedes Klischee von bayerischer Berglandschaft und heiler Welt.

Der Anschein täuscht nicht und verbirgt doch mehr. Ein Rundgang lässt Höhen und Tiefen des christlichen Abendlandes am geistigen Auge vorbeiziehen bis hin zur Gegenwart, deren Probleme die hier lebenden und studierenden jungen Menschen bewegen.

Ein kulturelles Zentrum war das Kloster schon wenige Jahre nach seiner Gründung 739. Seit mehr als 1200 Jahren ist Benediktbeuern mehr als nur eine Stätte des Gebetes, sondern auch der Bildung und Wissenschaft. Bereits in der zweiten Hälfte des 8. Jahrhunderts hatte die Schreibschule ein hohes Niveau erreicht. Viel-

1 Kunstvoll geschmiedete Tür zur Anastasiakapelle in der Pfarrkirche St. Benedikt. Die Kapelle wurde 1750 bis 1753 von Johann Michael Fischer an die Sakristei angefügt. **2** Die barocke Pfarrkirche und der Konventsbau stammen aus der zweiten Hälfte des 17. Jahrhunderts. **3** Das klösterliche Wappen in der Anastasiakapelle. **4** Das Kloster liegt malerisch am Fuß der Benediktenwand – auch Goethe machte hier einst Station.

leicht landeten deshalb die im 12. Jahrhundert entstandenen Carmina Burana später auch dort. Genaueres weiß man bis heute nicht. Die Liederhandschrift aus Benediktbeuern enthält mehr als 250 vielstrophige weltliche Lieder. Die Begegnung mit diesen Texten faszinierte Orff so sehr, dass ihn «Bild und Worte überfielen», wie er sich später erinnerte. Noch am selben Tag skizzierte er den ersten Chorsatz «O Fortuna» (Das Glück). «Der mitreißende Rhythmus, die Bildhaftigkeit dieser Dichtungen und nicht zuletzt die vokalreiche Musikalität und einzigartige Knappheit der lateinischen Sprache fesselten ihn», heißt es in einer Würdigung.

Das ewige Kreisen der Welt zwischen Glück und Unglück, Aufstieg und Niedergang vertonte Orff mit wenigen, immer wiederkehrenden Mitteln in einem großen Chorsatz am Anfang und Schluss. Der Mittelteil besteht aus einzelnen Bildern: «Uf dem Anger» – auf dem Dorfplatz; «In Taberna» – in der Schänke; «Cour d'Amour» – eine

1 Verführerische Opulenz im barocken Alten Festsaal: Die prächtige Stuckdecke wurde 1672 bis 1675 von Caspar Feichtmayr geschaffen, die 29 Deckengemälde stammen von den Südtiroler Künstlern Stephan und Michael Kessel. 2 Dachgiebel des Klostergebäudes mit Ädikula und Statue. 3 Üppiger Barock mit Blattornamentik, Putti und Girlanden dominiert auch den Kapitelsaal, den Feichtmayr 1686 bis 1690 stuckiert hat. 4 Treppenhaus im Fürstentrakt. 5 Arkadenhof mit Kreuzgang.

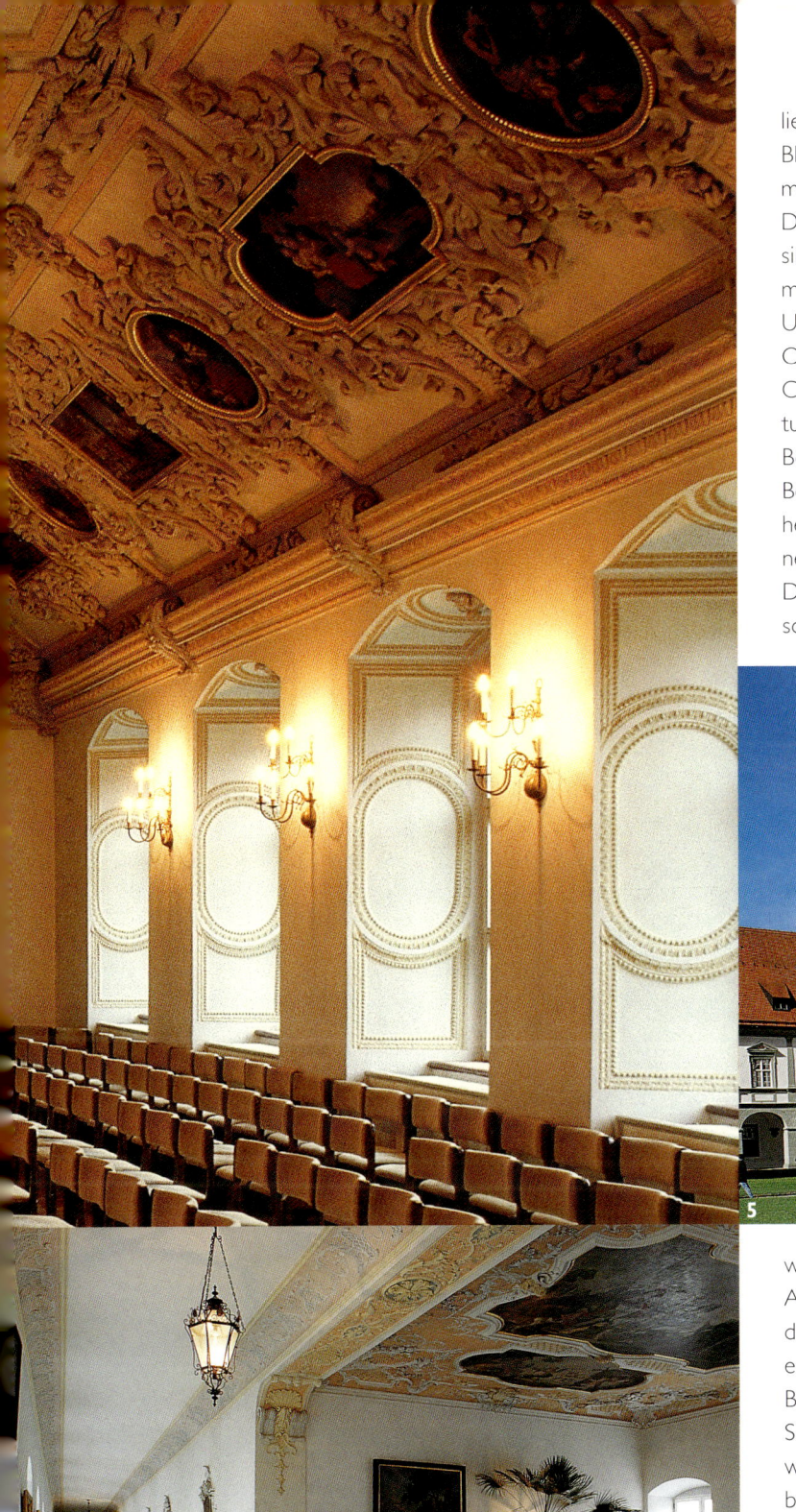

liebliche Musik voller Erotik. Zum Höhepunkt des Werkes singen Blanziflor, ein Held der französischen Rittersage, und Helena eine mitreißende Hymne auf die Liebe.

Die mittelalterlichen Texte inspirierten Carl Orff zu einer prall-sinnlichen Musik mit starker Vereinfachung in Rhythmik und Harmonik. Vermutlich ist seine Musik deshalb so populär geworden. Und es ist nicht zu verstiegen, dem Besucher des Klosters eine Orff'sche Einführung zu empfehlen. Obwohl das Kloster mit den Carmina Burana nur als einstiger Aufbewahrungs- und Fundort zu tun hat, bereitet der Hörgenuss dieser Lieder auf eine Reise nach Benediktbeuern vor. Wie gregorianische Gesänge traditionellen Benediktinerklöstern ihre Stimme durch die Jahrhunderte verleihen, so lassen Orffs Vagantenlieder heute das ehemalige Benediktinerkloster musikalisch zu uns sprechen.

Der verborgene, möglicherweise abenteuerliche Weg der lateinischen, aber auch mittelhochdeutschen Lieder bis in den Pfaffen-

winkel konnte bisher nicht geklärt werden. Das schmälert das Ansehen des Klosters natürlich nicht. Genau genommen sind sie in der 1200-jährigen Geschichte des Ortes auch nur eine Randerscheinung. Die Abtei wurde auch so mit ihrer gut ausgestatteten Bibliothek und den darin arbeitenden Wissenschaftlern berühmt. Sie fühlte sich von Anfang an der Gelehrsamkeit verpflichtet. Zeitweise befand sich in Benediktbeuern das «Studium commune» der bayerischen Benediktiner. 1724 machte Pater Karl Meichelbeck mit seiner «Historia Frisingensis» von sich reden: der ersten, unter Verwendung der historisch-kritischen Methode verfassten Geschichte eines süddeutschen Bistums.

Goethe und Orff waren auch nicht die Einzigen, die sich von Benediktbeuern anziehen ließen. Von 1807 an arbeitete der Physiker Joseph von Fraunhofer mehrere Jahre lang in den Räumen des Klosters, wo ihm bahnbrechende optische Entdeckungen gelangen.

Ein Glashüttenmuseum erinnert heute an ihn. In den dreißiger Jahren des 20. Jahrhunderts war Thomas Mann zu Gast in Benediktbeuern. Da war es aber schon kein historisches Kloster der Benediktiner im Eigentum des bayerischen Staates mehr, sondern war erfüllt von einer neuen Aufgabe mit neuen Besitzern.

Die Salesianer Don Boscos, Priester, die sich vor allem in der Jugendarbeit engagieren, kauften 1930 die Klosteranlage, um hier ein Jahr später eine Lehranstalt zur philosophischen und theologischen Ausbildung des Ordensnachwuchses einzurichten. Heute wird die Hochschule längst nicht mehr nur von Ordensangehörigen besucht, und sie hat gerade in den letzten Jahren einen stetigen Wandel erlebt. 1981 erhielt sie vom Freistaat Bayern die Aner-

kennung als nichtstaatliche wissenschaftliche Hochschule, die nach einem zehnsemestrigen Studium das Diplom in Katholischer Theologie verleiht. Schon nach vier Semestern kann hier das kirchlich anerkannte Bakkalaureat in Philosophie erworben werden. Seit 1990 besitzt die Hochschule das staatliche und seit 1992 das kirchliche Promotionsrecht; 1992 wurde sie von der römischen Kongregation für das Bildungswesen zur Theologischen Fakultät erhoben. Seit 2000 besitzt die Hochschule auch das Habilitationsrecht.

Eine Benediktbeurer Besonderheit besteht darin, dass der 3000-Seelen-Ort gleich zwei Hochschuleinrichtungen beherbergt, die sich ergänzen und wechselseitig nutzen. Zur Philosophisch-Theologischen Hochschule der Salesianer Don Boscos ist 1971 die Abteilung Benediktbeuern der Katholischen Stiftungsfachhochschule München hinzugekommen, auch sie ist in den Räumen des Klosters untergebracht. Die Fachhochschule bietet den achtsemestrigen Studiengang Soziale Arbeit an. Dadurch ist es möglich, ein «Doppelstudium» der Theologie und der Sozialen Arbeit zu absolvieren. Außerdem können die Studentinnen und Studenten der Fachhochschule an einer theologischen Zusatzausbildung teilnehmen, die der persönlichen Glaubensvertiefung dient und zudem gute Anstellungschancen bei Einrichtungen kirchlicher Träger verschafft.

Zu den Studienschwerpunkten der Fachhochschule gehört seit ein paar Jahren auch die Umwelt- und Kulturpädagogik. Ein «Doppelstudent», Rainer Reitmaier, nahm dieses Angebot wahr und befasste sich in seiner theologischen Diplomarbeit mit dem inzwischen so viel propagierten ökologischen Prinzip der Nachhaltigkeit. Er ist davon überzeugt, dass die Verantwortung für die Schöpfung ein wichtiger Inhalt der religiösen Erziehung ist. In seiner freien Zeit führt er Gruppen durch das barocke Kloster – am liebsten Kinder

richtet, das verschiedene Projekte zur ökologischen Jugend- und Erwachsenenbildung betreut und sich besonders um den Erhalt der Loisach-Kochelsee-Moore bemüht. Hier wie auch in der Jugendbildungsstätte «Aktionszentrum», im offenen Jugendtreff «Don-Bosco-Club» und in der Don-Bosco-Jugendherberge können die angehenden Sozialpädagogen und Theologen praktische Erfahrungen im Umgang mit Menschen sammeln und so unter einem Dach Theorie und Praxis verbinden.

Seit Ende 1998 besteht in Benediktbeuern zudem die «Clearingstelle Kirche und Umwelt». Zu ihren Aufgaben gehört es, die Forschung zur christlichen Umweltethik voranzutreiben und Arbeitsmaterialien für Bildung und Seelsorge zu erstellen.

Dieser Ausflug in die heutigen Aufgabenbereiche des Klosters bräuchte den Besucher, der nur kurze Zeit bleiben kann, nicht zu interessieren, zumal, wenn er sich lieber bewundernd der Architektur zuwenden will. Er wird da auch reichlich bedient: Die Klosterkirche ist ein deutlich italienisch beeinflusster Barockbau mit wertvollen Fresken von Hans Georg Asam, bei denen er erstmals in Bayern die aus Italien stammende Illusionsmalerei anwendete. Erlesen sind auch die um 1730 von Johann Baptist Zimmermann gestalteten Räume des Festsaals, Speisesaals und der Bibliothek.

Das moderne Kontrastprogramm zum Kunstgenuss ist aber in Benediktbeuern sozusagen untrennbar eingebaut. Gerade die barocke Schönheit erinnert hier daran, dass es etwas zu bewahren gilt. Die Benediktbeurer Einrichtungen möchten sich in Zukunft vor allem der Bewusstseinsbildung und Werteerziehung widmen, und zwar vor allem in Verbindung mit Initiativen für einen nachhaltigen Lebensstil, einem konsequenten Umweltmanagement in der Verwaltung sowie beispielgebenden Projekten der globalen Solidarität. Dabei sollen die besonderen «Benediktbeurer Chancen» genutzt werden, die sich daraus ergeben, dass jährlich mehrere tausend junge Menschen das Kloster besuchen, hier zwei Hochschulen Mitarbeiterinnen und Mitarbeiter für Kirche und Gesellschaft ausbil-

und Jugendliche, weil diese «die interessanteren Fragen stellen». Für den Jugendseelsorger ist Benediktbeuern mit seiner Umgebung «eine einzigartige Kulturlandschaft», mit der man sich einfach anfreunden muss und die viele Werte erschließt.

So wurde 1988 im ehemaligen Landwirtschaftsgebäude des Klosters das Benediktbeurer Zentrum für Umwelt und Kultur einge-

1 Kanzel und Seitenkapellen in der barocken Pfarrkirche und ehemaligen Klosterkirche St. Benedikt. **2** Kuppelfresko in der Anastasiakapelle, die 1750 bis 1753 von Johann Michael Fischer der Sakristei im Norden angefügt wurde. **3** Monumentaler Hochaltar in Triumphbogenform mit Altarbild von Martin Knoller aus dem Jahr 1788. **4–5** Stuckfiguren im Kircheninneren. **6** Deckengemälde im Barocksaal: «Der Kosmos huldigt Jesus Christus als Grund- und Zielpunkt der Schöpfung».

den, intensive Fort- und Weiterbildung betrieben wird und dass der Orden der Salesianer Don Boscos weltweit zum Wohl junger Menschen arbeitet und dabei ein globales Netzwerk für den Erfahrungsaustausch aufgebaut hat.

Die im Kloster arbeitenden Institutionen reden nicht nur von Nachhaltigkeit. Sie realisieren ihre Umweltideen auch vor Ort. Eine Energiezentrale liefert bereits zu 80 Prozent Energie mit regenerativen Methoden. Eine Denkschrift aus Benediktbeuern fordert den Aufbau einer ökologisch-sozialen Marktwirtschaft auf nationaler und globaler Ebene. Die äußerliche bayerische Idylle täuscht manchmal doch über den in die Zukunft weisenden Inhalt.

Geistiges und Geistliches werden also vielfach angeregt und geboten. Doch die bayerischen Voralpen laden zu mehr ein. Im Sommer werden in der Benediktbeurer Basilika oder im Barocksaal des Klosters Konzerte mit klassischer Musik veranstaltet. Für diejenigen, die hoch hinauswollen, bieten die Benediktenwand und die umlie-

1 Ort zum Verweilen: der Kräutergarten am Maierhof. 2 Billard-Pause zwischen den Programmen im klösterlichen Aktionszentrum. 3 Für die Teilnehmer an Fort- und Weiterbildungskursen stehen Gastzimmer zur Verfügung. 4 Schulklasse im Aktionszentrum während der «Besinnungstage». 5 Barocke Eleganz: Der Maierhof beherbergt das «Zentrum für Umwelt und Kultur». 6 Im Biergarten werden kulinarische Schmankerln serviert. 7 Schmelzofen im Museum der Fraunhofer'schen Glashütte.

genden Berge des Alpenvorlandes vielfältige Möglichkeiten, die Welt von oben zu überblicken. Die Wassersportler kommen in den nahe gelegenen Seen wie Walchen-, Kochel-, Ammer-, Starnberger und Tegernsee voll auf ihre Kosten.

Was wäre aber ein bayerisches Kloster in benediktinischer Tradition ohne ein deftiges Angebot an Speis und Trank? Schon in der Mitte des 13. Jahrhunderts begannen die Mönche hier damit, ihr eigenes Bier zu brauen. Diese Brautradition wurde bis zur Säkularisierung im Jahre 1803 fortgesetzt. Dann verwandelte sich die kleine Braustätte in einen Staatsbetrieb und die Klosterschänke in ein öffentliches Wirtshaus. 1925 wurde der Braubetrieb eingestellt.

1990 eröffnete der Gastwirt Georg Weigl im ehemaligen Jungrinderstall des Maierhofes der Tradition gemäß wieder das so genannte «Klosterstüberl». In altbayerischem Ambiente offeriert er Spezialitäten, die in dieser Gegend seit Jahrhunderten daheim sind: herzhafte Brotzeiten, Schmankerln wie den bayerischen Bauernpresssack schwarz und weiß, serviert mit ofenfrischen Brezen, gebackenen Kalbskopf und kälberne Milzwurst oder Klassiker wie Schweinebraten mit Kruste, am Sonntag serviert mit einer zünftigen Musi beim Frühschoppen. Das Fleisch stammt von heimischen Bauern, die ihr Vieh noch auf den saftigen Alpenwiesen grasen lassen, was durch Augenschein schon bei der Anfahrt zu erkennen ist. Aus der Klostergärtnerei, die Kräuter und Gemüse ganz ohne Einsatz von Düngemitteln und Pestiziden anbaut, kommen die knackigen Salate und natürlich der Bierradi, der in Bayern wie selbstverständlich zum Bier gehört. Gesegnete Mahlzeit.

Die ersten christlichen Bayuwaren
Urgeschichte der Klöster in Schäftlarn

Bis heute unterrichten Mönche in der einstigen «Lateinschule für Knaben». Auf ihrem Stundenplan steht aber nicht nur Religion. Das Who is Who des bayerischen Barock.

Mit der S-Bahn in die Urzeit der bayerischen Klostergeschichte. So könnte für das Benediktinerkloster Schäftlarn, 20 Kilometer südlich von München, geworben werden. Tägliche Realität ist das schon für zahlreiche Schüler des Gymnasiums des heutigen Benediktinerklosters Schäftlarn. Sie pendeln zum Unterricht an einen Ort, wo Klostergeschichte geschrieben wurde. Schäftlarn wurde schon im Jahr 762 gegründet und gehört somit zu den bayerischen Urklöstern. 1866 vertraute König Ludwig I. das Kloster dem Orden des heiligen Benedikt an mit dem Auftrag, «dass die Ordensmitglieder sich der Seelsorge wie der Erziehung und Bildung der Jugend widmen sollen». Dabei ist es bis heute geblieben. Die geschichtlichen Wurzeln des Benediktinerordens reichen noch weiter bis ins 5. Jahrhundert zurück. Benedikt von Nursia (480-547), ein junger Römer aus patrizischem Geschlecht, begann nach kurzem Studium in Rom seinen geistlichen Weg als Einsiedler in den Sabiner Bergen, bis sich nach etwa drei Jahren erste Schüler um ihn scharten. Daraufhin gründete er im Tal von Subiaco mehrere klösterliche Gemeinschaften, die er als Abt leitete. Im Kloster Montecassino schrieb er seine Klosterregel. Mit ihr schuf er eine Anleitung für Mönche, wie sie die Weisungen des Evangeliums in die Praxis des klösterlichen Alltags umsetzen können. Nach dieser Lebensordnung, die traditionell mit den Worten «Ora et labora – Bete und arbeite» umschrieben wird, haben seit dem frühen Mittelalter unzählige Mönche gelebt.

Im 7. Jahrhundert kamen Wanderprediger aus Irland und Frankreich und begannen mit dem Missionieren unter den bis dahin noch heidnischen Bayuwaren. So entstand das erste kleine Klösterlein mit Kirche in Schäftlarn, Sceftilari genannt. Die damaligen Mönche bevorzugten meist die hochwasserträchtigen und sumpfigen Flussauen. Ihr Interesse war neben der Seelsorge, diese Flussniederungen zu kultivieren und fruchtbares Land daraus zu machen. In Schäftlarn trafen sie auf viele Quellen aus den Isarhängen, was für die Ortswahl wohl eine weitere große Rolle spielte.

1 Pater Petrus mit Schülerinnen und Schülern des klösterlichen Gymnasiums. **2** Das in Stuck gearbeitete Klosterwappen ziert die Christkönigskapelle. **3** Der Klosterfriedhof. **4** Juwel im Isartal und beliebtes Ausflugsziel der Münchner: Kloster Schäftlarn mit Klostergarten.

805 n Chr. wird Kloster Schäftlarn erstmals in einer bischöflichen Urkunde des Bistums Freising genannt. Zu jener Zeit beherrschten die Fürstbischöfe von Freising das Land an der Isar. Im Jahr 1140 n. Chr. schenkt Bischof Otto I. dem Prämonstratenserorden das Kloster. Sie machten daraus eine Stätte der Wissenschaften, der Landeskultur und des Handwerks. Besonders die Buchmalerei wurde von den Mönchen intensiv betrieben.

Im Mittelalter war Kloster Schäftlarn ein kleines Reich, das mit «Hofmark Schäftlarn» bezeichnet wurde. Die Bauern der umliegenden Höfe waren Leibeigene des Klosters. 1730 begann man mit dem Bau der Klosterkirche, der schließlich 1760 vollendet wurde. Die Kirche zählt heute zu den schönsten Barockkirchen Bayerns.

1 Eingang zum Gymnasium. 2 Der Altar in der Christkönigskapelle der Klosterkirche St. Dionys und Juliana wurde 1755 bis 1764 von Johann Baptist Straub errichtet; insgesamt vier Baumeister haben der Kirche ihre heutige Gestalt gegeben. 3 Klösterlicher Sportunterricht: Schülerin in der Turnhalle. 4 Gleich neben dem Kloster lädt das «Klosterbräustüberl» zum Essen ein; im Sommer lockt ein Biergarten. 5 Gästezimmer im Kloster. 6–7 Im klösterlichen Empfangszimmer werden Gäste begrüßt. 8 Ein beliebter Sommerspaß: Isarfloßfahrt Richtung München.

Im Jahr 1803 wurde das Kloster im Rahmen der Säkularisierung verkauft. Die Kirche wurde Pfarrkirche. Die Anlage selbst wurde teilweise in ein Mineralbad umgewandelt, bis 1866 König Ludwig I das Kloster zurückkaufte und es dem Benediktinerorden übergab. Die damalige «Lateinschule für Knaben» bildete die Vorstufe für

das heutige Gymnasium, dessen Schulträger die Benediktinerabtei ist. Unterrichtet wird in der Schule auch heute noch von Mönchen. Dort, wo die Schüler des Klosters gerne an den Quellen spielen, befanden sich vor dem Zweiten Weltkrieg Weinberge. Die heutigen Maisfelder waren Wiesen und Gärten, wo Obst und Gemüse angepflanzt wurde. Die ersten Kultivierungsarbeiten begannen vor etwa hundert Jahren. So schön die Lage auch ist, erwies sie sich wegen zahlreicher Hochwässer jedoch als problematisch. Die regelmäßigen Überschwemmungen setzten das Kloster mitsamt seinen Feldern häufig unter Wasser. Deshalb wurde schon in der Barockzeit der erste Damm gebaut und immer wieder erneuert und ergänzt. Nach dem schlimmen Hochwasser von 1954 wurde der bis heute bestehende Damm komplett neu gebaut.

Ab Kloster Schäftlarn drängt sich die Isar wieder in ein enges Tal mit bewaldeten Steilufern, das sich bis nach München-Grünwald zieht. Als Nah-Ausflugsziel der Münchner hat der Charme des Isartals leider gelitten. Nicht aber die Klosterkirche. Von außen wirkt der Bau einfach, innen glänzt er in barocker Pracht. Das ganze Who's Who des bayerischen Barock und Rokoko hat an Bau und Ausgestaltung mitgewirkt: Cuvilliés, Viscardi, Fischer, Gunetzrhainer, Zimmermann. In der Kirche finden meist samstags die Schäftlarner Kloster-Konzerte statt, wo geistlicher Raum, barocker Rahmen und klassische Musik zusammengeführt werden.

Schäftlarn (Benediktinerabtei)

«Damit in allem Gott verherrlicht werde.»

Anreise
Bahn: S-Bahn S7 München–Wolfratshausen, von der Station Hohenschäftlarn 20 Minuten Fußweg, von der Station Ebenhausen-Schäftlarn Bus oder 15 Minuten Fußweg.
Auto: A95 München–Garmisch, Ausfahrt Schäftlarn, B11 bis Hohenschäftlarn, abbiegen in Richtung Kloster.

Geschichte
Im Jahr 762 gegründet, gehört Schäftlarn zu den bayerischen Urklöstern. Bischof Otto von Freising übergab es 1140 den Prämonstratensern, die im frühen 18. Jh. den gesamten Klosterneubau und auch die bekannte Rokokokirche errichten ließen. 1866 vertraute König Ludwig I. das Kloster den Benediktinern an mit dem Auftrag, «dass die Ordensmitglieder sich der Seelsorge wie der Erziehung und Bildung der Jugend widmen sollen».

Sehenswürdigkeiten
Kloster: Klosterkirche (Baumeister wie Cuvilliés, Viscardi, Gunetzrhainer, Fischer, J. B. Zimmermann, Straub).
Umgebung: Starnberger See, Isarauen.

Klosterbetrieb
Klosterbrauerei, Gymnasium, Tagesheim (Jungen und Mädchen), Internat (Jungen), Erwachsenenbildung, Gästebetreuung, Gärtnerei.

Gästeangebot
Mitfeier der Kar- und Ostertage, Kontemplationstage, Einzelbegleitung, Schäftlarner Klosterkonzerte, (Tel. 0 81 78-34 35).

Gottesdienste
Werktag: 5.30 Laudes, 5.50 Konvent, 7.00, 12.15 Hore, 18.00 Vesper, 19.10 Vigil/Komplet.
Sonntag: 7.30, 8.15 Laudes, 10.00 Konvent, 18.00 Vesper.

Unterkunft
Hotel-Landgasthof «Klosterbräustüberl» mit Biergarten (Einzel- und Doppelzimmer mit Dusche/WC), Tel. 0 81 78-36 94.

Auskunft
Kloster Schäftlarn, 82067 Ebenhausen, Tel. 0 81 78-7 90, Fax: 0 81 78-79 19, Internet: www.abtei-schaeftlarn.de, E-Mail: abtei-schaeftlarn@t-online.de.

Bildung, Bier und Benediktiner

«O Wunder von Ettal, mitten in der Wildnis und Einöde»

Große Geschichte und Zeugen schwieriger Zeiten:
Jesuitenpater Rupert Mayer und Dietrich Bonhoeffer fanden
im Kloster Zuflucht vor der Nazi-Verfolgung.

Die Parkplätze entlang der Bundesstraße und auf den Wiesen sind überfüllt. Über die Blechlandschaft dröhnt Blasmusik. Männer jeden Alters üben sich im Maßkrugstemmen. Auf den Biertischen stehen Peitschen schwingende Goaßlschnalzer. Knackige Mannsbilder des Trachtenvereins platteln. Schweinshaxen und Klosterbier gehen in rauen Mengen über die Biertische. In Ettal, dem berühmten Klosterort nahe Oberammergau, ist Brauereihoffest. Mit einer Messe am Vormittag, danach der Festplatz und Klosterbier samt Destilaten. Die Bayern wissen zu feiern, und die Benediktiner wissen zu brauen und destillieren. Wo beides zusammenkommt, erscheint die Welt nicht nur in Bayern in Ordnung.

Dabei könnte über Ettal und seinem Benediktinerkloster in großen Lettern stehen, was sich das Mutterkloster aller abendländischen Orden in Montecassino zum Leitmotiv gewählt hat: «succisa virescit» – abgehauen grünt er neu. Frei übersetzt: Was total zerstört worden ist, entsteht neu und manchmal schöner als je zuvor. Jedenfalls steht der Wahlspruch sowohl über der wechselvollen Geschichte des Klosters südlich von Rom, ebenso wie er zum Ettaler Ableger passt. In wenigen Klöstern ist das Auf und Ab abendländischer Geschichte so hautnah nachzuvollziehen wie gerade in Ettal: politische Macht, wirtschaftliche Bedeutung, Geschäftssinn, Lebensfreude, geistliche Einkehr und christliche Erziehung.

Einfache Gläubige in Not und Bedrängnis zünden eine Kerze an, lassen ein Kreuz errichten oder pilgern zu einem Gnadenort. Für einen Kaiser des Heiligen Römischen Reiches Deutscher Nation muss es schon etwas mehr sein. Er stiftet ein Kloster und schenkt ihm ein von einer Italienreise aus Pisa mitgebrachtes Madonnenbild, damit er, Kaiser Ludwig IV. der Baier, von Geldnot, dem Bannstrahl des Papstes und Ärger mit aufmüpfigen italienischen Stadtstaaten erlöst werde. So will es jedenfalls die fromme Legende. Über die wirtschaftlichen und handelspolitischen Motive wurde damals im 14. Jahrhundert wohl auch nicht geredet. Dem frommen Volk gebührte die fromme Legende.

1 Klostermauer mit Ädikula. **2** Das Gnadenbild im Hochaltar der Klosterkirche St. Maria, eine Madonnenfigur aus Marmor, stiftete der Gründer des Klosters, Ludwig der Baier. **3** Die mächtige Basilika mit Barockkuppel wurde 1370 geweiht. **4** Ettaler Brauhoffest 2002: Das berühmte Bier aus der Klosterbrauerei wird noch von Mönchen gebraut.

Dem Kaiser soll das gute Werk geholfen haben. Primärer Beweggrund zu Ettals Gründung dürfte wohl eher die Erschließung und Sicherung der Handelsstraße Augsburg–Verona gewesen sein. Weiterhin wollte der Bayer am südlichsten Punkt seines Hausmachtgebietes einen Stützpunkt schaffen, von dem aus sich der Weg nach Italien kontrollieren ließ. Für die irdischen Interessen spricht die Gründung selbst. Nicht nur ein Benediktinerkloster wurde ins Leben gerufen, sondern auch ein «Stift mit kaiserlichen Statuten für verehelichte Ritter», ein «monasterium nove consuetudinis et acentus inaudite», das ein «Kloster von neuer und uner-

hörlicher Art» ist. Eine «Ritterregel» legte fest, dass neben den zwanzig Benediktinermönchen (14 Priester- und sechs Laienmönche) auch ein Ritterkonvent unter einem «Meister» in Ettal Heimat findet. Es entstanden so drei Konvente nebeneinander: der Mönchskonvent unter dem Abt, der Ritterkonvent (zwölf Ritter) unter einem Meister und der Frauenkonvent (zwölf Rittersfrauen und sechs Witwen) unter einer Meisterin. 1709 wurde eine Schule in Form einer so genannten «Ritterakademie», eine Zwischenform zwischen Gymnasium und Universität, errichtet. Geistiger Urheber der inneren Erneuerung und äußeren Neugestaltung im 18. Jahrhundert war der berühmteste Ettaler Abt Placidus II. Seiz.

Bei den Benediktinern lag das seelische und leibliche Wohl immer eng beieinander. Bereits im Mittelalter soll in der klostereigenen Apotheke auf der Basis von Heilkräutern das «Aqua abbatis Ettaliensis» entwickelt worden sein. Ein «Heiltränklein» nennt es der heute zuständige Pater Johannes, auf dessen Wirkung tatsächlich viele Käufer schwören. Anderen schmeckt er einfach gut. Sie haben inzwischen die Wahl zwischen fünf Sorten: Kräuter «Gelb» und «Herb», Klostergeist, Heidelbeerlikör sowie Magenbitter.

Selbst am Likör lässt sich Geschichte studieren. Als Folge der Säkularisation 1803 wurde vier Jahre später auch die Apotheke öffent-

wichtigsten wirtschaftlichen Fundamente der Benediktiner. Das Geheimnis, das wohl auch zum Klostergeschäft gehört, macht den Trunk so attraktiv. Die Rezeptur kennen jeweils nur zwei Mönche, die sie von Generation zu Generation weitergegeben.

Rechnungen aus dem 15. Jahrhundert belegen jedoch, dass neben dem Likör auch Bier gebraut wurde. In einer vom 11. April 1618 datierten Urkunde wird amtlich das Bierbrauen im Kloster bestätigt: «Bier Concession und Bestätigung durch den drchlg. Fürsten Maximilian Pfalzgraf bei Rhein, Herzog in Ober- und Niederbayern, dem Kloster Ettal beschehen.» Das Geschäft mit dem

Gerstensaft entwickelte sich so prächtig, dass in einem Jahrhundert zwei Neubauten erforderlich wurden. Die Brauerei überstand sogar die Säkularisation. Und der neue Privatbesitzer stellte immerhin einen Pater als Verwalter ein.

Nach der vom Benediktinerkonvent Scheyern initiierten Wiederbegründung des Ettaler Klosters am 6. August 1900 ging die Brauerei erneut in den Besitz des Klosters über, und die Mönche zeichneten von diesem Zeitpunkt an wieder für die wirtschaftlichen Geschicke der Brauerei verantwortlich. Die Brauerei wurde grundlegend saniert und auf den technischen Stand der damaligen Zeit gebracht. Mit Bruder Canisius Harthauser erhielt die Ettaler Klosterbrauerei einen Mönch als Braumeister, der es bestens verstand, ein hervorragendes Bier zu brauen und neue Kunden für die Klosterbrauerei zu gewinnen, so dass schon bald nach der Wiederbegründung die Brauerei zu einem wichtigen Wirtschaftsfaktor des Klosters wurde.

Heute zählt die Klosterbrauerei Ettal zu den wenigen echten Klosterbrauereien in Deutschland, bei denen noch Mönche die verantwortliche Leitung innehaben. Charakteristisch für die Ettaler Klosterbiere ist ihre kräftige Note. Der alte Spruch, Bier sei flüssiges Brot, wird bei den Bierspezialitäten aus Ettal besonders spürbar.

lich versteigert. Den Zuschlag erhielt die Garmischer Familie Byschl, die aus den alten Rezepturen einen «Ettaler Abtslikör» mixte. Nach mehreren Besitzerwechseln konnte das Kloster Scheyern schließlich die Anlage 1899 wieder übernehmen und den Anspruch auf exklusive Herstellung des erstmals 1609 gemischten Likörs zurückerwerben. Der Likörverkauf bildet heute eines der

1 Lesesaal des Konvents. 2 Beim Gottesdienst in der Klosterkirche. 3 Gilt als Glorie des Benediktinerordens: das gewaltige Fresko von Johann Jakob Zeiller unter der lichterfüllten Hauptkuppel (1748–1759). 4 Vielgestaltig wie der Innenbau des Klosters ist auch die Außenausstattung. 5 Rocaille-Stuckdekoration der Künstler Johann Georg Üblher und Franz Xaver Schmuzer in der Orgelempore. 6 Die Hauskapelle.

Im Naturschutzgebiet «Ammergebirge» gelegen, wird zur Bierherstellung das reine Bergwasser des Ammergebirges verwendet, das sich besonders gut für dunkle und kräftige Biersorten eignet. Alle als süffig und vollmundig gepriesenen Biere werden in handwerklicher Braukunst unter der verantwortlichen Leitung der Benediktiner gebraut und in alten Lagerkellern ausgereift. Die Klosterbrauer verzichten bewusst auf eine thermische Behandlung des Bieres, um den ursprünglichen Charakter der Biersorten zu erhalten.

Klosterleben, die Wirtschaft und drittens schließlich die Bildung stehen heute noch für Ettal. Aus der Ritterakademie wurde allerdings mit der Grundsteinlegung für eine neue Schule am 7. August 1710 etwas, das den besonderen Ruf des Klosters bis heute ausmacht: ganzheitliche Erziehung. Mit den Worten «O Wunder, mitten in denen unfruchtbaren Bergen und dürren Steinwänden! … O Wunder, in einer solchen Wildnis und Einöde!», wurde diese pädagogische Leistung in einem Nachruf auf den Gründerabt Placidus gepriesen, dessen Amtszeit von 1709 bis 1736 dauerte. In der Abgeschiedenheit von der Welt ging es dem Abt nicht nur um

reine Wissensvermittlung, sondern um eine aktuelle religiöse Erziehung der Jugend: Die humanistischen Sprachen wurden durch die neueren Sprachen, durch Geschichte und Geografie, aber auch durch praktisch-gesellschaftliche Disziplinen, wie Kriegsbaukunst, Jurisprudenz, Tanzen, Reiten und Fechten, ergänzt. Besonders hervorgehoben wurden Geschichte und Geografie. Schon 1741 erkannte der Gelehrte Anselm Desing an, die Jesuiten hätten 1728 dreierlei von den Benediktinern in ihre Schulen übernommen, darunter als Erstes die Geschichte, und zwar nach dem Vorbild Ettals. Doch auch die schulische Herrlichkeit schien bereits 1803 wieder beendet zu sein. Knapp ein Jahrhundert später konnte jedoch für günstige 300 000 Mark der Konvent der Benediktinerabtei Schey-

1 Pater Maurus beim Religionsunterricht in der Sakristei. 2 Mittagessen im Speisesaal des Internats. 3 Im Seitenaltar der Kirche: Gemälde «Die Enthauptung der hl. Katharina» von Martin Knoller (1763). 4–5 Führung durch die Klosterdestillation: Den Kräuterlikören wird eine heilende Wirkung nachgesagt, ihre Rezeptur bleibt jedoch Klostergeheimnis. 6 Pater Barnabas beim Unterricht: Die Benediktiner von Ettal sind seit Jahrhunderten im Dienste der Bildung tätig. 7 Schülerinnen und Schüler werden von Pater Maurus in die katholische Liturgie eingewiesen.

ern mit seinem Abt Rupert Metzenleitner Ettal zurückkaufen. Am 6. August 1900, dem Fest der Verklärung Christi, wurde das klösterliche Leben in der Benediktinerabtei Ettal wieder aufgenommen, und zwar mit vier Patres und acht Brüdern.

Einen neuen, schwerwiegenderen Einschnitt brachte der Zweite Weltkrieg. Ab 1938 wurde das Gymnasium reduziert und schließlich drei Jahre später geschlossen. Ein großer Teil des 107-köpfigen Konvents wurde in den Krieg eingezogen. Zwei berühmte Persönlichkeiten des Widerstands gegen das Nazi-Regime fanden zeitweise Zuflucht in Ettal: Jesuitenpater Rupert Mayer und Dietrich Bonhoeffer, der von November 1940 bis Februar 1941 in Ettal quasi interniert war. Er schreibt am 21. November 1940 an seine Eltern: «Ich bin eingeladen (was auf Dauer nicht gut geht), wohne im Hotel, esse im Konvent, habe Zugang zur Bibliothek und kriege, was ich brauche. Fremd ist mir die Form dieses Lebens ja nicht und ich empfinde die Gleichmäßigkeit und Stille als sehr wohltuend für die Arbeit. Es wäre schon ein Verlust (und es war wohl ein Verlust in der Reformation!), wenn die durch 1500 Jahre bewährte Form des Zusammenlebens zerstört würde, was man hier für durchaus möglich hält. Ich glaube, dass unendlich viele Reibungen, die es sonst notwendig auf so engem und dauerndem Miteinander geben müsste, durch die strenge Ordnung verhindert werden, und dass die Arbeit dadurch eine sehr gesunde Grundlage bekommt. Manches ist ja eigentümlich, so wenn beim Mittagessen und Abendbrot irgendwelche geschichtlichen Werke in dem singenden Ton der Liturgie vorgelesen werden; zumal wenn der Inhalt humoristisch wird, kann man sich manchmal ein Lächeln nicht verkneifen.»

Ettal (Benediktinerabtei)

«Succisa virescit – abgehauen grünt es neu.»

Anreise
Bahn: Bahnhof Oberau über München–Garmisch, von dort Busverkehr nach Ettal.
Auto: A95 München–Eschenlohe; B2 Eschenlohe–Oberau; B32 Oberau–Ettal.

Geschichte
1330 von Kaiser Ludwig dem Baiern gegründet und von Benediktinern aus Reichenbach besiedelt. 1803 wurde Ettal säkularisiert, 1900 von der Abtei Scheyern aus neu besiedelt und aufgebaut.

Sehenswürdigkeiten
Kloster: Gesamtanlage, Basilika, Gnadenbild, Presbyterium, Sakristei, Destillerie des Klosters und Brauereimuseum.
Umgebung: Schloss Linderhof, Freilichtmuseum Glentleiten, Oberammergau.

Klosterbetrieb
Humanistisch-neusprachliches Gymnasium, Internat für Jungen, Klosterbuchhandlung, Klosterladen, Online-Shop, Buch- und Kunst-Verlag, eigenes Hotel («Ludwig der Bayer»), Bräustüberl, Brauerei, Brauereimuseum, Destillerie, Land- und Forstwirtschaft, Elektrizitätswerk, handwerkliche Betriebe.

Gästeangebot
Kloster auf Zeit, Pfarr- und Wallfahrtsseelsorge, Erwachsenenbildung, Gruppenbetreuung, Führungen durch die Basilika, Ettaler Sommerkonzerte.

Gottesdienste
Werktag: 8.00 Pfarrmesse (Mo, Mi, Fr), 18.00 Vesper, 19.30 Konventamt (Di, Do). Samstag: 18.00 Vesper, 19.30 Vorabendmesse. *Sonntag:* 7.00 Messfeier, 9.30 Pfarrgottesdienst, 11.00 Konventamt, 18.00 Vesper.

Unterkunft
Hotel «Ludwig der Bayer» mit Restaurant, Bräustüberl, Hallenbad, Tennisplatz sowie Ferienwohnungen, Kaiser-Ludwig-Platz 10–12, 82488 Ettal, Tel. 0 88 22-91 50, Fax : 0 88 22-91 54 20, E-Mail: hotel@kloster-ettal.de.

Auskunft und Reservierung
Kloster Ettal, Kaiser-Ludwig-Platz 1, 82488 Ettal, Tel. 0 88 22-7 40 (Pforte), Fax: 0 88 22-7 42 28, Internet: www.kloster-ettal.de, E-Mail: verwaltung@kloster-ettal.de.
Touristik: Gemeinde Ettal, Ammergauer Str. 8, 82488 Ettal, Tel. 0 88 22-35 34, Fax: 0 88 22-63 99, Internet: www.ettal.de, E-Mail: info@ettal.de.

Der Escorial nicht nur der Schwaben
Kloster und Basilika von Ottobeuren

*Das Bollwerk des Glaubens in der Reformation prägt
bis heute das katholische Allgäu mit tiefer Frömmigkeit und
fröhlicher Gelassenheit.*

Kein Redner, der je zu einem festlichen Anlass in Ottobeuren das Wort ergriffen hat, verzichtet auf ein Prädikat, das sich inzwischen sogar den Volksmund erobert hat. Sie preisen die Klosteranlage im bayerischen Allgäu als schwäbischer Escorial.

Ob sie alle wissen, was El Escorial tatsächlich ist? Der Vergleich der zwischen grünen Wäldern und blühenden Wiesen eingebetteten süddeutschen Klosteranlage mit der Grabstätte der spanischen Könige in der Nähe von Madrid mag gewagt sein, zumal Ottobeuren nicht unbedingt mit der dem Petersdom nachempfundenen Schloss- und Klosterkirche in der Nähe der spanischen Hauptstadt mithalten kann. Doch die oberschwäbische Barockpracht mit Bibliothek und Kaisersaal und der 1766 eingeweihten Kirche von Johann Michael Fischer braucht gar keinen Vergleich. Die mächtige Klosteranlage mit 137 Meter Gängen, 837 Hauptfenstern, 16 Stiegenhäusern und fast 200 Räumen sowie 1200 Engeln und Putten beeindruckt auch den religiös unempfänglichen Besucher. Niemand wundert sich deshalb, dass Papst Pius XI. die Kirche 1926 in den Rang einer Basilika minor erhob, ein Ehrentitel, den in Deutschland etwa die historisch bedeutenden Dome von Worms, Speyer und Bamberg und die Wallfahrtskirche in Altötting erhalten haben.

Sie reiht sich mit dieser Auszeichnung in den Rang römischer Hauptkirchen ein, eine Anerkennung für ein Kloster, das seit seiner Gründung 764 ununterbrochen hat wirken können. Gestiftet wurde es als Benediktinerabtei durch den fränkischen Gaugrafen Silach und dessen Familie zu Ehren Gottes, des Apostelfürsten Petrus und des Märtyrers Alexander, von dem Reliquien in Rom erworben wurden. Die erste Blüte erlebte das erstmals 830 in einer Urkunde des Klosters Reichenau im Bodensee als Abtei Uttinburra (Höfe des Utto) erwähnte Kloster im 10. Jahrhundert. Damals wurde es zum Freien Reichsstift erhoben, das unmittelbar dem Kaiser unterstellt war. 972 verlieh Kaiser Otto I. bedeutende Privilegien: Freie Abtswahl und Befreiung von allen Reichslasten. Die äußere Unabhängigkeit ging einher mit einer inneren Reform.

1 Bruder «Imker» ist Herr über einhundert Bienenvölker, die emsig Pollen für den Klosterhonig sammeln. 2 Barockpracht auch im Seitenaltar der 1766 eingeweihten Basilika. 3 Die jetzige Klosteranlage stammt aus dem 18. Jahrhundert und wurde von Johann Michael Fischer vollendet.

Ottobeuren gehörte im 12. Jahrhundert zu einer der wichtigsten Kräfte der nach dem im Schwarzwald gelegenen Ursprungskloster genannten Hirsauer Reform.

In der Reformation bildete das mehrmals abgebrannte und geplünderte Ottobeuren ein Bollwerk des alten Glaubens. Sein Einfluss wirkt bis heute nach, wenn von Oberschwaben und dem Allgäu noch immer von einem konservativ katholisch geprägten, «tiefschwarzen» Land gesprochen wird. Eine zweite Blüte erlebte das Kloster im 16. Jahrhundert, als es ein Zentrum des süddeutschen Humanismus wurde und schon früh die «Schwarze Kunst» nutzte. Die erste Buchdruckerei wurde immerhin schon 1509 eingerichtet. Nach dem Dreißigjährigen Krieg, unter dem das Kloster schwer gelitten hatte, blühte es unter Abt Rupert II. Neß im 18. Jahrhundert gewaltig auf. Er förderte sowohl das religiöse wie auch das soziale, wirtschaftliche und künstlerische Leben im Kloster, aber auch im Stiftsgebiet. Sichtbares Zeichen dieser Jahre ist die mächtige barocke Klosteranlage mit ihrem Abschluss, der Klosterkirche, die eines der Hauptwerke des europäischen Barock darstellt.

1 Die Klosterkirche St. Alexander und St. Theodor wurde 1926 von Papst Pius XI. in den Rang einer Basilika minor erhoben und gehört damit zu den römischen Hauptkirchen; die beiden Türme sind 82 Meter hoch, das Innere erreicht eine Länge von 89 Metern. 2 Rokokopracht: Der Hochaltar der Basilika mit dem von Johann Jakob Zeiller 1763 geschaffenen Dreifaltigkeitsbild. 3 Klassisches Konzert im Kaisersaal. 4 Im Dialog: Bruder Bonifaz und ein junger Kirchenbesucher.

So wundert es nicht, dass das Kloster Ottobeuren standfest sogar die Säkularisation am 1. Dezember 1802 und die Angliederung seines Besitzes samt 27 umliegenden Dörfern mit 10 000 Einwohnern an den neuen bayerischen Staat überlebt hat, ohne völlig auf das Klosterleben verzichten zu müssen. Der Klosterbesitz wurde zwar verschleudert, am 21. März 1803 begann die Versteigerung von Gemälden, Wertgegenständen, Pferden, Ochsen und Fahrzeugen. Die bisherige Klosterkirche wurde zur Pfarrkirche, jene geschlossen und später zu einem Schulhaus umgebaut. Aus dem ehemaligen Pfarrhof der Kirche entstand die Weinstube «Zum Ratskeller» (früher «Zum alten Pfarrhof»), heute bekannt als «Gasthaus zum Ochsen». Die Wallfahrtskirche im südlich gelegenen Eldern wurde versteigert und später abgerissen, nachdem die Wallfahrt 1803 verboten worden war. St. Michel, die Buschelkapelle, diente einem Adeligen vorübergehend als Jagdschlösschen und blieb so wenigstens erhalten. Im Kloster selbst wurden das Rentamt und das Landgericht untergebracht. Der größere Teil des Gebäudes stand jedoch leer. In den Kriegsjahren 1812 bis 1814 wurde das Kloster

zu einem Gefangenenlager für französische Kriegshäftlinge umfunktioniert. Später baute man einzelne Wohnungen ein, die allerdings schwer zu vermieten waren. Der äußere Trakt des Klosters bekam vom Volksmund bald den Namen «Kaserne» und gehört heute etwa zur Hälfte dem Landkreis Memmingen.

4

Einige der 48 an ihrem Kloster festhaltenden Mönche durften auch nach 1802 bleiben. Ihr Leben wurde allerdings auf ihren streng religiösen Tagessablauf reduziert. Das Gymnasium wurde geschlossen und neue Kandidaten durften nicht aufgenommen werden.

Vor dieser Glaubenstreue kapitulierte schließlich 1835 der neue Landesherr König Ludwig I. von Bayern und erkannte die durch Überalterung vom Aussterben bedrohte Mönchgemeinschaft wieder als Priorat an. Im Jahr 1841 kehrte das Gnadenbild Maria Eldern in das Kloster zurück, allerdings nicht mehr in die zerstörte alte Kapelle. 1918 folgte die Aufwertung zum alten Rang als Abtei. Auch die barocke Fülle wäre wohl völlig untergegangen, wenn die Mönche ihrem «Ora et labora», ihrer benediktinischen Regel des Betens und Arbeitens, nicht so treu geblieben wären und die Kunst ihrer Klöster nur als menschliches Blendwerk betrachtet hätten. Stattdessen sollen die Bauwerke ihren Glanz entfalten, «damit Gott in allem verherrlicht wird.» Dem ordnet sich der Mönch Tag für Tag unter. Der Tagesablauf eines Novizen bezeugt es:

Es ist 5.05 Uhr. Ein Bruder läutet die Konventglocke, um die Mitbrüder zu wecken und zum Chorgebet um 5.30 Uhr zu rufen. Mit der Anrufung Gottes eröffnet der Vorbeter die Vigil: «Herr, öffne meine Lippen», und der Mönchskonvent stimmt ein: «Damit mein Mund dein Lob verkünde». Der Lobpreis Gottes ist das zentrale Anliegen des heiligen Benedikt. Darum teilt er den Tag genau ein:

1 Im prunkvollen Bibliothekssaal: 44 Marmorsäulen tragen die Empore, in der Raummitte wacht eine Statue der Minerva, der römischen Schutzgöttin der Wissenschaft, über die wertvolle Büchersammlung.
2 In der Gemäldegalerie des Klosters sind Leihgaben der Bayerischen Staatsgemäldesammlungen ausgestellt, die einst dem Kloster gehörten, im Jahr 1803 jedoch im Zuge der Säkularisation und der damit verbundenen Enteignung versteigert wurden. Die Bibliothek sowie die Gemäldegalerie können besichtigt werden. 3 Ordenspater in der Klausur.
4 Beim Neubau des Klostergebäudes im 18. Jahrhundert wurden unter der Ägide von Abt Rupert II. Neß zahlreiche Räume von namhaften Künstlern mit Stuckdekorationen und Deckenbildern ausgeschmückt.

der Hoffnung auf die Wiederkunft Jesu Christi, die sie erwarten wie im Evangelium die Jungfrauen den Bräutigam. Diese Hoffnung macht ihr Mönchsein aus. Darum heißt es in einem Hymnus zur Vigil: «Komm, Herr Jesus, Maranatha. Du wirfst dein Feuer zur Erde und willst, dass es brennt, und wir sind der Mund, der anbetend dein Kommen bekennt. Komm, Herr Jesus, Maranatha.» (Maranatha ist eine ursprünglich hebräische Gebetsformel ähnlich dem Amen und bedeutet «Herr, komm!».)

Auf die Vigil folgen die Laudes und darauf die gemeinsame Eucharistiefeier, die Konventmesse. Sie ist der zweite Grundpfeiler, der das klösterliche Leben trägt. Denn in ihr erlebt die Gemeinschaft die Gegenwart Gottes in ihrer Mitte, aus der ihre Hoffnung hervorwächst und sie zu einem «Bollwerk des Glaubens» werden kann. Nach der Konventmesse ist das Frühstück im Refektorium gedeckt, mit Semmeln und Schwarzbrot aus der Bäckerei, der Honig kommt von den eigenen einhundert Bienenvölkern. Die Lehrer unter den Mitbrüdern schauen jetzt langsam auf die Uhr; sie müssen rechtzeitig in der Schule sein. Auch die anderen Mönche gehen an ihre Arbeit, in den Garten, in die Werkstatt, in die Verwaltung, an die Pforte. Vier Mitbrüder haben einen ganz anderen Arbeitsbereich: Sie sind in der Pfarr-, Jugend-, Krankenhaus- und Kurseelsorge tätig. Die Arbeit ist ein Pfeiler des klösterlichen Lebens, weil in ihr der Mönch sich entfalten, sich in die Gemeinschaft einbringen und zum Lebensunterhalt beitragen kann.

«Zu diesen Zeiten also bringen wir unserem Schöpfer Lob dar: zu den Laudes, zur Prim, Terz, Sext, Non, Vesper und Komplet, und bei der Nacht stehen wir auf, um ihn zu preisen (das ist die Vigil)». Doch abgesehen davon, dass der heilige Benedikt das Chorgebet als Lobpreis Gottes versteht, bringt es auch am besten zum Ausdruck, was Mönchtum bedeutet. Wenn sich die Mönche nämlich täglich – und das mehrmals – zusammenfinden und gemeinsam Psalmen singen, auf Gottes Wort hören und beten, zeugen sie von

Kurz nach Mittag läutet wieder die Konventglocke zum Chorgebet. Die Mönche versammeln sich zur Mittagshore, um innezuhalten und in Gottes Gegenwart wieder zur Ruhe zu kommen. So heißt es in einem Hymnus zur Sext: «Die Glut des Mittags treibt uns um, die Stunden eilen wie im Flug; du Gott, vor dem die Zeiten stehen, lass uns ein wenig bei dir ruhn.» Im Anschluss ziehen alle schweigend ins Refektorium zum Mittagessen, das eucharistischen Charakter hat: Gebet, Schriftlesung, das gemeinsame Mahl und die

abschließende Danksagung. Die Mahlzeiten dienen also nicht allein der Nahrungsaufnahme, sondern sind ein Gemeinschaftserlebnis.

Nach dem Essen zieht der Konvent noch einmal in die Chorkapelle zu einer Adoration (Anbetung). Darauf zerstreut sich alles wieder und geht den Nachmittag über seiner Arbeit nach. Um 17.30 Uhr ziehen sich einige Mitbrüder zur Geistlichen Lesung, zur «lectio divina», zurück, die anderen wählen dafür eine für sie günstigere Zeit des Tages; die Hauptsache ist die Regelmäßigkeit. Der Geistlichen Lesung misst der heilige Benedikt sehr große Bedeutung zu. Der Mönch soll zur Ruhe kommen und sich in Gottes Wort versenken oder sich mit einem geistlichen Thema beschäftigen. Die Lesung ist seine geistliche Nahrung.

Nach vollbrachtem Tagwerk versammelt sich der Konvent um 18.00 Uhr zur Vesper: «Als Dank für den vollbrachten Tag, den deine Güte uns geschenkt, nimm an des Wortes heiligen Dienst, den Lobgesang zu deinem Ruhm» (Vesper-Hymnus). Auf das gemeinsame Abendessen folgt die Rekreation, eine halbe Stunde gemütliches Beisammensein. Die Mönchsgemeinschaft versteht sich nicht nur als Gebets- oder bloße Arbeitsgemeinschaft, sondern vor allem als Lebensgemeinschaft, in der sich der einzelne Mönch getragen, geborgen, aber auch gefordert weiß. Das Band, das alle Mitbrüder miteinander verbindet, ist – trotz der verschiedenen Gaben und Aufgaben der Einzelnen – die allen gemeinsame

Mönchsprofess. Zur Gemeinschaft zählen auch die bereits verstorbenen Mitbrüder. Darum wird derer an ihrem Todestag zu Ende der Rekreation um 19.30 Uhr gedacht.

Betend ziehen die Mönche in die Komplet, die den Tag abschließende Gebetshore. In ihr erteilt der Abt jedem den Segen für die Nacht, womit das Stillschweigen bis zum Morgen beginnt, was aber nicht heißt, dass man gleich ins Bett geht. Es geht vielmehr darum, dass sich jeder in die Einsamkeit zurückzieht.

Wer selbst einmal diesen Regeln folgen will, dem bietet Ottobeuren Einkehrtage für Männer und Frauen an oder aber «Kloster auf Zeit» nur für Männer. Die Abtei offeriert mit ihrem Bildungshaus Einzelpersonen, Ehepaaren, aber auch Gruppen, eine Stätte der Besinnung, Erholung und Begegnung. Neben Eigenveranstaltungen der Abtei können selbstständig organisierte Tagungen, Seminare und Kurse ein- oder mehrtägig durchgeführt werden. Die Gäste sind beim Stundengebet der Mönche immer willkommen.

Im «Himmelreich des Barock», wie Oberschwaben auch genannt wird, kommen zahllose Interessen auf ihre Kosten. Neben Studientagen sind es vor allem die Ottobeurer Konzerte, die seit 1949 von April bis Oktober in der Basilika stattfinden. Besucher schwärmen davon, wie während der Konzerte klassische Musik und barocke Raumpracht zu einem Kunstsuperlativ europäischen Ranges und zu einem unvergleichlichen Urlaubserlebnis verschmelzen.

1 Kursteilnehmer beim meditativen Malen: Seminare und Kurse im Bildungshaus werden ein- oder mehrtägig durchgeführt. **2** Im Klostergebäude. **3** Gedeckte Tafel im Refektorium. **4** Beschauliche Landidylle.

Ottobeuren (Benediktinerabtei)

«Unser Leben folgt bewährten alten Grundsätzen, aber versucht auch das Gute unserer Tage im Klosterleben zu integrieren.»

Anreise
Bahn: Vom Bahnhof Memmingen (Bahnlinie Ulm–Kempten) oder Sontheim (Bahnlinie München–Memmingen) gibt es regelmäßige Busverbindungen nach Ottobeuren.
Auto: A7 Ulm–Kempten, Ausfahrt Memmingen–Süd, Beschilderung Ottobeuren.
A96 München–Lindau, Ausfahrt Erkheim–Ottobeuren, Beschilderung Ottobeuren.

Geschichte
764 von dem Adeligen Silach gegründet. Freies Reichsstift, das dem Kaiser unmittelbar unterstellt war. 1802: Aufhebung durch die Säkularisation, vollständige Enteignung, Übernahme des Klostergebietes und der Hoheitsrechte durch den Staat Bayern. Das Durchhalten der mit ihrem Abt im Haus verbliebenen Mönche trägt bei zur ununterbrochenen Besiedelung des Klosters bis zum heutigen Tag. 1834: Wiedererrichtung als Priorat, seit 1918 wieder selbstständige Abtei.

Sehenswürdigkeiten
Kloster: Barockkirche, Bibliothek, Kaisersaal, Kunstsammlung. *Umgebung:* Oberallgäu, Schwäbische Barockstraße, Kirche von Bad Schussenried, Bad Wörishofen.

Klosterbetrieb
Buch- und Kunsthandlung, Bildungshaus, Klostercafé, Garten, Bäckerei, Imkerei, Likörherstellung, Ottobeurer Konzerte.

Gästeangebot
Ottobeurer Studienwoche, Kloster auf Zeit, Besinnungstage, Einkehr im Kloster, Exerzitien, Oblatentage, selbstständig organisierte Tagungen, Seminare, Kurse.

Gottesdienste
Werktag: 6.30, 8.00. *Sonntag:* 7.30, 9.00, 11.00.

Unterkunft
Abtei-Gästetrakt (Reservierung siehe unten).

Auskunft und Reservierung
Kloster: Benediktinerabtei Ottobeuren, Sebastian-Kneipp-Straße 1, 87724 Ottobeuren, Tel. 0 83 32-79 80, Fax: 0 83 32-79 81 25, Internet: www.abtei-ottobeuren.de, E-Mail: bildungshaus@abtei-ottobeuren.de.
Touristikamt, Marktplatz 14, 87724 Ottobeuren, Tel. 0 83 32-92 19 50, Fax: 0 83 32-92 19 92, Internet: www.ottobeuren.de, E-mail: touristikamt@ottobeuren.de.

In der Mönchskutte die Welt vergessen
In Niederaltaich wurde das «Kloster auf Zeit» erfunden

In der Begegnung mit den Mönchen, aber auch der Gäste untereinander, wird Ökumene in der ursprünglichen Bedeutung dieses Wortes erlebt: als ein Zuhause, das allen offen steht.

Immer samstags, zweimal im Jahr, verschwinden einige wohl situierte Männer im Klostergebäude von Niederaltaich und treten wenig später nahezu unkenntlich wieder heraus. Unter Mönchskutten verbergen sie zwei Wochen lang ihre Identität, sagen vorübergehend der gewohnten Welt und ihrem Berufsalltag Adieu. Sie leben «Kloster auf Zeit» in dem niederbayerischen Kloster zwischen Deggendorf und Passau. Am Rand der meistens still vorbeiziehenden Donau lassen sie sich tragen von Meditation, Muse und Musik, um über Lebensprobleme, über wichtige Entscheidungen nachzudenken oder einfach, um den Alltagsstress hinter sich zu lassen. Manche schon seit Jahren.

Kein Ort hat so viel Erfahrung mit solchen Zeitmönchen wie das Benediktinerkloster Niederaltaich. Hier wurde 1962, also vor über vierzig Jahren, zum ersten Mal Männern angeboten, was in der westlichen Kultur fast vergessen worden war: Das Kloster als Rückzugsraum, als Ort der Besinnung in allen Lebenslagen. Es war damals eine Art östlicher Import. Ein bayerischer Unternehmer hatte sich bei Geschäftsreisen gewundert, warum es in Asien selbst für Spitzenpolitiker und Wirtschaftsmanager durchaus üblich ist, sich manchmal Monate lang hinter Klostermauern zurückzuziehen. Der damalige UNO-Generalsekretär U Thant beispielsweise wog in klösterlicher Abgeschiedenheit ab, ob er an die Spitze der Weltorganisation treten soll.

Solche begrenzten Ausstiege hatten nichts mit Frömmelei oder Weltflucht zu tun, im Gegenteil. Sie erkannten an, dass der Mensch ohne Besinnung besinnungslos, vielleicht sogar sinnlos handeln würde. In Europa suchten junge Aussteiger solche Selbsterkenntnis in der Flucht nach Asien, oft mit schlimmen persönlichen Einbrüchen und einer schwierigen Rückkehr. Die christliche Klostertradition war ihnen zu weit weg, obwohl sie eigentlich gerade um die Ecke zu finden war.

Dieses Naheliegende ist heute mehr denn je anerkannt. Zuerst haben Benediktinerklöster, dann nahezu alle klösterlichen Orden

1 Pater Markus präsentiert die klösterliche Sammlung kunstvoll bemalter Ostereier. **2** Die Schränke in der Sakristei wurden um 1727 angefertigt. **3** Gebet in der 1986 eingeweihten byzantinischen Nikolauskirche. **4** Der Klausurgang führt zu den Wohnzellen der Mönche.

das Angebot, das Leben ihrer Brüder oder Patres zeitweise mitzu-
gehen, in den verschiedensten Formen aufgegriffen. Nach dem
Gebetbuch oder nach der Gläubigkeit überhaupt fragt niemand. In
Niederaltaich, so weiß beispielsweise Altabt Emmanuel Jungclaus-
sen, haben schon Atheisten im «Kloster auf Zeit» gelebt. Ob es
danach anders in ihnen ausgesehen hat, interessiert nicht. Fragen
stehen nicht auf dem Zeitplan, Antworten schon eher und sei es
die der wiedergefundenen Gelassenheit.

Es geht in diesen zwei Wochen für die Teilnehmer letztlich darum,
heißt es in einem erklärenden Text des Klosters, zu einer wirklich
ernsthaften und kritischen Auseinandersetzung mit dem eigenen
Lebensinhalt zu kommen. Die Gottesdienste mit den Mönchen

(die morgens normalerweise um 5.30 Uhr beginnen), der geistliche
Vortrag am Vormittag und am Nachmittag, die Meditationsübungen sowie die Zeiten des Alleinseins mit sich selbst, das alles stellt
erhebliche seelische und geistige Anforderungen an die Teilnehmer.
Darum muss beispielsweise Menschen, die sich in nervenärztlicher
oder psychotherapeutischer Behandlung befinden, von einer Teilnahme an «Kloster auf Zeit» abgeraten werden. Selbstverständlich
besteht die Möglichkeit zum Einzelgespräch. Bei «Kloster auf Zeit»
nehmen die Herren am Chorgebet und an den gemeinsamen
Mahlzeiten der Mönche teil und tragen dabei einen schwarzen
Chormantel. (Darum sollte man auch etwas dunklere Kleidung
dabei haben. Im Übrigen ist bezüglich Kleidung und Schuhwerk zu
bedenken, dass reichlich Gelegenheit zu ausgedehnten Spaziergän-
gen in der Umgebung besteht.)
Benediktiner stehen für eine ganz besondere Art, Kloster zu erleben. Kein anderer Orden ist so sehr dem gregorianischen Gesang
verpflichtet wie dieser älteste abendländische Mönchsorden. Manche Klosterbesucher finden den Weg in die Benediktinerkirchen –
die in Niederaltaich trägt gar den Ehrentitel einer Basilika minor –,
nur um den Chorgesang der Mönche zu genießen.

Menschen noch mehr ins Gemüt geht. In der byzantinischen Nikolauskirche, die 1986 in den großen Räumen der ehemaligen Brauerei eingerichtet wurde, feiert eine Gruppe der Niederaltaicher Mönche täglich das Stundengebet nach orthodoxem Ritus.

Unvoreingenommenen Gästen, die sich an fernöstliche Gebete erinnern, kommt das «immerwährende Gebet», das die Orthodoxen praktizieren, vertraut vor. Manchen erinnert es an den katholischen Rosenkranz, dessen oft gebetsmühlenhaft gemurmelte Wiederholungen eine Atmosphäre der Besinnung schaffen.

Die betende Meditation ist denn auch ein besonderes Kennzeichen orthodoxer-byzantinischer Frömmigkeit. Es geht um das «Jesus-Gebet», auch «Herzensgebet» genannt. Sein Text ist einfach:

«Jesus Christus, erbarme Dich meiner!» Er kann auch ganz einfach nur aus dem Namen des Herrn bestehen, mehr nicht. Eine längere Fassung lautet: «Herr Jesus Christus, Sohn Gottes, erbarme Dich meiner, des Sünders!»

Der Betende übt ständig, immer, zu jeder Tages- und Nachtzeit, zu beten. Denn orthodoxe Frömmigkeit ist ein dauernder, nie abgeschlossener Vorgang der Selbsterziehung, das Jesus-Gebet die ständige Wandlung des Lebens. Orthodox sein heißt nicht (nur) etwas für richtig zu halten, es ist vor allem ein Stil des Lebens, der sein Ziel in der «Vergöttlichung» (üblicher, aber missverständlicher Ausdruck, besser sagt man «Durchgottung») des Menschen findet.

Die byzantinische Frömmigkeit kann miterlebt werden. Die von Mönchen getragene Schola der Benediktinerabtei ist dagegen offen für die Mitwirkung interessierter Freunde des gregorianischen Chorals. Hauptaufgabe ist die Gestaltung des sonntäglichen Choralamtes in der Basilika Niederaltaich um 10.30 Uhr. Das Interesse am gregorianischen Choral nahm in den vergangenen Jahren erfreulicherweise zu. Selbst Hitparaden profitieren davon. Ob es allerdings als positiv zu bewerten ist, dass diese Bewegung durch «Choral in Charts» unterstützt wird, mag dahingestellt bleiben.

In Niederaltaich haben sie gleich einen doppelten Grund, sich auf einen musikalischen Genuss zu freuen: Gregorianik und ostkirchliche Gesänge, denn hier pflegen einige Mönche schon seit Jahrzehnten in einer byzantinischen Kirche und einer Kapelle die Messe und Andachten nach dem russisch-orthodoxen Ritus, der vielen

1 Statt barocker Hauben krönen Zeltdächer die Türme der in der ersten Hälfte des 18. Jahrhunderts erbauten Klosterkirche St. Mauritius. 2–3 Karfreitagsliturgie in der Basilika und 4 Feier der Osternacht. 5 Stille Einkehr in der Sakristei: Pater Antonius beim Bibelstudium.

Wie viele Klöster in Süddeutschland ist auch Niederaltaich eine weltliche Gründung, hier durch den Herzog Odilo von Bayern. 731 gründeten es Missionare des Abtes Pirmin an der Donau. Besiedelt wurde es durch Mönche von der Inselabtei Reichenau. Seine Blüte-zeit erlebte auch Niederaltaich im Barock. Nach der Säkularisation blieb es aber im Gegensatz zu anderen Klöstern lange (bis 1918) geschlossen und wurde teilweise sogar abgebrochen.

Viele Christen sehnen sich in unserer säkularisierten Gesellschaft nach Erfahrungen ihrer Verbundenheit im Glauben. Sie drängen auf Überwindung der trennenden Konfessionsgrenzen, ohne das eigene Erbe aufgeben zu müssen. Gemeinsam möchten sie den Weg des Glaubens gehen. In liturgischen Feiern und geschwisterli-chem Austausch suchen sie den Reichtum der anderen Tradition und auch die eigenen Wurzeln besser zu verstehen.

In der Benediktinerabtei Niederaltaich wird solche Ökumene erfahrbar – besonders im Miteinander zweier liturgischer Traditio-nen, in Gottesdiensten im römischen und im byzantinischen Ritus. Hier wird deutlich, dass es im geistlichen Leben Alternativen gibt.

1 Schulpause: das Kloster beherbergt auch ein Gymnasium. **2** Für ein paar Tage oder Wochen der Welt den Rücken kehren: Teilnehmer des «Klosters auf Zeit» werden auf ihr kurzes Klosterleben vorbereitet. **3** Gästezimmer. **4** In der Klosterbuchhandlung kann man Bücher, CDs und Klosterprodukte kaufen. **5** Die Klosterpforte steht jedem Interes-sierten offen. **6** In der Bibliothek. **7** Mit Laptop und Kutte organisiert Pater Vinzenz das Klosterleben. **8** Selbstgemachtes schmeckt bekannt-lich am besten: Pater Emmeram füllt den klösterlichen Likör ab.

Zusätzlich besteht im Kloster ein Ökumenisches Institut. Dieses sieht seine Aufgabe darin, Möglichkeiten zu vermitteln, Ökumene in der ursprünglichen Bedeutung dieses Wortes zu erleben: als ein Zuhause, das allen offen steht. In der Begegnung mit den Mönchen, aber auch der Gäste untereinander, wächst ein Gespür für das vielfältige Wirken des Heiligen Geistes.

In der Institutsbibliothek finden die Gäste ökumenische Publikationen, besonders eine große Anzahl theologischer Zeitschriften. Das Ökumenische Institut selbst betreut seit 1953 in Verbindung mit einem interkonfessionellen Herausgeberkreis die Zeitschrift «Una Sancta». Sie bringt vierteljährlich informative Beiträge über ökumenische Theologie und Spiritualität. Zum weiteren Tätigkeitsbereich der Mönche gehören auch auswärtige Vorträge sowie eine vielfältige Mitarbeit in ökumenischen Gremien.

Ursprünglich musste sich die Abtei gegen den Verdacht wehren, dass die Öffnung für das «Kloster auf Zeit» und die Ökumene in Richtung östliche Orthodoxie eine Art unlautere Überlebenschance bedeutet. Sollte in den Zeitmönchen Nachwuchs für das Klöster geworben werden? Heute sind die Anfeindungen Vergangenheit. Eine gewisse Reserviertheit ist aber den Mönchen bis heute geblieben. Obwohl der Abt anerkennt, dass beide Seiten, Gäste und «echte» Patres, voneinander gewinnen, lassen sich nicht alle ohne weiteres auf die weltlichen Zeitgefährten ein.

Übrigens darf sich niemand wundern, wenn er Niederaltaich in zweierlei Schreibweisen liest. Mit «ai» ist das Kloster gemeint, mit «ei» dagegen das Dorf Niederalteich.

Niederaltaich (Benediktinerabtei)

«Wir möchten Christen aller Konfessionen und überhaupt Menschen ansprechen, die auf der Suche sind.»

Anreise
Bahn: Bahnstation Plattling (Strecke Nürnberg–Wien); dort Bahnanschluss nach Deggendorf; von da mit Bus oder Taxi. *Auto:* A3 Nürnberg–Passau, Ausfahrt Hengersberg/Niederaltaich.

Geschichte
Das Kloster, eine Gründung des Bayernherzogs Odilo, wurde 731 von Benediktinern aus der Reichenau besiedelt. Nach der Säkularisation 1803 blieb das Kloster bis 1918 unbesiedelt und wurde teilweise abgebrochen. Im 20. Jahrhundert Neuanfang mit Erziehungsarbeit in Schule und Internat sowie in der Ökumene. Gründung einer byzantinischen Dekanie.

Sehenswürdigkeiten
Kloster: Barockbasilika mit Sakristei, barocke Gesamtanlage, byzantinische Kirche mit Kapelle. *Umgebung:* Donautal.

Klosterbetrieb
Ökumenisches Institut, Bildungshaus, Gymnasium mit Tagesheim, Landwirtschaft, Klosterbuchhandlung, Likörkellerei, Bibliothek, Archiv.

Gästeangebot
Kloster auf Zeit (nur für Männer), Meditationskurse, Vorträge, Seminare, Exerzitien, Mitleben in der Hausgemeinschaft, ökumenische Einkehrzeit, byzantinische Seminare.

Gottesdienste
Werktag: 5.30 Hore, 12.00 Hore, 17.40 Vesper, 19.30 Komplet. *Samstag:* 6.30 Hore, 12.00 Hore, 17.40 Vesper, 19.30 Vigil. *Sonntag:* 8.00 Laudes, 10.30 Choralamt, 17.30 Vesper, 19.30 Komplet.

Unterkunft
Ökumenisches Institut der Abtei Niederaltaich: Zimmer mit Etagendusche/WC, Tel. 0 99 01-20 82 08, E-Mail: oekumen.institut@abtei-niederaltaich.de.

Auskunft und Reservierung
Kloster: Benediktinerabtei Niederaltaich, Mauritiushof 1, 94557 Niederaltaich, Tel. 0 99 01-20 80, Fax: 0 99 01-20 81 41, Internet: www.abtei-niederaltaich.de, E-Mail: abtei@abtei-niederaltaich.de.
Touristik: Gemeindeverwaltung Niederaltaich, Guntherweg 3, 94557 Niederaltaich, Tel. 0 99 01-9 35 30, Fax: 0 99 01-93 53 29, Internet: www.niederalteich.de, E-Mail: gemeinde@niederalteich.de.

Auf der Insel zu sich selber finden
Die Benediktinerinnen von Frauenchiemsee

Im Dienst der Erwachsenenbildung: Einkehrwochenenden, Meditationskurse, Exerzitien, Tagungen kirchlicher Institutionen, Kurse für bildende Kunst, Musik und Bewegung, Seminare für Herz- und Tumorpatienten.

Wohin hat sich ein von Schmerz geplagter Landadliger im Mittelalter gewandt, um seinem Zipperlein den Garaus zu machen? Ärzte im heutigen Sinn gab es nicht. Gesundbeten setzte bei den meisten mehr Glauben voraus, als sie hatten, und half dennoch nicht. Die Klöster waren nicht nur die nächstbeste, sie waren die erste Adresse und nicht nur zur Linderung der Seelenschmerzen. Dort waren es die Kräutergärten, aus denen kundige Nonnen mancherlei Trank brauten, der ganz so ohne gar nicht war. Gerade heute werden sie wieder entdeckt, weil mancher Pflanzenextrakt genau so gut hilft wie Produkte der Pharmaindustrie. Nicht nur Klöster finden neuen Zulauf, auch die Kloster- und Kräutergärten. Suche nach Lebenshilfe aller Art, so könnte man deshalb mit Fug und Recht auch allen nachsagen, die bis heute zum Kloster Frauenwörth im oberbayerischen Chiemsee übersetzen. Denn der Tradition des Heilens von Leib und Seele sind die Benediktinerinnen des Klosters treu geblieben. Und das immerhin mit erzwungenen Unterbrechungen durch Krieg und Verstaatlichung fast 1200 Jahre lang. Um 850 stand die Selige Irmengard als erste namentlich bekannte Äbtissin der Abtei vor. Sie war eine Tochter König Ludwigs des Deutschen und Urenkelin Karls des Großen. Zeugnis davon geben noch heute die erhalten gebliebene karolingische Torhalle mit ihren künstlerisch hochstehenden karolingischen Engel-Fresken sowie Grundriss und Portal des Münsters.

Die frühe Periode unter dem Herrschergeschlecht der Karolinger wurde aber schon in der ersten Hälfte des 10. Jahrhunderts durch die Ungarnstürme jäh unterbrochen. Eines von vielen Unglücken, das auch durch die Insellage nicht verhindert werden konnte. Aber wenigstens bot das Kloster auf dem Eiland in späteren Jahrhunderten vielen Flüchtlingen, nicht zuletzt aus bedrohten anderen Konventen, Unterschlupf auf Zeit, vor allem während des Dreißigjährigen Krieges. Heute ist Kloster Frauenwörth neben dem Nonnberg in Salzburg das älteste noch bestehende deutschsprachige Frauenkloster nördlich der Alpen.

1 Schwester Scholastica kümmert sich im Klosteralltag mit Bienenfleiß um die Seminargäste. **2** Im klösterlichen Kräutergarten hat der hervorragende Likör seinen Ursprung. **3** Stille Andacht in der Abtei- und Kuratiekirche St. Maria. **4** Feierliche Prozession zu Ehren der Seligen Irmengard, der ersten Klosteräbtissin, angeführt von Äbtissin Domitilla.

Kehren wir ins Jahr 1263 zurück. Die Jahreschronik berichtet von einem «Vorsteher der so wichtigen Kräutergärten» des Klosters. Mit ihrem Gespür für die heilsamen Kräfte der Pflanzen entwickelten die damaligen Klosterfrauen Rezepturen, die auch der weiteren Umgebung des Klosters zum Wohle gereichten. Ihr Ruf drang bis an den Hof des Bayernherzogs Ludwig des Reichen, der sich im Jahr 1470 mit der Bitte um ein Heilmittel an die damalige Äbtissin Magdalena Auer zu Winkel wandte. Das Destillieren, d. h. das «Prennen» und Mischen der «getrennt Wässer» ist in Chiemsee jedenfalls seit dieser Zeit obrigkeitlich bekannt.

Von Anfang des 17. Jahrhunderts an wurde in Frauenchiemsee auch Bier gebraut. Mit dem Gerstensaft und «Brandtwein, in dem Convent außgebrandt» waren immer mehrere Personen beschäftigt: die «Außprennerin von Kräutern», die «Präumeisterin», die Kellermeisterin, die Apothekerin, der Kellermeister und der Fassbinder. Die klösterlichen Hausmittel und Lebensessenzen zur Stärkung der Gesundheit oder zur Freude von Zunge und Gaumen waren in der ganzen Umgebung bekannt und geschätzt.

1803 wurde die Abtei im Zuge der Säkularisation aufgelöst, die Nonnen durften aber wohnen bleiben. Fünf von ihnen erlebten 1838 unter König Ludwig I. von Bayern die Wiedererrichtung. Umgehend wurde die lange Tradition der Chiemseer Erzeugnisse fortgesetzt. Die ursprüngliche Herstellung und Lagerung des «gebrannten» Likörs in großen schweren Eichenfässern ist zwar der modernen Aufbereitung gewichen. Doch werden die Kräuter auch heute noch nach den alten Rezepten gemischt.

Davon können sich die Besucher durch Augenschein überzeugen, wobei sie nicht nur auf die Kräutergewinnung achten. Vor allem gesundheitsbewusste Hausfrauen haben begeistert die Renaissance der natürlichen Ernährung aufgegriffen und nutzen die heimischen Kräuter. Sie holen sich ebenso wie Gartenfreunde Rat und praktische Anregung im Klostergarten. Der «Klosteranger» diente früher vor allem dem Anbau von Gemüse und Kräutern. Erst Mitte der achtziger Jahre des vorigen Jahrhunderts entstand ein liebevoll angelegter Obst- und Blumengarten. Oberhalb der Blumenbeete am nahen Uferweg wurde ein klassischer Kloster-Kräutergarten nach den Weisungen der Äbtissin Hildegard von Bingen (1098–1179) angelegt, deren Bücher in jüngster Zeit zu Bestsellern aufstiegen und damit ein wieder entdecktes Bedürfnis nach Natur in der Küche und bei Alltagskrankheiten bestätigen.

1 Blick über den Friedhof auf die imposante Klosterkirche – der Turm ist das Wahrzeichen des Chiemgaus. **2** Die karolingische Torhalle wurde um 850 erbaut. **3** Aug' in Aug' mit den Vorgängerinnen im Äbtissinnengang. **4** Über allem wacht die Schutzpatronin: Pontifikalamt zum Hohenfest der Seligen Irmengard anlässlich ihres Todestages am 16. Juli.

Eine kleine Schar unermüdlich umherziehender schnatternder Enten mit ihren «Stallungen» belebt die friedliche Gartenidylle. Im Sommer bietet der blühende Garten eine einzige Augenweide für die vom Hauptsteg ankommenden Ausflügler. Lavendel, in kleine handgenähte Kräutersäckchen gefüllt, ist ein begehrtes Mitbringsel aus dem Klosterladen. Besucher, auch Tagestouristen, sind im Kloster herzlich willkommen. Das hat benediktinische Tradition. Die Gemeinschaft der Schwestern von Frauenchiemsee lebt nach der Regel des heiligen Benedikt von Nursia: Einer seiner Grundsätze war und ist die bereitwillige Aufnahme von Gästen im Hause.

Bis zur Säkularisation 1803 unterhielt das Kloster als «Königliches Stift» ein Internat für die Töchter des Adels. Nach der Wiederzulassung widmeten sich die Schwestern folglich in der Zeit nach 1838 der Jugenderziehung in Schule und Internat. 1995 wurde das Internat eingestellt. Neue Arbeitsgebiete haben sich erschlossen, welche

1 Begrüßungsessen für die Seminarteilnehmer im klösterlichen Bildungszentrum. **2** Teilnehmer des Qi-Gong-Seminares – die Benediktinerinnen sind auch offen für östliche Kulturen. **3** Brotzeit im Klosterhof. **4** Tausende strömen im Sommer über den Hauptsteg auf die Insel, und dennoch ist das Erlebnis von Stille noch möglich. **5** Der einzige Weg zum Kloster führt mit der Fähre oder dem Boot über den Chiemsee.

die Tradition der Vermittlung christlicher Werte auch im dritten Jahrtausend ermöglichen, beispielhaft, wie sowohl eine Instruktion des Vatikans beweist als auch die Realität auf der Chiemseeinsel. Der Vatikan fordert in dem Papier die Orden und Gemeinschaften zu neuem Elan und neuen Formen der Präsenz in Kirche und Welt auf. Der prophetische Lebensstil und der verdienstvolle Einsatz der Ordensleute im Erziehungs- und Gesundheitswesen, als Missionare und in der Caritas verlange angesichts neuer Herausforderungen eine «neue Fantasie der Liebe». Die Ordensgemeinschaften und Säkularinstitute müssten die Frische und Ursprünglichkeit ihrer Gründungszeit bewahren und vertiefen, gleichzeitig aber auch mit Unternehmungsgeist und Erfindermut neu auf die Zeichen der Zeit antworten. In der heutigen Zeit sei vor allem das prophetische Zeugnis der Ordensleute gefragt. Ihr Leben nach den Regeln von Armut, Keuschheit und Gehorsam sei ein offener Protest gegen eine unmenschliche Welt.

Das erfüllt das Frauenkloster längst. Es ist ein Ort der Ruhe, aber auch des Lernens, der persönlichen Begegnung und Besinnung, ganz im Dienst der Erwachsenenbildung: Einkehrtage, Meditationskurse, Exerzitien, Tagungen kirchlicher Institutionen, Kurse für bildende Kunst, Musik und Bewegung, Seminare für Herz- und Tumorpatienten sowie Fort- und Weiterbildungsseminare von Unternehmen der freien Wirtschaft und des öffentlichen Dienstes können organisiert werden. Die Bandbreite lässt kaum etwas aus, was moderne Menschen suchen. Das Angebot wird ständig aktualisiert, die Infrastruktur reicht für Gruppen der unterschiedlichsten Größen und wird noch weiter ausgebaut.

Neben klassischen Lebenshilfen aus dem Geist der Benediktinerregel und Einzelexerzitien nach dem Motto «Suche deine Lebensspur» sowie den rein biblischen Themen wie «Tod und Auferstehung» bieten die Nonnen aber auch zum Beispiel meditatives Tanzen, Umgang mit Konflikten, Yoga und Ayurveda, ayurvedisches Kochen, Meditation und Qi Gong, Herzpatientenseminare, Aquarellkurse oder geistliche Musik.

Wem der Weg trotz solcher Reize zu weit ist, der kann sich seine Frauenchiemseer Mittelchen auch online bestellen. Dort gibt es die Klosterliköre ebenso wie Marzipan und Lektüre.

Frauenwörth (Benediktinerinnenabtei)

«Alle Fremden, die kommen, sollen aufgenommen werden wie Christus.»

Anreise
Bahn: Bahnstation Prien am Chiemsee, Strecke München–Salzburg, Schiff ab Prien-Stock zur Fraueninsel.
Auto: A8 München–Salzburg, Ausfahrt Bernau, Weiterfahrt über Prien–Breitbrunn–Gstadt, Schiff ab Gstadt zur Fraueninsel.

Geschichte
Das Benediktinerinnenkloster wurde 722 von Bayernherzog Tassilo III. gegründet. 866 starb die erste namentlich bekannte Äbtissin von Frauenwörth, die Selige Irmengard. Als Tochter König Ludwigs des Deutschen und Urenkelin Karls des Großen brachte sie das Kloster zur ersten und weitaus größten Blüte in seiner Geschichte.

Sehenswürdigkeiten
Kloster: karolingische Torhalle mit Fresken und Agilolfinger-Ausstellung, romanisches Münster mit gotischem Gewölbe und Barockausstattung, Campanile, Äbtissinnengang.
Umgebung: Herrenchiemsee, Chiemgau.

Klosterbetrieb
Klosterladen, Online-Shop, Likörkellerei, Herstellung von Lebkuchen und Marzipan, Klostergarten, Gaststätte «Klosterwirt».

Gästeangebot
Besinnungstage, Einzelexerzitien, Erwachsenenbildung, Einkehrwochenenden, Meditationskurse, Exerzitien, Tagungen kirchlicher Institutionen, Kurse, Seminare, externe Fort- und Weiterbildungsseminare.

Gottesdienste
Werktag: 5.45 Laudes, 11.30 Mittagshore, 17.20 Vesper; 19.30 Nachthore.

Unterkunft
Altes Gästehaus im Kloster, Tel. 0 80 54-90 71 45.

Auskunft und Reservierung
Kloster: Benediktinerinnenabtei Frauenwörth, 83256 Frauenchiemsee, Tel. 0 80 54-90 70, Fax: 0 80 54-79 67, Internet: www.frauenwoerth.de, E-Mail: frauenwoerth@bnro.de.
Touristik: Kur- und Tourismusbüro, Alte Rathausstraße 11, 83209 Prien am Chiemsee, Tel. 0 80 51-6 90 50, Fax: 0 80 51-69 05 40, Internet: www.prien.chiemsee.de, E-Mail: info@tourismus.prien.de.

Nur Gesundes aus dem Kloster
Rückbesinnung auf die Ursprünge: Kloster Plankstetten

Wie aus einer wegen Nachwuchsmangels geschlossenen Schule ein Gästehaus und aus dem Klosterbetrieb ein Lehrbetrieb nicht nur für Jungbauern wurde.

Zurück zu den Ursprüngen, zu den ersten Entwicklungshelfern Mitteleuropas. Das waren Mönche, die beteten und arbeiteten und die Erde urbar machten. Sie waren vor allem Bauern und erschlossen unwegsame Wälder und Talniederungen für Ackerbau und Viehzucht. Um die Klöster herum entwickelte sich die Wirtschaft, bis das Industriezeitalter an ihnen vorbeizog und die Auflösung der großen Klostergüter dem Ganzen ein Ende bereitete. Der Mönch als Bauer gehörte danach lange Zeit zu den religiös-romantischen Vorstellungen einer Idylle aus fernen Zeiten. Bis, ja bis ein Benediktinerkloster in der Oberpfalz so etwas wie den historischen Auftrag wieder wirkungsvoll aufgriff.

Die Rede ist von Plankstetten, das heute weniger wegen seiner frommen Männer und seinem Kloster bekannt ist, dessen Kirche nach dem Vorbild von Cluny in Burgund im romanischen Stil gebaut wurde. Die Türme stammen immerhin aus dem 12. Jahrhundert. Der Eingang zur Kirche, eine interessante Vorhallenanlage, verheißt sogar das Paradies. Wallfahrtsort ist es deshalb auch geblieben. Doch die heutigen Pilger haben nicht unbedingt nur das Gebet im Sinn. Landwirte aus dem ganzen Land, aber auch Hausfrauen und Bierfreunde aus der Nachbarschaft finden den Weg nach Plankstetten, um sich hier mit Lebensmitteln einzudecken. Andere wiederum wollen von den Mönchen lernen, wie sie ökologisches Denken selber umsetzen können. Der Bedarf ist groß. So groß, dass die Mönche schon per Anzeigen nach Biobauern im Umkreis von 50 Kilometern suchen müssen, um der Nachfrage nach biologischen Lebensmitteln gerecht zu werden, die auf sinnvoll genutzten Böden angepflanzt wurden.

Umweltbewussten Menschen muss das Herz in Plankstetten in der Tat höher schlagen. Nichts funktioniert ohne ökologische Rücksichten. Selbst den Glauben haben die Mönche sozusagen ökologisch interpretiert und realisiert: «Der heutige Mensch lebt vielfach in einer gestörten Beziehung zu Gott. Ebenso wie die gestörte Beziehung zur Schöpfung bedarf unser Verhältnis zu Gott der Heilung.»

1 Um glückliche Kühe kümmert sich Bruder Richard. **2** Hohe Schmiedekunst: Portalgitter in der Abteikirche. **3** Aus der Saftpresse frisch auf den Tisch lautet die Devise im Klosterladen. **4** Ein Ständchen für Abt Gregor: Der «Tansania-Chor» aus Würzburg trommelt im Klosterhof.

Daraus haben die Benediktiner ein Autarkiekonzept entwickelt. Im Mittelpunkt steht die Verantwortung für das Leben.

Die ökologische Ausrichtung des Klosters will diesem Ziel dienen. Das bedeutet:

Leben erhalten – auch auf dem Acker;

Leben respektieren – auch das Leben der Nutztiere durch die Art der Haltung und Schlachtung;

Leben schaffen – durch gesunde Lebensmittel aus den Betrieben des Klosters.

Benediktinische Prinzipien helfen bei der Umsetzung:

«Stabilitas» – Nachhaltigkeit bei der Herstellung der Produkte des Klosters: Das Prinzip der Stabilitas verlangt im übertragenen Sinn, dass sich die Mönche bei der Herstellung der Klosterprodukte um ihre Erzeugnisse und deren Qualität persönlich kümmern. Jeder Schnelllebigkeit bei der Produkterzeugung und jeder Wegwerfmentalität wird eine Absage erteilt.

Gastfreundschaft – die Klosterprodukte als Botschaft: Der heilige Benedikt fordert seine Mönche zur Gastfreundschaft auf. Die Mönche begegnen im ankommenden Gast Christus selbst; die Gäste wiederum sollen im Kloster Gott spüren können. Nicht nur das geistliche Leben der Mönche ist Botschaft, sondern auch das, was sie arbeiten. In diesem Sinn gelten auch die im Kloster erzeugten Nahrungsmittel als Botschafter der Gastfreundschaft.

Gott verherrlichen – die Lebensmittel der Klosterbetriebe dem Menschen zum Wohle: Nach dem heiligen Benedikt soll durch alles Tun im Kloster Gott verherrlicht werden. Das bedeutet, dass die von der Mönchsgemeinschaft produzierten Lebensmittel dem

6

Wohl des Menschen dienen sollen. Das Kloster will wirkliche Mittel zum Leben anbieten können, durch die der kranke Mensch unserer Zeit ganzheitliche Heilung und Gesundung erfährt.

In der Praxis sieht das dann so aus: Das Klostergut sowie die umliegenden Biobauern beliefern die Klosterbetriebe mit landwirtschaftlichen Erzeugnissen. Dort werden sie weiterverarbeitet, wenn dies in den Lieferbetrieben nicht möglich ist, etwa in der Obstpresse oder der Brauerei.

Vermarktet und konsumiert werden die eigenen und aus der Region zugekauften Produkte zum einen Teil im Kloster, zum anderen durch die Belieferung von Direktvermarktern, Einzelhandel und Großverbrauchern bis hin zum Nürnberger Markt. Dabei wird den Erzeugern der Produkte ein fairer Preis bezahlt, der es ihnen ermöglicht, dem üblichen Kreislauf von Preisdruck-Mehrproduktion-Preisdruck mit den bekannten Qualitätseinbußen und Belastungen für Mensch und Umwelt zu entgehen.

Mit möglichst geringer Umweltbelastung arbeitet auch die Energieversorgung der Klosteranlage. Der Denkmalschutz hat zwar enge Grenzen für bauliche Veränderungen gesetzt, aber was möglich war und von außen nicht zu sehen ist, wurde verwirklicht. Die Mönche heizen mit einem Energiemix. Ende 1999 nahmen sie eine

1 Sommergrün im Klosterhof vor dem Konventgebäude. **2** In der Kapelle im Nordturm der Kirche ist der Steinaltar der Kriegergedächtnisstätte mit einem Relief zur Grablegung Christi zu besichtigen. **3** Die Reste des Kreuzgangs dienen als Gedächtniskapelle zu Ehren des Abts Maurus Xaverius Herbst. **4** Großer Besucherandrang bei der Jugendvesper. **5** Der neue Missionsbasar wird mit einer Messe eingeweiht. **6** Heilig-Kreuz-Kapelle mit der Figurengruppe «Schmerzhafte Muttergottes»; die Stuckarbeit (um 1780) stammt von Johann Jakob Berg.

neue Hackschnitzel-Heizanlage mit 450 Kilowatt Leistung in Betrieb. Sie trägt nun die Grundlast für die Heizung und die Brauchwassererwärmung des Klosters. Zusätzlich werden noch ein Erdgasbrenner und ein Ölbrenner eingesetzt. Eine Sonnenkollektoren-Anlage mit einer Fläche von 60 Quadratmetern liefert die Wärme für das Brauchwasser von Bäckerei und Metzgerei.

Das Konzept des Klosters Plankstetten, unter Einsatz moderner Technik umweltfreundlich anzubauen und zu produzieren sowie die landwirtschaftlichen Erzeugnisse an ein und demselben Ort zu verarbeiten und zu vermarkten, gilt als ökologisch beispielhafte und zukunftsweisende Art der Landwirtschaft.

Natürlich will Plankstetten mit diesem Konzept anderen Bauern als Vorbild dienen und ihnen Impulse bei der Erzeugung, Verarbeitung und Vermarktung ihrer eigenen landwirtschaftlichen Produkte geben. Neben den Bauern versteht sich die Benediktinerabtei ebenso bei den Menschen, die in den Städten und Dörfern der Umgebung leben, als Vermittlerin einer ökologischen Denkweise. Sie sollen erkennen, welche Inhalte für sie selbst praktizierbar sind. Den Landwirten sollen echte Alternativen geboten werden, nachdem sie immer stärker in die Abhängigkeit einer Industrie geraten sind, die ihnen vom Maschinenpark über Saatgut, Spritzmittel, Dünger, Futtermittel, Medikamente bis hin zu gentechnisch veränderten

1 Für einen guten Zweck: buntes Basartreiben im Klosterhof. 2 Stärkung bei Kaffee und Kuchen. 3 Die Einrichtung im klösterlichen Gästehaus ist schlicht, aber stilvoll. 4–5 Bruder Albert verkauft im Klosterladen selbst gebackenes Brot aus ökologischem Anbau. 6 Lohnender Ausflug vor klösterlicher Kulisse: Schiff auf dem Main-Donau-Kanal.

Pflanzen und Produkten alles anbietet, was Erträge steigern und sichern soll. Ökologisch erzeugte Produkte ermöglichen dagegen neue Absatzchancen bei jener wachsenden Zahl von Verbrauchern, welche zu angemessenen Preisen umwelt- und gesundheitsbewusst einkaufen möchten.

Grundsätzlich gilt für den Getreide-, Obst- und Gemüseanbau der klösterlichen Biobauern, dass sie ausschließlich vollbiologisch arbeiten: Sie düngen mit Kuhmist und Hornspänen und verwenden keinen Kunstdünger. Gentechnik ist tabu. Im Unterschied zur konventionellen Landwirtschaft bekämpfen sie Schädlinge nicht mit Spritzmitteln, sondern mit Nützlingen, und das Unkraut mit der Hacke in der Hand, wie es im Grunde schon zu Ursprungszeiten geschehen ist. Die liegen in Plankstetten immerhin im Jahre 1129. Auch Plankstetten wurde 1806 ein Opfer der Säkularisation. Doch nach der Wiedereröffnung – die bei einem ersten Anlauf 1856 an der fehlenden Genehmigung durch die Behörden scheiterte und sich bis ins Jahr 1904 hinzog –, planten die Mönche von Anfang an einen Landwirtschaftsbetrieb mit dazugehöriger Schule und kauften deshalb den Staudenhof, das heutige Klostergut. Am 5. November 1907 wurde die Schule eröffnet. Neben der Landwirtschaft konnten die Schüler auch in der Bäckerei, Metzgerei und Brauerei des Klosters Praxiswissen erwerben. Mitte der achtziger Jahre des 20. Jahrhunderts zeichnete sich ein Rückgang der Schülerzahlen ab, der die Mönche letztlich veranlasste, die Schule zu schließen. Aus den Schulräumen wurde ein Gästehaus und aus dem Klosterbetrieb ein Lehrbetrieb nicht nur für Jungbauern.

Wie zu seinen Anfangszeiten möchte das Kloster in einem bis heute strukturschwachen Gebiet, aus dem viele Menschen Tag für Tag stundenlang zur Arbeit pendeln müssen, eine positive geistige, kulturelle und wirtschaftliche Entwicklung auslösen. Das Kloster Plankstetten bietet durch seine gewachsenen Strukturen die Möglichkeit, in der modernen Gesellschaft verloren gegangene ökologische Kreisläufe in der Land- und Forstwirtschaft mit großem Erfolg wiederzubeleben. Besucher, die mehr als nur gesund leben wollen, können aber auch mit den Mönchen das Tagewerk teilen.

Plankstetten (Benediktinerabtei)

«Singend lasst uns vor ihn treten, mehr als Worte sagt ein Lied.»

Anreise
Bahn: Bahnstation Neumarkt/Oberpfalz (Strecke München–Passau–Nürnberg), von dort Bahnbus Richtung Beilngries.
Auto: A9 München–Nürnberg, Ausfahrt Greding, dann 10 km; B229 bis 25 km südlich von Neumarkt.

Geschichte
1129: Gründung der Abtei durch die Grafen von Hirschberg. 1806 durch die Säkularisation aufgehoben. 1904 von der Abtei Scheyern aus als abhängiges Priorat wieder gegründet. 1917 erneut zur selbstständigen Abtei erhoben.

Sehenswürdigkeiten
Kloster: romanische Kirche, Deckengemälde, geschnitzte Kanzel, barockes Orgelgehäuse mit Uhr, Rokoko-Chorgestühl, Rokokoaltar, Kapelle der Schmerzhaften Mutter, gotischer Kreuzgang.
Umgebung: Naturpark Altmühltal, Eichstätt.

Klosterbetrieb
Gästehaus, Jugendhaus St. Gregor, ökologische Landwirtschaft, Klosterschenke mit Biergarten, Klosterladen, Gärtnerei, Bäckerei, Metzgerei, Schreinerei, Schneiderei.

Gästeangebot
Tage im Kloster, Kurse, Tagungen, Vorträge, Meditation, Vorstellung der ökologischen Arbeit, Exerzitien, Besinnungstage, Malkurse, christliche Kontemplation.

Gottesdienste
Werktag: 5.45 (Mo, Mi, Do, Sa), 7.00 Konvent.
Sonntag: 7.30, 9.00, 10.15 Konvent.

Unterkunft
Gästehaus St. Gregor: Einzel- und Doppelzimmer, teilweise Dusche/WC, Tel. 0 84 62-20 61 30,
E-Mail: gaestehaus@kloster-plankstetten.de.

Auskunft und Reservierung
Kloster: Benediktinerabtei Plankstetten, Klosterplatz 1, 92334 Berching, Tel. 0 84 62-20 60, Fax: 0 84 62-20 62, Internet: www.kloster-plankstetten.de, E-Mail: info@kloster-plankstetten.de.
Touristik: Tourismusbüro Berching, Pettenkoferplatz 12, 92334 Berching, Tel. 0 84 62-2 05 13, Fax: 0 84 62-2 05 44, Internet: www.berching.bene-net.de, E-Mail: tourismus@berching.de.

Magie vor dem Donaudurchbruch
In Weltenburg wartet ein Kabinettstück des Spätbarock

Im ältesten Kloster des Landes steht auch die älteste Klosterbrauerei der Welt. Schon anno 1050 brauten hier die Mönche ihr eigenes Bier. Dieser großen Tradition fühlen sie sich bis heute verpflichtet.

Der Ort hat etwas Magisches an sich. Die Donau windet sich in einer Schleife um einen Felsen und bahnt sich danach den mühsamen Weg durch eine enge Schlucht, den Donaudurchbruch im Altmühltal. Seine Faszination hat schon die frühen Bewohner dieses Landstrichs in der Bronzezeit gefesselt. Die Kelten errichteten auf dem Bergsporn, dem Arzberg, eine Festung «Artobriga» – die hohe Burg. Ihre römischen Eroberer nutzten die strategisch günstige Lage eines Vorpostens ihres Reiches und legten ein Grenzkastell aus. In einem Tempel beteten sie vermutlich zur Kriegsgöttin Minerva. Der antike Geograf Claudius Ptolemäus soll hier schon um das Jahr 130 von Christi Geburt berichtet haben. Christliche Missionare wandelten den Ort in eine Kirche um. Hier wurde bayerische Frühgeschichte geschrieben.

Die Legende weiß jedenfalls, dass der heilige Rupert auf dem Arzberg eine Marienkirche gegründet haben soll. Historisch sicheren Boden betritt der Forscher aber erst mit Berichten aus dem 11. Jahrhundert. Dann aber mit aller Macht. Danach hat nach einigermaßen zuverlässigen Quellen der Kolumbanermönch Eustasius aus Luxeuil in Burgund in dem verlassenen Römerkastell das älteste Kloster Bayerns überhaupt gegründet. Die kleine Mönchssiedlung blieb aber nicht lange auf dem legendären Felsen. Herzog Tassilo II. soll sie geschlossen und am Fuße des rechten Donauufers ein neues Kloster errichtet haben. Jedenfalls wird davon im so genannten Weltenburger Klosterprolog aus dem 11. Jahrhundert berichtet. Herzog Tassilo rief auch die eifrigsten Klostergründer jener Zeit ins Land, die Benediktiner.

Das weitab gelegene Kloster erlebte auch in Zukunft eine wechselvolle Geschichte, kaum ein Krieg ging an ihm spurlos vorüber. Schon gar nicht der Dreißigjährige Krieg. Blütezeiten folgten dem fast völligen Ruin. Immerhin hielten die Grundmauern der Klosterkirche aus dem 8. oder 9. Jahrhundert bis ins 18. Säkulum. Erst 1716 wurde die Klosterkirche abgerissen und von dem damals noch kaum bekannten, aus Benediktbeuern stammenden Cosmas

1 Kloster Weltenburg am Donaudurchbruch gilt als «Spitzenleistung» des europäischen Barock. **2** Psallierchor über der Vorhalle der Klosterkirche St. Georg und St. Martin; die Barockkirche wurde von Cosmas Damian Asam in der ersten Hälfte des 18. Jahrhunderts erbaut.

Damian Asam neu gebaut. Die größte Blütezeit von Weltenburg setzte ein. Asam schwebte, so heißt es in einer Darstellung des Klosters, in Weltenburg ganz offensichtlich ein Kabinettstück des römischen Spätbarock eines Lorenzo Bernini vor, aber gesehen nicht mit den materialverhafteten Augen eines Baumeisters, sondern mit denen eines fantasiebegabten Malers. Es entstand eine Spitzenleistung des europäischen Barock am romantisch abgeschiedenen Eingang des Donaudurchbruchs.

Die neue Abteikirche Sankt Georg wurde am 9. Oktober 1718 geweiht. Doch scheint, dass nicht viel mehr als der Rohbau fertig gestellt war. Das Deckengemälde ist mit der Jahreszahl 1721 signiert. Im selben Jahr stellte Egid Quirin Asam erst seinen Hochaltar auf. Ein großer Teil der Innenausstattung folgte in den Jahren danach bis 1735. Nach der Säkularisation 1803 stand das Kloster fast vierzig Jahre leer, bis es 1842 durch König Ludwig I. wiedergegründet wurde. Seit dem Jahr 1913 ist Weltenburg wieder eine Abtei, die jährlich von einer halben Million Besuchern besichtigt wird.

Sie erwartet eine äußerlich zwar schlichte, eher kleine Kirche. Das in drei Räume aufgeteilte Innere offenbart erst die barocken Kleinodien. Den Vorraum in Form einer Ellipse schmücken das Deckengemälde von Franz Asam mit einer Darstellung des Jüngsten

1 Mittagessen im Refektorium. **2** Skulptur der «Schmerzhaften Mutter» im Klostergebäude. **3** Der Hochaltar (1722–1724) bildet das Glanzstück der Weltenburger Klosterkirche, die unter Leitung des Abts Maurus Bächl (1713–1743) von den Brüdern Asam gestaltet wurde; dargestellt ist St. Georg, der Schutzpatron der Kirche, im Kampf gegen den Drachen. **4** Ausflugsschiff auf dem Weg zum Donaudurchbruch.

Gerichts sowie symbolische Darstellungen der vier Jahreszeiten und der letzten Dinge. Der von einer Kuppel überspannte Hauptraum ist durch vier kleine und vier große Nischen gegliedert. Die kleinen Nischen füllen Altäre von Egid Quirin Asam aus. Das beeindruckende Deckengemälde von Cosmas Damian Asam stellt die verklärte Kirche dar. Das Presbyterium ist ein rechteckiger Raum mit angeschlossener halbrunder Apsis. Den Mittelpunkt bildet der Hauptaltar, der wie die ganze Ausstattung der Kirche von einer tiefen theologischen Konzeption bestimmt wird.

Fast schon Symbolcharakter hat Weltenburg für den Inbegriff bayerischer Sitten. Im ältesten Kloster des Landes steht auch die älteste Klosterbrauerei der Welt. Schon anno 1050 brauten hier die Mönche ihr eigenes Bier. Dieser großen Tradition fühlen sie sich bis heute verpflichtet. Ob es damals schon dem erst fünfhundert Jahre später formulierten bayerischen Reinheitsgebot entsprach, ist nicht bekannt. In früheren Zeiten wurde Bier ja aus allerlei Zutaten gemischt. So brachten iroschottische Mönche auch ein Metbier mit. Doch vermutlich wurde an der Donau schon von Anfang an das «flüssige Brot» aus Hopfen und Malz gebraut, wie es heute am besten im Biergarten bei deftigen Schmankerln genossen wird. Gelagert wird es übrigens in einem 40 Meter tiefen Felsenkeller.

Weltenburg (Benediktinerabtei)

«Man achte sorgfältig darauf, ob einer wirklich Gott sucht.»

Anreise
Bahn: Bahnstationen Abensberg oder Saal (Strecke Ingolstadt–Regensburg), von dort Bus nach Kelheim und per Schiff zum Kloster.
Auto: A9 München–Nürnberg, A93 Richtung Regensburg, Ausfahrt Abensberg, auf der B16 nach Kelheim.

Geschichte
Die Abtei Weltenburg, das älteste Kloster Bayerns, wurde um 600 n. Chr. von Kolumbanermönchen aus Luxeuil in den Vogesen gegründet. 768 wurde das Kloster Benediktinerabtei. Die Barockkirche, die eigentliche Sehenswürdigkeit Weltenburgs, ein Werk der Gebrüder Asam, wurde 1716 unter Abt Maurus Bächl begonnen, die Vorhalle 1751 von Franz Anton Neu vollendet.

Sehenswürdigkeiten
Kloster: Asam-Barockkirche (Cosmas Damian und Egid Quirin Asam), Orgel, Kanzel, Deckengemälde, Frauenbergkapelle, Sakristei. *Umgebung:* Regensburg, Donauradweg.

Klosterbetrieb
Landwirtschaft, Klosterladen mit Buchhandlung, älteste Klosterbrauerei der Welt und Restauration (verpachtet), Heimvolkshochschule, Weltenburger Akademie, Pfarrseelsorge, Religionsunterricht, Kirchenführungen.

Gästeangebot
Kloster auf Zeit, Mitleben in der Gemeinschaft, geistliche Einzelgespräche, Einzel- und Gruppenexerzitien, Bildungsprogramm der Heimvolkshochschule, Bildungs- und Begegnungsangebot, Kurse, Seminare, Tagungen.

Gottesdienste
Werktag: 7.00 Konventmesse, 18.00 Vesper.
Sonntag: 7.30 Frühmesse, 10.30 Konventamt, 17.45 Vesper.

Unterkunft
Begegnungsstätte St. Georg: Einzel-/Doppelzimmer mit Nasszelle (Reservierung siehe unten).

Auskunft und Reservierung
Kloster: Benediktinerabtei Weltenburg, Asamstraße 32, 93309 Kelheim, Tel. 0 94 41-20 40, Fax: 0 94 41-20 41 45, Internet: www.kloster-weltenburg.de, E-Mail: abtei-weltenburg@t-online.de.
Touristik: Städtisches Verkehrsbüro, Ludwigsplatz 16, 93309 Kelheim, Tel. 0 94 41-70 12 34, Fax: 0 94 41-70 12 07, Internet: www.kelheim.de, E-Mail: tourismus.kelheim@t-online.de.

Beuron, Burgen, Flora und Fauna
Zurück zu den Ursprüngen von Donau und Bibel

Wer im schwäbischen Preußen dem Tal der Mönche folgt, wandert direkt in ein Naturschutzgebiet mit siebzig Burgen, Ruinen, steilen Felswänden und mittelalterlichen Städten.

Blaues Licht schimmert in einem abgedunkelten Raum. Ein Mönch beugt sich über ein handbeschriebenes Schriftstück, das auf den ersten Blick als jahrhundertealter Text auf Pergament zu erkennen ist. Schmunzelnd blickt der Mann in der schwarzen Kutte kurz auf. «Das ist mehrfach überschrieben worden. Immer wieder findet man neue Texte.» Und immer wieder wirft ein solcher Fund eine ganze Reihe neuer Fragen auf, die weit über das hinausreichen, was der Laie sich unter Bibelforschung vorstellt. Unter dem Namen Vetus Latina können sich die meisten schon gar nichts ausmalen. Sie könnten etwas verpasst haben, was es im Benediktinerkloster Beuron zu entdecken gibt.

Ein Gespräch mit einem der im Kloster der alten lateinischen Bibel auf den Grund gehenden Mönche, die mit Wissenschaftlern der Universität Heidelberg zusammenarbeiten, kann zum Spannendsten werden, was ein am christlichen Glauben interessierter Mensch erfahren kann. Die Suche nach der sprachlichen Entwicklung der Bibel und nach den Ursprüngen bestimmter Formulierungen, etwa der Jungfrauengeburt, kann Grenzbereiche streifen, die katholische Dogmatiker ins Schwitzen bringen.

Denn Vetus Latina oder «altlateinische Bibel» ist die Sammelbezeichnung für die lateinischen Bibeltexte, die vor und teilweise neben der späteren lateinischen Vulgata lebendig und seit dem 2. Jahrhundert in Gebrauch waren. Mit der Ausbreitung und dem Siegeszug des Christentums im Römischen Reich setzte sich das Latein immer mehr durch – in Nordafrika ebenso wie in Spanien, England, Gallien und in Germanien. So entstand eine Vielzahl unterschiedlicher, oft ungenauer und bis dahin von der Kirche nie autorisierte Bibelübersetzungen. Diese Bibelschwemme wurde im 4. Jahrhundert mit der Vulgata gestoppt. Sie ist der lateinische Bibeltext, der die Fülle der Vetus Latina abgelöst und seit dem 7./8. Jahrhundert sich ihr gegenüber endgültig durchgesetzt hat.

Was nicht heißt, dass die ältere Sammlung nichts mehr zu sagen hätte. Der Reiz der alten Fülle gewinnt heute wieder Aktualität,

1 Die neue St.-Martin-Orgel in der Westempore der Abteikirche wurde 1984 eingeweiht. 2 Kostbare Schätze in der Bibliothek. 3 Beim Studium gregorianischer Gesänge, die bis heute gepflegt werden. 4 Einzigartig gelegen: Beuron und die Erzabtei unterhalb des Petersfelsen.

weil kritische Kirchengeister sich mehr und mehr auf die Anfänge, auf den wirklichen Jesus besinnen und den Blick frei bekommen wollen auf das, was Christentum am Anfang war, bevor es sich mächtig institutionalisierte.

Gewiss wird es aus dem stillen Donautal darauf nicht so leicht Antworten geben. Manchmal erwecken die Mönche von Beuron auch gar den Eindruck, dass sie an solch revolutionären Beiträgen gar nicht interessiert sind und sie lieber für sich behalten. Das Institut wurde auch erst 1945 aufgebaut. Wichtiger Grundstein ist eine Sammlung des 1927 gestorbenen Münchner Pfarrers Josef Denk, eine Zettelkartei mit einer Million altlateinischen Bibelzitaten über die Jahre 200 bis 800. Sie wird laufend erweitert, gegliedert und elektronisch gespeichert. Für biblische Zitate und Wörter können so schnell mehrere Textvergleiche herangezogen, Abweichungen interpretiert und Zeugen benannt werden.

Das Vetus-Latina-Institut ist eine der jüngsten Beuroner Einrichtungen und keineswegs diejenige, die am meisten bekannt ist. Wer im Erzbistum Freiburg daheim ist, dem sind Beuroner Kunstbilder ebenso ein Begriff wie «der Schott». 1884 erschien von dem Beuroner Pater Anselm Schott «Das Messbuch der heiligen Kirche»

(Missale Romanum) lateinisch und deutsch, mit liturgischen Erklärungen für Laien, bis zur Einführung der Muttersprache in der Messe nach dem Zweiten Vatikanischen Konzil (1962–1965) neben dem Gesangbuch das liturgische Werk für die Messe schlechthin. Für die Freiburger ist Beuron mehr als ein Kloster und

1 Die Abteikirche St. Martin wurde in den Jahren 1732 bis 1738 unter dem Augustinerchorherren-Abt Rudolf II. von Strachwitz vom Rottweiler Baumeister Matthias Scharpf erbaut. 2 Im Jahr 1868 fügte man an die Nordseite der Kirche die Gnadenkapelle an, die ganz im Stil der im selben Jahr gegründeten «Beuroner Schule» ausgemalt wurde. 3 Prachtvolle Stuckarbeiten im Kapitelsaal. 4 Statio vor dem Chorgebet. 5 Ein weiteres Kunstwerk der «Beuroner Schule»: der Marienaltar in der Klausur.

ein wunderschön gelegener Wallfahrtsort. Beurons Strahlkraft im 19. und 20. Jahrhundert schuf einen Teil der Identität des erst 1827 in den Grenzen des Großherzogtums Baden gegründeten Erzbistums, dem Hohenzollern-Sigmaringen zugeschlagen wurde, ein seit 1847 preußischer Regierungsbezirk mitten im schwäbisch-alemannischen Kulturkreis.

Mit dem katholischen Fürstengeschlecht derer von Hohenzollern-Sigmaringen ist die jüngere Geschichte Beurons eng verknüpft. Die Fürstenfamilie pflegte nicht nur bis heute zu dem Kloster enge Kontakte, sie hat auch den Wiederaufbau nach dem Kahlschlag durch die Säkularisierung 1803 ermöglicht. Damals wurde das Anwesen dem fürstlichen Haus zugeschlagen. Es nutzte das verlassene Kloster in Kriegszeiten als Militärspital, im Frieden verwandte man einen Teil der Räume als Amtswohnungen.

Die Zugehörigkeit zu Preußen verschaffte Beuron allerdings in dieser Zeit einen Vorteil. Während im benachbarten Großherzogtum Baden keine Klöster gegründet werden durften, ließ Berlin die Orden wieder zu. Am 6. Dezember 1862 ermöglichte die Stiftung der Fürstin Katharina von Hohenzollern den Neubeginn klösterlichen Lebens in den zweckentfremdeten Gebäuden. Die Fürstin hatte Kirche und Klostergebäude ihrem Stiefsohn Karl Anton von Hohenzollern abgekauft und die beiden Benediktiner Maurus und Plazidus Wolter für die Wiedergründung gewinnen können.

Bei einer Wallfahrt nach Rom hatte die Fürstin in der Benediktinerabtei von Sankt Paul vor den Mauern, die über dem Paulus-Grab errichtet worden ist, die beiden aus Bonn stammenden Benediktiner kennen gelernt. Sie konnte sie für ihren Plan begeistern, das heruntergekommene Kloster im idyllischen, aber ziemlich verlassenen Winkel des Donautals neu zu beleben. Am Pfingstsonntag 1863 begann das Lob Gottes in der Klosterkirche, und am Tag danach beteten zum ersten Mal wieder die Wallfahrer aus der ganzen Nachbarschaft zum Gnadenbild der Schmerzhaften Mutter Gottes, wie es seit dem späten Mittelalter Brauch war.

Die Freude dauerte allerdings nur bis 1875. Der Preußische Kulturkampf zwang die Mönche, Beuron wieder zu verlassen Dieses Mal dauerte das Exil aber nur zwölf Jahre. 1887 kehrten sie zurück, und

das Kloster nahm einen Aufschwung, der heute kaum noch vorstellbar ist. Beuron weitete sich durch Gründung und Neubesiedlung anderer Klöster in Deutschland aus, vor allem außerhalb Bayerns, wo das benediktinische Mönchtum schon einige Jahrzehnte früher wiedererstanden war.

Die zahlreichen Tochtergründungen schlossen sich schließlich in einer eigenen Benediktinerkongregation zusammen, die nach dem Mutterkloster des jetzt Erzabtei gewordenen Beuron benannt ist und eine der 21 Kongregationen bildet, in die der Benediktinerorden unter einem Abtprimas in Rom gegliedert ist. Vom einsamen Kloster Beuron ging die Erneuerung des Benediktinerordens im 19. Jahrhundert aus. Beuron ist jedoch nicht nur ein Kloster und der Name eines Dorfes. Es meint einen Ort, der quasi direkt zurück zur Natur führt. Wer mit dem Auto aus der Richtung Ulm-Sigmaringen die kurvige Straße nach Tuttlingen befährt, hat Mühe, sich auf den Verkehr zu konzentrieren. Über siebzig Burgen und

1 Einkehr und Stille auch beim Essen: Mittagsgebet im Gästespeiseraum. 2 Der Festsaal im Gästetrakt bietet den feierlichen Rahmen für Vorträge. 3 Mit Liebe zum Detail: der Gang im Gästetrakt. 4 Die Bücher der Klosterbuchhandlung sind auch im Online-Shop erhältlich. 5 Bruder Burkhard ist Chef der Klostermetzgerei. 6 Ebenso aus der «Beuroner Schule»: die von Pater D. Lenz 1732 bis 1738 erbaute St.-Maurus-Kapelle. 7 Lohnender Ausflug in der Umgebung: Schloss Werenwag.

Ruinen säumen den Weg. Steil aufragende Felsen laden zum Klettern ein, jeder Schwierigkeitsgrad ist hier zu meistern. Flora und Fauna sind geschützt, auch wenn man es gerade an einem Sonntag angesichts einer endlos scheinenden Autokolonne kaum glauben mag. Viele Tagestouristen stellen aber auch ihre Fahrzeuge ab, um zu Fuß einer reizvollen Wanderroute entlang der Schleife der Donau zu folgen. «Tal der Mönche» heißt der ausgeschilderte Wanderweg vom mittelalterlichen Städtchen Fridingen flussabwärts gegen Sigmaringen zu.

Den Anreisenden von der anderen Seite empfängt Beuron vielleicht noch eindrucksvoller. Kilometerweit hat die Donau ihre Spuren verloren. Vor Tuttlingen versinkt sie und kommt nur zu einem Teil hinter dem Bergrücken wieder hervor, der zwischen der Industriestadt und dem Beuroner Tal liegt. Der andere Teil bahnt sich unterirdisch von der so genannten Donauversickerung einen Weg in Richtung Hohentwiel und Bodensee, wo er im Aachtopf wieder ans Tageslicht kommt.

Hinter einer Kuppe taucht Beuron plötzlich majestätisch im talwärts gerichteten Blickwinkel auf. Die Obere Donau eilt in einer Ehrenschleife um die Klosteranlage herum und erschließt eine Bilderbuchlandschaft. Hier soll sie überhaupt am schönsten sein, wo sie sich durch einen Märchengarten burgengekrönter, bizarrer Kalksteinfelsen gegraben hat.

Beuron (Benediktinererzabtei)

«Ein lebendiges Kloster gleicht einer Oase, in der man ruhen und neue Kraft schöpfen kann.»

Anreise
Bahn: Bahnstation Beuron (Strecke Freiburg–Ulm).
Auto: Donautalstraße Tuttlingen–Sigmaringen.

Geschichte
Die Sage berichtet, Graf Gerold von Bussen habe 777 das erste Kloster Beuron gegründet. 1097 bestätigte Papst Urban II. die Gründung als Augustiner-Chorherrenstift. Seit 1863 wurde es als Benediktinerkloster wiederbesiedelt. Nachdem von hier zahlreiche Tochtergründungen ausgegangen waren, wurde Beuron «Erzabtei» genannt, der Verband der Tochterklöster «Beuroner Benediktinerkongregation».

Sehenswürdigkeiten
Kloster: Abteikirche, Gnadenkapelle mit Gnadenmutter im Beuroner Stil.
Umgebung: Naturpark Obere Donau, Wanderroute «Tal der Mönche».

Klosterbetrieb
Brennerei, Metzgerei, Kunstverlag, Buchhandlung, Bibliothek, Online-Shop.

Gästeangebot
Kloster auf Zeit, Gastaufenthalt, Exerzitien, Projekttage für Schulgruppen ab 16 Jahre, «Ora et labora»-Tage, Vorträge, Kurse, Tagungen wie Beuroner Tage für Spiritualität und Mystik («Edith-Stein-Tage»), Beuroner Bibeltage, Beuroner Tage für Fragen der Wirtschaftsethik.

Gottesdienste
Werktag: 5.00 Hore, 6.00, 8.00 jeweils Messe, 11.15 Hochamt, 18.00 Vesper, 19.45 Komplet.
Sonntag: 5.00 Hore, 6.00 Messe, 8.30 Predigt, 10.00 Hochamt, 11.15 Predigt, 15.00 Vesper, 19.45 Komplet.

Unterkunft
Hotel «Pelikan», Tel. 0 74 66-40 6, *Hotel «Neumühle»,* Tel. 0 75 70-95 90, *Hotel «Hammer»,* Tel. 0 75 70-4 76, *Hotel Berghaus,* Tel. 0 75 70-3 93. Männliche Gäste können im Klostergastflügel untergebracht werden (Einzelzimmer, Hauskapelle, Meditationsraum, Speisesaal, Vortragssäle).

Auskunft und Reservierung
Kloster: Erzabtei St. Martin zu Beuron, Abteistr 2, 88631 Beuron, Tel. 0 74 66-1 70, Fax: 0 74 66-1 71 07,
Internet: www.erzabtei-beuron.de,
E-Mail: gastpater@erzabtei-beuron.de.
Touristik: Bürgermeisteramt Beuron, Kirchstr. 18, 88631 Beuron, Tel. 0 75 79-9 21 00, Fax: 0 75 79-92 10 25,
Internet: www.beuron.de, E-Mail: info@beuron.de.

Gleichwertiges findet sich kaum
Barock und Meditation bei den Benediktinern in Neresheim

Die Mönche bewahren nicht nur ein kulturelles und religiöses Erbe, sie wenden sich mit ihrer Lebensform an ein breites, nicht unbedingt katholisches oder überhaupt frommes Publikum.

Schwaben wird die Neigung nachgesagt, den Dingen auf den Grund gehen zu wollen. Fröhliche Unbeschwertheit scheint ihre Sache nicht zu sein, meint jedenfalls ein landläufiges Urteil. Überschwängliche Gefühlsausbrüche sind ihnen eher fremd. Dennoch geraten selbst schwäbische Besucher und erst recht Fremde ins Schwärmen, wenn sie des Klosters und der Klosterkirche der Benediktinerabtei Neresheim ansichtig werden.

Selbst ein zur Nüchternheit neigender Beobachter wie der Kunsthistoriker Georg Dehio geriet ins Schwärmen, als er von diesem letzten Werk des Barockbaumeisters Balthasar Neumann berichtete. Gleichwertiges, meinte er in seinem berühmten «Handbuch der Deutschen Kunstdenkmäler», lasse sich in Europa kaum finden. Neresheim liegt auf dem Härtsfeld, einem Ausläufer der Schwäbischen Alb zwischen Heidenheim und Nördlingen, und wird überragt von der weithin sichtbaren Benediktinerabtei. An föhnigen Tagen kann man von hier aus die Alpen erblicken. Die Geschichte des Klosters reicht bis zum Jahr 1106 zurück. Die Grafen von Dillingen gründeten damals einen Chorherrenstift, der 1106 in ein Benediktinerkloster umgewandelt wurde. 1803 wurde das Kloster säkularisiert und kam in den Besitz der Fürsten von Thurn und Taxis. Sie ermöglichten 1919 die Wiederbesiedlung durch Benediktiner aus Beuron und Emaus (Prag).

Während der Kirchturm noch aus der Zeit des Dreißigjährigen Krieges stammt, wurde die heutige Barockkirche als Spätwerk von Balthasar Neumann geplant und ab 1750 bis zu seinem Tod 1753 erbaut. Die halbfertige Kirche war in den nächsten vierzig Jahren zwar nach den Plänen des großen Baumeisters fertig gestellt worden, allerdings wurden aus schwäbischer Sparsamkeit und mangels genialer Bauleitung deutliche Abstriche am ursprünglichen Konzept vorgenommen. Nicht zuletzt wirkte sich während der langen Ausbauphase auch der Stilwandel vom Barock zum Klassizismus aus. Trotz der misslichen Baugeschichte kann man in Neresheim das Genie Balthasar Neumanns bewundern. Die karge Außenfassade verbirgt einen lichtdurchfluteten Innenraum, der im Gegensatz zu

1 Kloster Neresheim liegt mitten im Grünen auf der Schwäbischen Alb. **2** Blütenpracht im Klostergarten. **3** Jubiläum in der Abteikirche: Pontifikalamt zum 25. Jahrestag der Abtweihe von Abt Norbert Stoffels.

vielen anderen überladenen Barockkirchen in klarem Weiß erstrahlt. Beherrschende Grundform ist das Oval, das mehrfach kombiniert sowohl den Grundriss eines Kreuzes ergibt wie auch die Kuppelgestaltung beeinflusst. Schwungvolle Linien durchziehen den Raum. Experten schätzen Neresheim trotz der baugeschichtlichen Mängel als ein herausragendes Meisterwerk barocker Baukunst.

«In der Tat kommt in Neumanns Architektur nicht nur das Kunstwollen seiner eigenen Epoche zum Ausdruck», wie beispielsweise der Kulturjournalist Konrad Adam in der «Welt» die Anlage würdigt, «sondern in ihr findet der abendländische Kirchenbaugedanke überhaupt seinen Abschluss. Der alte Wunsch, den starren Raum in Schwingung zu versetzen, seine Grenzen so weit wie möglich aufzulösen, die Mauern transparent und transzendent zu machen für die Botschaft, die da verkündet werden soll, hat hier seine letzte und äußerste Steigerung erfahren.»

Dass Balthasar Neumanns Lebenswerk «einen Höhepunkt in der gesamten Barockarchitektur darstellt», ist in jedem Lexikon unumstritten. Aus der Vielfalt seiner Kirchenbauten wurde in der Benediktinerkirche zu Neresheim «die letztmögliche Steigerung erreicht, zu der die deutsche und österreichische Barockarchitektur

überhaupt fähig war». Seit 1965, als der Bau vom Einsturz bedroht war, wird das Kloster umfangreich restauriert, «allerdings mit kleinlichen bürokratischen Streitereien um den Denkmalschutz», wie Konrad Adam weiter festhielt.

Der Klosterbau verdankt seine Wirkung aber auch dem Umland von Neresheim. Er steht in einem gewissen Kontrast zu den kargen Böden, spärlichen Wasserläufen und dem rauen Klima, weshalb das Hochplateau des Härtsfeldes bis heute dünn besiedelt bleib. So hat sich die Landschaft rundum viel von ihrer Ursprünglichkeit, ihrer Weitläufigkeit und Stille, ihrer seltenen Flora und Fauna bewahrt. Das Härtsfeld ist eine geschichtlich bedeutsame Region. Hier finden sich gut erhaltene Höhlen und Grabfunde prähistorischer Besiedlung, römische Heerstraßen und Gutshöfe. Burgen, Schlösser und Schlachtfelder zeugen von einer bewegten Vergangenheit.

Die Benediktiner können und wollen sich aber nicht nur auf die

1 Im Refektorium versammeln sich die Mönche zum Essen. 2 Ein Höhepunkt der Baukunst: Die Klosterkirche ist das letzte Meisterwerk des Barockbaumeisters Balthasar Neumann. 3 Überwiegend Ärzte, Beamte und Lehrer suchen als Gäste die klösterliche Ruhe. 4 Was Leib und Seele zusammenhält, findet sich im Klosterladen. 5 Der Festsaal erstrahlt in altem Glanz – seit 1965 wird die Klosteranlage restauriert.

Pflege ihres kulturellen Kleinods beschränken. Sie wenden sich mit ihrer Lebensform an ein breites, nicht unbedingt katholisches oder überhaupt frommes Publikum. Sie bieten zahlreiche Formen von Meditation und Einkehrtagen an. Schöpfer dieser Öffnung war schon 1968 Pater Beda Müller. Rund siebzig Veranstaltungen sind dreißig Jahre später im Programm der Abtei verzeichnet, vom Einführungskurs mit meditativem Tanz bis zur Zen-Atemtherapie. Besonders Lehrer, Ärzte und Beamte kommen nach Neresheim. Nach den Beobachtung der Mönche sind es Menschen, «die ihre beruflichen und familiären Ziele oft erreicht haben und sich fragen: Ist das jetzt mein Leben gewesen?» Auch hier sind dieselben Motive zu finden wie in anderen Benediktinerklöstern, die «Kloster auf Zeit» anbieten. Die Teilnehmer sollen alltägliche Sorgen leichter nehmen und so zu sich selbst und schließlich zu Gott gelangen.

Neresheim (Benediktinerabtei)

«Die Arbeit ist ein wesentliches Element des benediktinischen Mönchslebens.»

Anreise
Bahn: Bahnstationen Heidenheim, Aalen oder Nördlingen; weiter mit Bus oder Taxi.
Auto: A7 Ulm–Würzburg, Ausfahrten Heidenheim oder Aalen/Ebnat.

Geschichte
1095: Gründung durch Graf Hartmann I. und Gräfin Adelheid von Dillingen-Kyburg als Chorherrenstift. 1106: Umwandlung in ein Benediktinerkloster Hirsauer Prägung. 1647, im Verlauf des Dreißigjährigen Krieges, zählte das Kloster nur noch vier Mönche. Anfang des 18. Jahrhunderts Neubau der Wirtschafts- und Konventgebäude. 1747–1792: Errichtung der barocken Abteikirche nach Plänen von Balthasar Neumann. 1803 beendete die Säkularisation das siebenhundertjährige Bestehen der Abtei; sie fiel an die Fürsten von Thurn und Taxis. 1919 bringen Benediktiner der Beuroner Kongregation wieder mönchisches Leben auf den Neresheimer Ulrichsberg. 1920 fand die Wiedererrichtung als Abtei statt.

Sehenswürdigkeiten
Kloster: barocke Abteikirche, Kuppelfresken von Martin Knoller, Orgel von Johann Nepomuk Holzhay; Kirchenführung: Ostern bis 1. November Sonntag 11.15 Uhr, 15.15 Uhr, Wochentag 11.00 Uhr, 15.00 Uhr. Klostermuseum mit Festsaal von Dominikus Zimmermann.
Umgebung: Schwäbische Albstraße, Nördlingen, Dinkelsbühl, Heimatmuseum Neresheim, Härtsfeldmuseumsbahn.

Klosterbetrieb
Landwirtschaft, Bäckerei, Metzgerei, Buch- und Kunstbuchhandlung, Klosterrestaurant.

Gästeangebot
Kloster auf Zeit, Exerzitien, Einkehrtage im Klosterhospiz, Gästebetreuung, Kurse, Konzerte.

Gottesdienste
Werktag: 5.00 Vigil/Laudes, 6.15, 7.30 Gemeindemesse, 9.00 Konvent, 12.05 Hore, 18.00 Vesper, 19.30 Komplet. *Sonntag:* 5.00 Vigil/Laudes, 7.00, 8.30 Gemeindemesse, 10.00 Konvent, 12.05 Hore, 14.30 Vesper, 19.30 Komplet.

Unterkunft
Klosterhospiz und Tagungshaus: Einzel- und Doppelzimmer meist mit Dusche/WC, Tel. 0 73 26-8 52 01, E-Mail: info@klosterhospiz-neresheim.de. Seperate Gästehäuser: *Gästehaus «Löwen»* (Einzel- und Doppelzimmer, Tagungsraum und Garten), *Martin-Knoller-Haus* (Jugend- und Familienbegegnungsstätte, Zwei- und Mehrbettzimmer, Tagungsräume, Volleyballfeld, Tischtennisplatte, Grillplatz), Tel. 0 73 26-8 52 54, E-Mail: mkh@klosterhospiz-neresheim.de. Männliche Klausurgäste können im *Konventgebäude* untergebracht werden.

Auskunft
Kloster: Benediktinerabtei Neresheim, 73450 Neresheim, Tel. 0 73 26-85 01, Fax: 0 73 26-8 51 33, Internet: www.abtei-neresheim.de, E-Mail: info@abtei-neresheim.de.
Touristik: Fremdenverkehrsamt Stadt Neresheim, Hauptstraße 20, 73450 Neresheim. Tel. 0 73 26-81 49, Fax: 0 73 26-81 46, Internet: www.neresheim.de, E-Mail: info@neresheim.de.

In Bescheidenheit zu sich selber finden
Das Idyll des Benediktinerinnenklosters Ostrach-Habsthal

Frauen, die hierher kommen, wissen, was sie suchen. Dennoch nehmen die sechs Schwestern nicht jede Bewerberin um jeden Preis auf. Sie müssen zu ihnen und zum Kloster passen.

Auf den ersten Blick sieht alles sehr unscheinbar aus. Alles erinnert an eine Idylle aus Zeiten, die auch auf dem dörflich geprägten Land schon mindestens einige Jahrzehnte zurückliegen. In einem Obstgarten pflücken Nonnen Äpfel. Auf einer Wiese ziehen schnatternd Gänse vorbei. Im Stall freut sich eine Schwester über einen Ferkelwurf. In den Werkstätten nähen und sticken andere mit der Hand, als gäbe es keine Maschinen.

Ländliches Klosterleben, wie man es sich aus alten Zeiten vorstellt. Ein Kloster, das damit aber auch weitaus mehr an den schlichten Alltag des geweihten Lebens erinnert als die großartigen Bauwerke und monumentalen Anlagen vieler Konvente, die in diesem Buch vorgestellt werden. Zwar gibt es auch im Ostracher Kloster Habstahl eine Barockkirche. Sie reiht sich ein in die Kleinode der Oberschwäbischen Barockstraße. Der Besucher wird hier aber nicht durch eine greifbare Erinnerung an verflossene Größe überwältigt. Hier wird kein Anspruch eines einstmals mächtigen Ordens spürbar. Hier wird einfaches klösterliches Leben nachvollziehbar.

Frauen, die hierher kommen, wissen, was sie suchen. Dennoch nehmen die wenigen Schwestern, die nach einer Blüte im vergangenen Jahrhundert mit einer zehnfachen Zahl von Nonnen übrig geblieben sind, nicht jede Bewerberin um jeden Preis auf. Sie müssen zu ihnen und zum Kloster passen, jedenfalls wenn sie dem Orden der Benediktinerinnen, die heute das Kloster betreiben, beitreten wollen. Ähnliches gilt auch für jene Frauen, die für eine bestimmte Zeit mit den Nonnen leben, beten und arbeiten wollen. Eine Schwester weiß ziemlich genau, warum solche modernen Gäste den Weg gerade zu ihnen finden, obwohl wegen der Zurückgezogenheit und Bescheidenheit nicht einmal ein Wegweiser hilft.

Die meisten Frauen, die hier das einfache Leben mit Gebet, Meditation, Haus- und Hofarbeiten teilen, zählen so um die vierzig bis fünfzig Jahre und haben gewöhnlich eine Lebenskrise zu bewältigen. Privates oder berufliches Scheitern, Neuanfang, Alleinsein, auch Besinnung auf den Sinn des Lebens und den Glauben, das

1 Verspielte Stuckverzierungen im Gastzimmer. 2 Zur klösterlichen Landwirtschaft gehört auch eine Schweinezucht. 3 Nicht nur im Gastzimmer scheint die Zeit stehen geblieben zu sein, 4 die schnatternden Gänse auf den Klosterwiesen erinnern ebenfalls an vergangene Zeiten.

sind die Beweggründe, die sie ins Kloster Habstahl führen, nicht viel anders als in anderen Häusern auch, die Ähnliches anbieten. Mit einem Unterschied vielleicht doch: Die Bescheidenheit schafft eine Atmosphäre der Vertrautheit. Die sechs Benediktinerinnen, die von einem Pater seelsorgerisch betreut werden, der zugleich für die Klosterkirche und die Gemeinde zuständig ist, empfangen die Besucher offen, unkompliziert, freundlich, ja herzlich und unverkrampft. Mit ihrer offenen Art machen sie etwas wett, was sie den Gästen nicht bieten können. Der Klosterbetrieb lässt ihnen wenig Zeit für lange Gespräche. Doch im alltäglichen Miteinander werden manchmal nebenbei Probleme gelöst. Beim gemeinsamen Arbeiten

1 Habsthal war vor wenigen Jahrzehnten noch bekannt für seine Paramentennäherei, in der die Schwestern Altar- und Klosterwäsche in Handarbeit angefertigt haben (Aufnahme von 1970). 2 Eucharistiefeier in der Barockkirche. 3 Chorgebet im Oratorium: Sechs Nonnen leben heute im Kloster. 4 Erntesegen im Obstgarten (Aufnahme von 1968).

braucht niemand zu fragen, ob man gerade Lust oder Zeit für ein Gespräch über familiäre Probleme hat. Man kommt einfach darauf zu sprechen. Man redet scheinbar ziellos, spricht sich frei und kann auch wieder schweigen und der Arbeit stumm weiter nachgehen. So ist es draußen im Alltag. So werden auch hinter Klosterwänden viele Dinge angesprochen und unkompliziert gelöst.

Ostrach ist ein kleiner Ort, wo man sich kennt. Das Kloster gehört für die Einheimischen dazu. Frauen aus der Nachbarschaft kommen denn auch schon mal, um beim Putzen zu helfen. Die Nonnen

versorgen sich mit der eigenen kleinen, streng ökologischen Landwirtschaft zu einem Teil selbst. Doch Hühner, Ziegen, Schafe, Enten und Schweine, die Obstbäume und der Garten werfen nicht ausreichend ab. Das frühere Klostergut wurde mangels Personal aufgegeben. In den Werkstätten werden nur noch Dinge des täglichen Bedarfs hergestellt. Die einstmals gepflegte Paramentennäherei, also das Herstellen von Messgewändern und liturgischen Altardecken und Tüchern, ist mit dem Tod der klösterlichen Näherinnen so gut wie ausgestorben.

Die Moderne dringt hier nur langsam ein. Computer und das Worldwideweb werden wohl irgendwann auch in eine Klosterzelle von Ostrach einziehen. Doch vorerst begnügen sich die Nonnen mit dem Telefon. Sie bräuchten ihr Kloster keineswegs verstecken. Es hat eine lange Geschichte hinter sich, die nur wenige hier vermuten. Das Ostrachtal wurde schon in der Vorzeit von dem Volk der Mar-

komannen bewohnt. Danach eroberten die Römer das Gebiet. Kelten und ehemalige römische Soldaten wurden sesshaft. Um das Jahr 260 n. Chr. vertrieben die Alemannen beziehungsweise die Sueben die Römer und ließen sich nieder. Nach Gründung des Bistums Konstanz 570 n. Chr. wurde Ostrach durch den ersten Bischof Maximus zum Christentum bekehrt. Zum ersten Mal wurde Ostrach in einer Urkunde von 851 n. Chr. schriftlich erwähnt. Im Dorf «Hostrahum» wurde sie am Donnerstag, dem 8. Oktober des 9. Regierungsjahres König Ludwigs durch den Schreiber Watto ausgestellt. Sie bescheinigte die Freilassung des Unfreien Sigimar Luitram, damit er als Freier die Priesterweihe

erhalten kann. Aus einer päpstlichen Urkunde von 1204 erfahren wir, dass der Ostracher Pfarrer Pleban Conrad sich mit dem Laubbacher Priester Leoward gestritten hatte.

1 Willkommen im Gastzimmer der Benediktinerinnen. Gäste können an Gebet, Meditation, Haus- und Hofarbeiten teilnehmen. 2 Schlicht und bescheiden: Kirche und Gästeflügel. 3 Ganz im Gegensatz zur Prunklosigkeit der Klostergebäude steht das große Deckenornament im Treppenhaus des Gästetrakts. 4 Das Gastspeisezimmer in einer historischen Aufnahme – heute suchen meist Frauen im Alter zwischen vierzig und fünfzig Jahren für kurze Zeit Einkehr im Kloster. 5 Blick in das Nähzimmer um 1970. 6 In der Klosterverwaltung haben bisher weder Computer noch Internet Einzug gehalten. 7 Auch eine Tischlerei zählt zum klösterlichen Betrieb. 8 Glückliche Schafe auf dem Weg in den Stall.

Die ersten Ordensleute tauchten in Ostrach nach einer Legende im frühen 12. Jahrhundert auf. Zisterzienser zogen durch das Tal, um für den zweiten Kreuzzug ins Heilige Land zu werben. Zahlreiche Bewohnerinnen und Bewohner der Gegend sollen 1146 dem Ruf gefolgt sein. Wie er für sie verlaufen ist, bleibt unbekannt. Nach der Beendigung des Kreuzzugs haben die Ostracher jedenfalls ihre Kirche erneuert.

Im Jahr 1279 stiftete Pfalzgraf Hugo von Tübingen das Kloster und übertrug es den Dominikanerinnen. 1681 wurde die alte gotische Klosteranlage wegen Baufälligkeit abgerissen. Bis zur Säkularisation 1806 blieb das Kloster ein Priorat der Dominikanerinnen. Danach wurde der Ort nicht wegen des frommen Leben, sondern durch Schlachtenlärm bekannt. Die Expansion Frankreichs in Italien und die Errichtung der Helvetischen Republik führten zur Bildung einer neuen Koalition zwischen Großbritannien, Österreich, Russland, Türkei, Portugal und Neapel. Im Frühjahr 1799 errang die Koalition bedeutende Erfolge. Am 21. März 1799 besiegte sie unter österreichischer Führung bei Ostrach die über den Schwarzwald herraufgezogenen französischen Revolutionstruppen.

Die Kirchenverfolgung in der Eidgenossenschaft zwang die schweizerischen Benediktinerinnen ins Exil. Eine neue, die heutige Geschichte von Kloster Habsthal, konnte mit den Ursprüngen in der nahen Schweiz beginnen. Benediktinerinnen aus der 1082 gegründeten Abtei Muri im Aargau siedelten 1892 nach Habsthal in das ehemalige Dominikanerinnenkloster über. Erst seit 1986 ist Habsthal nach der Trennung vom Schweizer Gründungskloster ein selbstständiges Konventualpriorat.

Habsthal (Benediktinerinnenkloster)

«Ora et labora – bete und arbeite.»

Anreise
Bahn: Bahnstation Mengen (Strecke Sigmaringen–Ulm); von dort aus werden die Gäste abgeholt; ansonsten Taxi (7 km).
Auto: A8 München–Stuttgart, Ausfahrt Ulm, Biberach–Bad Saulgau–Ostrach.

Geschichte
1279 stiftete Pfalzgraf Hugo von Tübingen das Kloster den Dominikanerinnen. Die Benediktinerinnen des Klosters Habsthal haben ihre Ursprünge in der Schweiz, wo 1082 die Benediktinerinnenabtei Muri in Muri/Aargau gegründet wurde. 1892 erfolgte die Übersiedlung der verfolgten Benediktinerinnen nach Habsthal in das dortige ehemalige Dominikanerinnenkloster. Von 1892 bis heute Benediktinerinnenkonvent. Seit 1986 nach der Trennung vom Schweizer Gründungskloster selbstständiges Konventualpriorat.

Sehenswürdigkeiten
Kloster: Barockkirche, Stuckaturen, Hochaltar.
Umgebung: Sießen (barocke Klosterkirche von Dominikus Zimmermann), Bad Saulgau (historische Altstadt), Sigmaringen (ehemalige Residenzstadt der Fürsten von Hohenzollern, Fürstenschloss mit Prunkräumen), Naturschutzgebiet Untere Donau, Bodensee.

Klosterbetrieb
Ökologische Landwirtschaft, ökologische Schaf- und Ziegenhaltung.

Gästeangebot
Kloster auf Zeit, Exerzitien, Mitarbeit.

Gottesdienste
Werktag: 6.00 Matutin, 7.00 Eucharistiefeier mit Laudes, 12.00 Hore, 17.30 Vesper, 19.30 Komplet.
Freitag: 19.30 und *Sonntag:* 10.00 Eucharistiefeier mit der Pfarrgemeinde in der Pfarr- und Klosterkirche.

Unterkunft
Klostergebäude: Einzelzimmer mit Etagen-Dusche/WC (Reservierung siehe unten).

Auskunft und Reservierung
Benediktinerinnenkloster Habsthal, 88356 Ostrach, Tel. 0 75 85-6 56.
Touristik: Gemeindeverwaltung Ostrach, Hauptstraße 19, 88356 Ostrach, Tel. 0 75 85-30 00, Fax: 0 75 85-3 00 55, Internet: www.ostrach.de, E-Mail: info@ostrach.de.

Blut und Boden vom Berg Golgatha
In Weingarten, wo Ross und Reiter beim Blutritt beten

Volksfrömmigkeit mit Lichterprozession und Blutritt mit Heilig-Blut-Reliquie im Schatten der größten Barockkirche nördlich der Alpen.

Das Ganze wirkt irgendwie zu groß, zu mächtig, nach heutigem Empfinden zu gewaltig, was da hoch über dem oberschwäbischen Schussental thront und schon von weitem erkennbar ist: die Benediktinerabtei Weingarten auf dem Martinberg. Bereits zur Römerzeit kreuzte hier eine Hauptverkehrsroute, wie es in historischen Darstellungen heißt. Um das Jahr 500 ist eine Alemannensiedlung belegt, die dann zum fränkischen Fiskalhof wurde und schließlich in den Besitz der schwäbischen Welfen überging. Auf dem Martinberg erhob sich von 990 bis 1126 deren Stammsitz sowie erste Grablege und bildete somit den Ursprung für die spätere Berühmtheit als Wallfahrtsort.

Die barocke Kirche hat Weingarten bekannt gemacht. Sie erhebt sich fast theatralisch auf einer Anhöhe über den Dächern der Stadt und macht einen gewaltigen Eindruck: zwei stämmige Türme, eine riesige Kuppel und eine barocke Front mit schwungvollem Giebel. Die Basilika St. Martin und St. Oswald ist die größte Barockkirche nördlich der Alpen. Der Innenraum ist über 100 Meter lang, der Kuppelraum 66 Meter hoch.

Großartig, denn keine Epoche spiegelt so sehr die Freude am Leben und der Sinnlichkeit wider wie das Barock, die Kunstform des 17. und 18. Jahrhunderts. Das Barock hat das gesamte Europa geprägt, besonders aber das Lebensgefühl in Deutschland nach dem Ende des vernichtenden Dreißigjährigen Krieges. Die barocke Frömmigkeit war lebensfrohe Antwort auf die nüchternen Vorgaben der Reformation. Spürbar ist diese Spiritualität bis heute. Himmel und Erde, beide stets in Pracht, Profanes wie Sakrales emotional erhöht und theatralisch inszeniert. Davon zeugen neben Bau- und Kunstwerken die aus dem Barock überkommenen Frömmigkeitsformen wie Rosenkranzgebet, Andachten, Heiligenverehrung, Beichtpraxis, Bußpredigten und festlich-liturgische Musik.

Die Stadt Weingarten kann ihre Geschichte weit zurückverfolgen. Alamannen waren die ersten Siedler. Ein riesiges alamannisches Gräberfeld aus dem 5. bis 8. Jahrhundert belegt es. Die wertvollen

1 Pater Nikolaus vor der Ikonostase in der byzantinischen Kapelle der Klosterkirche. **2** Evangeliar mit Beschlägen. **3** Klosterhof: im Hintergrund die Basilika mit ihrer gewaltigen Kuppel; die barocke Klosterkirche ist die größte in Deutschland. **4** Beim «Blutritt» erbitten jährlich rund 3000 Reiter und 30 000 Pilger den Segen des Heiligen Blutes.

Beigaben aus den über 800 Gräbern sind größtenteils im historischen Kornhaus aufbewahrt. Die Sammlung sorgfältig restaurierter und konservierter Funde gibt Aufschluss über Geschichte und Kultur eines Volksstammes, auf den man hier so stolz ist und der dennoch recht rätselhaft geblieben ist.

Später kamen die Karolinger und nach ihnen die Welfen. Die legten 1053 den Grundstein zur Benediktinerabtei Weingarten. Sie ließen dem Kloster immer wieder reiche Schenkungen zukommen. Zwischen dem 11. und dem 14. Jahrhundert hatte die Buchmalerei der Weingartener Mönche große Bedeutung. Die «Weingartener Liederhandschrift» ist eines der feinsten mittelalterlichen Buchwerke. 1715 ließ Abt Sebastian Hyller die riesige Kirche bauen. Das, so

meinte er, sei er einem so berühmten Kloster schuldig. Mächtige Säulen führen wie eine Allee zum Altar. Die Deckengemälde sind ein Farbenrausch. Hinzu kommen ein gewaltiges Chorgitter, das fein geschnitzte Chorgestühl, die Rokokokanzel und der Orgelprospekt. Dieser trägt ein Instrument, das im 18. Jahrhundert in der Werkstatt des berühmten Orgelbauers Joseph Gabler entstand. Mit seinen 76 Registern und 7042 Pfeifen gehört es zu den größten und klangvollsten in Deutschland. Oft werden hier Orgelkonzerte gegeben.

Doch nicht Geld und Gut, Pracht und Prunk machten das Kloster zum bedeutendsten in Schwaben. Erst durch die Heilig-Blut-Reliquie, die 1090 nach Weingarten geriet, wurde die Kirche zu einem der besuchtesten deutschen Wallfahrtsziele. Der Legende nach hat ein Soldat mit Namen Longinus das mit Erde von Golgatha vermischte Blut bei der Kreuzigung Christi an sich genommen. Er brachte es nach Mantua, wo es auf Umwegen in den Besitz Judithas, der Gräfin von Flandern und Frau Welfs IV. gelangte. Auf ihrem Sterbebett vermachte Juditha die Reliquie der Abtei Weingarten, dem Stammsitz und Grablege der Welfen. Das soll am Tag nach Christi Himmelfahrt 1094 gewesen sein. Die Anfänge des Blutritts

Süddeutschland üblich wurden. Seinen Höhepunkt erreichte der Blutritt um 1753, als über 7000 Reiter teilnahmen.

Die Reiterprozession ist ein jährliches Glaubensbekenntnis mit heute noch rund 3000 Reitern: Priester, Ministranten, Musikkapellen und rund 30 000 Pilger erbitten den Segen des Heiligen Blutes. Die Blutfreitagsfeierlichkeiten beginnen am Vortag Christi Himmelfahrt. Nach dem abendlichen Gottesdienst nimmt eine Lichterprozession ihren Weg durch die Stadt hinauf zum Kreuzberg. Tausende ziehen singend und betend mit und versammeln sich mit Kerzen zur abschließenden Andacht.

Der Blutfreitag selbst beginnt früh. Um 4 Uhr findet die erste heilige Messe statt. Viele Blutreitergruppen sind bereits am Vortag

angereist. Gruppen aus der näheren Umgebung reiten nun, zum Teil von Musikkapellen begleitet, in die Stadt ein. Um 7 Uhr beginnt die Prozession. Während die ersten Gruppen der in Frack und Zylinder gekleideten Reiter hoch zu Ross ihren Weg durch die Stadt nehmen, nimmt der Blutreiter die Reliquie entgegen. Wenn sie das bebaute Stadtgebiet verlassen, treten die Musikkapellen aus dem Zug aus. Nun ziehen die Reiter betend durch die morgendlichen Fluren. Das Gebet wird unterbrochen, wenn der Blutreiter einen der vier Altäre erreicht und den Segen mit der Heilig-Blut-Reliquie spendet. Dabei läutet jedes Mal die im Jahr 1490 gegossene, 128 Zentner schwere Hosanna-Glocke in der Basilika. Unmittelbar nach der Rückkehr des Blutreiters findet in der Basilika ein Pontifikalamt statt. Für viele Familien ist es seit Generationen eine hohe Ehre und Verpflichtung mitzureiten, und wer aus Alters- oder Gesundheitsgründen nicht mehr mitreiten kann, der fügt sich dem mit schwerem Herzen.

Viele tragen dem Herrgott ihre Bitten vor, vertrauen ihm ihre Nöte und Sorgen an. Immer wieder stimmen sie das Lied an: «Sieh dein Volk in Gnaden an, die wir dich in Demut bitten. Kauftest durch dein Blut uns frei.» Dem Blutreiter tragen sie Bitten vor:

liegen im Dunkeln. Der erste schriftliche Beleg stammt aus dem Jahr 1529. Dort wird der Blutritt ein Brauch «von alt her» genannt. Zeitpunkt und Form ordnen ihn in die Flurprozessionen der Bittwoche um Christi Himmelfahrt ein, die ab dem 14. Jahrhundert in

1 Pontifikalamt am Blutfreitag in der Basilika St. Martin und St. Oswald – im Jahr 1090 kam die Heilig-Blut-Reliquie auf vielen Umwegen nach Weingarten. 2 Das Hauptschiff der Kirche, die ab 1715 unter Leitung von Abt Sebastian Hyller erbaut wurde. 3 Im Morgengrauen führt der «Blutritt» durch Weingarten. 4 Pater Nikolaus am Altar in der byzantinischen Kapelle. 5 Fensterornament im Kreuzgang. 6 Barocke Baukunst: Chorraum mit Chorgestühl vom gebürtigen Linzer Joseph Anton Feichtmayr (1696–1770) und dem Heilig-Blut-Altar im Vordergrund.

«Beten Sie für meine kranke Tochter.» – «Schon mein Vater ist mit-geritten – und mein Sohn ist auch schon als Ministrant dabei. Diese Wallfahrt hält unsere Familie zusammen.» Blutfreitag ist ein Fest der Solidarität. Der gläubige Mensch steht nicht allein, er wird getragen, mitgetragen von den anderen.

Weingarten ist ohne seine Nachbarschaft ebenfalls kaum zu den-ken. Stadt und Kloster liegen an der über zwanzig Orte zählenden Oberschwäbischen Barockstraße. Man kann sie in Ulm beginnen, das zwar durch sein gotisches Münster berühmt ist, aber in der Vorstadt Wiblingen steht der letzte große barocke Kirchen- und Klosterbau in Oberschwaben. In Gutenzell schließt sich die drei-schiffige Pfeiler-Basilika des ehemaligen Zisterzienserklosters an. In

der Kreisstadt Biberach an der Riss ist die Stadtpfarrkirche St. Mar-tin zwar gotisch, aber im Inneren sehr stilvoll barockisiert. Es folgt die gewaltige einstige Benediktiner-Abtei in Ochsenhausen. Rot an der Rot wartet gleich dreimal mit Barockem auf: im benachbarten Haslach die barocke Pfarrkirche St. Petrus, im Haslachtal die hoch-barocke Hallenkirche – und im Ort Rot selbst, am Kloster, viele ein-drucksvolle barocke Details.

Ein prächtiges barockes Treppenhaus im einstigen Schloss ist die Attraktion von Bad Wurzach. Reiches Stuckwerk zeichnet die barocke Pfarrkirche in Wolfegg aus. Die barock umgestaltete Kir-che St. Gallus und St. Ulrich in Kißlegg ist mit ihren aus Silber getriebenen Apostelfiguren besonders sehenswert. In Isny reizt den Barockwanderer in der einstigen Klosterkirche St. Georg feinstes Rokoko: In der Alten Reichsstadt steht ein Rathaus mit barocker Fassade, in der Unterstadt die prächtige Barock-Spitalkirche, die barockisierte Stadtpfarrkirche St. Martin. In Tettnang thront mächtig das barocke Neue Montfortschloss mit seinem opulenten Bacchussaal. In Friedrichshafen steht die sorgsam restaurierte barocke Schlosskirche von Christian Thumb.

Ravensburg bescheinigen die Einheimischen zwar viel Schönes, Reiches, Eindruckvolles und Altes. Aber Barockes steht in der Nachbarschaft: die Kirche des einst sehr mächtigen Klosters Weißenau. Schließlich wenige Kilometer weiter: Zu dem 1181 gegründeten Stift in Bad Waldsee gehört die barocke Pfarrkirche St. Peter. Gleich südlich in Bergatreute steht die barocke Pfarrkirche St. Philippus und Jakobus. Zu deren Gnadenbild «Maria vom Blut» gibt es seit 300 Jahren regelmäßig Wallfahrten. Es folgen Aulendorfs Schloss und Stadtpfarrkirche und die einstige Klosterkirche St. Magnus in Bad Schussenried. In Steinhausen wird das barocke Kleinod von Dominikus Zimmermann die schönste Dorfkirche der Welt genannt. Das stimmt so nicht. Es ist eine Wallfahrtskirche, was den Ruf jedoch nicht schmälert.

Die Stiftskirche in Bad Buchau zeigt eine sehr eigenwillige, aber geglückte Komposition aus französischem Klassizismus und oberschwäbischem Rokoko. Die Weilerkapelle in Riedlingen besitzt eine schöne barocke Ausstattung. Im zweitürmigen Münster von Zwiefalten erdrückt fast ein Überschwang von Spätbarock und Rokoko. Ganz egal, wo das Auge hinschaut: überall Barock, Barock, Barock.

Bewegende Klostergeschichte: Nach der Säkularisation im 19. Jahrhundert war Weingarten Sommerresidenz des württembergischen Königs, 1868 diente das Konventgebäude als Militärkaserne. Seit 1922 leben hier wieder Benediktiner: Mönche, die infolge des Ersten Weltkrieges aus Erdington in England, einer Gründung der Beuroner Kongregation, vertrieben worden waren. **1** Kreuzgang und **2** Treppe. **3** Wintersakristei. **4** Novizen beim Schachspiel im Noviziatszimmer. **5** Gästefrühstücksraum. **6** Sonnenuhr an der klösterlichen Hochschule.

Weingarten (Benediktinerabtei)

«Die Berufung des Mönchs besteht in der Gottsuche und im Lobpreis.»

Anreise
Bahn: Bahnstation Ravensburg (Strecke Ulm–Friedrichshafen), von dort Bus oder Taxi nach Weingarten.
Auto: B30 Ulm–Friedrichshafen, Abfahrt «Weingarten» auf die B32 (aus Richtung Bad Saulgau).

Geschichte
Bereits um 940 hatte der Welfengraf Heinrich, Vater des heiligen Bischofs Konrad von Konstanz, in Altdorf ein Frauenkloster gegründet. Als es 1053 brannte, wurde es von Welf III. auf den nahen Martinsberg verlegt. 1056 tauschten die Nonnen ihren Wohnsitz mit Benediktinern aus Altomünster. 1124 entstand das neue Kloster, das 1182 eingeweiht wurde.

Sehenswürdigkeiten
Kloster: Klosterkirche (monumentalste Barockkirche nördlich der Alpen), Fresken von Cosmas Damian Asam, Chorgestühl von Joseph Anton Feichtmayr, weltberühmte Orgel von Joseph Gabler, byzantinische Kapelle, wertvolle Bibliothek.
Umgebung: Oberschwäbische Barockstraße, Bodensee.

Klosterbetrieb
Buchhandlung, Klosterladen, Online-Shop.

Gästeangebot
Pfarr- und Wallfahrtsseelsorge («Heilig-Blut»-Wallfahrt), Teilnahme am Klosterleben, Kennenlernen der Ostkirche, Konzerte, Kurse.

Gottesdienste
Wochentag: 6.30 Laudes, 9.00 Konventamt, 12.00 Mittagshore, 18.00 Vesper, 19.25 Komplet/Matutin.
Sonntag: 6.30 Laudes, 9.30 Konventamt, 12.00 Mittagshore, 17.30 Vesper, 19.25 Komplet/Matutin.

Unterkunft
Tagungshaus Weingarten: Einzel- und Doppelzimmer, mit Dusche/WC, Konferenzräume, Speisesaal, Tel. 07 51-5 68 60, E-Mail: weingarten@akademie-rs.de.

Auskunft und Reservierung
Kloster Weingarten: Benediktinerabtei St. Martinus, Kirchplatz 3–4, 88250 Weingarten, Tel. 07 51-5 09 60, Fax: 07 51-5 09 62 01, Internet: www.kloster-weingarten.de, E-Mail: info@kloster-weingarten.de.
Touristik: Stadtverwaltung Weingarten, Kirchstraße 1, 88250 Weingarten, Tel. 07 51-40 50, Fax: 07 51-40 51 10, Internet: www.weingarten-online.de, E-Mail: info@weingarten-online.de.

Das Loreto im Südschwarzwald
Kloster Stühlingen: Mit Mönch und Nonne unter einem Dach

Ein großer Klostergarten und eine kleine Landwirtschaft bilden den materiellen Grundstock für das Überleben des Klosters, in dem jedermann kapuzinisch einfach mitleben darf.

Ein kleiner Zettel neben der Eingangsglocke sagt mehr als dicke Abhandlungen: «Bitte läuten Sie zweimal.» Es kann etwas dauern, bis jemand kommt, um aufzumachen. Das Kloster ist weitläufig und wird in gewöhnlichen Zeiten gerade mal von drei Mönchen und drei Nonnen bewohnt. Ja, es stimmt. In einem Flügel des Kapuzinerklosters von Stühlingen im Südschwarzwald, direkt an der Schweizer Grenze und nicht weit von der Rheinfall-Stadt Schaffhausen entfernt, leben Kapuzinerpatres. Im anderen Gebäudeflügel wohnen drei Schwestern der Reuter Franziskanerinnen. Beide gehören zu den so genannten Bettelorden, weil sie ohne persönliche Bedürfnisse der Armut verpflichtet leben.

Es kann allerdings auch passieren, dass im Kloster Leben herrscht wie zu seinen besten Zeiten. Dann ist Weihnachten oder Ferienzeit. Außerhalb der drei geschlossenen Zeiten während des Klosterjahres sind die schlichten Zellen belegt mit Menschen, die der Einladung des Klosters folgen: Bis zu 25 Menschen, darunter auch Ehepaare, können aufgenommen werden und bilden mit den Ordensleuten für Tage oder Wochen die Klostergemeinschaft.

Nicht als Zuschauer, sondern mit der Möglichkeit, den Klosteralltag mitzugestalten. Schwester Beate: «Wir sind weder Tagungshaus noch Meditationszentrum, weder Jugendherberge noch Ferienkloster, weder Beleghaus noch Schullandheim, weder Exerzitienhaus noch Bildungsstätte. Wir führen auch keine Therapien oder Rehabilitationen durch, sondern verstehen uns als Kloster zum Mitleben.»

Das Kloster empfiehlt eine Woche als vernünftiges Maß für einen Mindestaufenthalt. Wer zum ersten Mal kommt, brauche erfahrungsgemäß so viel Zeit, um sich einzufinden. In der Regel gelten vier Wochen als Höchstdauer für das Mitleben in diesem Haus.

Der große Klostergarten und die kleine Landwirtschaft bilden den materiellen Grundstock für das Klosterleben. Manchmal spenden Supermärkte der Gegend auch übrig gebliebene Lebensmittel. «Möglichst vieles versuchen wir selbst zu erwirtschaften. Auch unsere Gäste tragen mit ihrer Arbeit zum Unterhalt dieses Hauses

1 Hinter diesen Klostermauern verbirgt sich Ungewöhnliches: In Stühlingen leben Mönche und Nonnen unter einem Dach — wenn auch in zwei getrennten Flügeln. **2** Fisch in der Loretokapelle: Er ist einer der ältesten Symbole für Christus. **3** Klostergarten. **4** Im Glauben vereint: Bruder Markus, Bruder Engelbert und Bruder Joachim (von links).

bei. Darüber hinaus sind wir dankbar für jede Unterstützung, mit der alle, die zu uns kommen, zum Unterhalt und Erhalt beitragen. Wer über keine Mittel verfügt, sollte sich nicht gehindert fühlen, zu uns zu kommen.»

Kapuziner gelten als populistische Ordensleute. Sie schauen den Leuten aufs Maul und predigen in ihrer Sprache. So war es früher, und so hätten sie es auch gerne heute. Doch die Menschen, ihre Sprache und ihre Bedürfnisse, ihre Kommunikation haben sich geändert. Vor zwanzig Jahren bedeutete dies, dass das hoch über dem mittelalterlichen Städtchen Stühlingen mit seinen verwinkelten Gassen und romantischen Plätzen gelegene Kloster hätte schließen müssen, wenn es nicht eine neue Aufgabe gefunden hätte. Das war die Öffnung für Gäste, die die Stille des Klosters mit Besuchen in einer der reizvollsten Gegenden des Südschwarzwaldes verbanden. Stress wurde im Kloster und außerhalb abgebaut,

und mancher konnte endlich mal, wie es Beteiligte erzählen, über Gott und den Glauben reden, «ohne belächelt zu werden».

Die Geschichte des Klosters ist eng mit dem Haus Fürstenberg verknüpft. Die Fürstenberger residierten hier, bis sie 1723 ihren Sitz nach Donaueschingen verlegten. Sie erlaubten den Kapuzinern auch, sich in einem Kloster niederzulassen, nachdem der Ort durch eine Wallfahrt im ganzen Land bekannt geworden war. Die Gläubigen pilgern bis heute zur Loretokapelle.

Landgraf Maximilian Franz war auf einer Italienreise schwer erkrankt und hatte der Jungfrau Maria von Loreto versprochen, eine Kapelle zu bauen, wenn er wieder gesund heimkehre. So geschah es. Am 25. März 1681 wurde eine getreue Nachbildung des Marienbildes von Loreto bei Ancona in die neue Kapelle gebracht, die wie das Vorbild in Italien 11 Meter auf 5,5 Meter misst. Nach der Legende soll es das Haus Marias aus Nazareth sein, das Engel auf wundersame Weise nach Loreto getragen haben, nachdem die Kreuzfahrer aus Palästina vertrieben worden waren. Vermutlich war es aber nur eine Adelsfamilie Angeli, italienisch Engel, die Steine aus Palästina auf den Loretoberg über der Adria transportieren ließen. Der Rest ist eine Frage des Glaubens und der schmälerte den Andrang nicht, im Gegenteil.

Geschichtliche Bedeutung hatte die Gegend als Kerngebiet des Bauernaufstandes Anfang des 16. Jahrhunderts. Erinnerungen werden in den Ortschaften wach, wo noch vieles aus früheren Jahrhunderten erhalten ist und liebevoll gepflegt wird. Bei Stühlingen-Blumegg steht eine der ältesten, fast vollständig erhaltenen Mühlen Deutschlands. In ihr wurden Körner gemahlen, Getreide, Früchte, Ölfrüchte sowie Knochen gestampft. Außerdem wurde Kalkstein abgebaut, gestampft und zu Düngegips zermahlen. Die Mühle ist eine einzigartige Rarität mit drei Mühlrädern und fünf Mahl- und Stampfwerken. Vor allem wegen ihrer einmaligen Antriebstechnik stellt die Mühle einen großen kulturhistorischen Wert dar. Besonders das nahe liegende landschaftliche und naturkundlich einzigartige Naturschutzgebiet Wutachschlucht zieht gleichermaßen Touristen wie Geologen, Zoologen und Biologen an.

1 Bei der gemeinsamen Mahlzeit mit den Mönchen: Bis zu 25 Menschen, darunter auch Ehepaare, können im «Kloster auf Zeit» aufgenommen werden. 2 Gäste und Ordensleute beim Chorgebet. 3 Gastzimmer mit Blick ins Grüne. 4 Altar der barocken Klosterkirche, in der vor allem die Gemälde von Franz Joseph Spiegler (1691–1757), einem der bedeutendsten deutschen Barockmaler, sehenswert sind. In der Loretokapelle hat der Allgäuer Maler eine Fülle von kostbaren Altargemälden und Wandfresken geschaffen. 5 Knapp 20 Kilometer entfernt von der Grenzstadt Stühlingen: der Rheinfall von Schaffhausen.

Stühlingen (Kapuzinerkloster)

«Still werden braucht seine Zeit und den richtigen Ort.»

Anreise
Bahn: Stuttgart–Schaffhausen (Schweiz) mit Anschluss Busverkehr (ASS) Schaffhausen–Stühlingen (Stadtmitte); oder Karlsruhe–Basel–Waldshut, von dort mit Bus nach Stühlingen.
Auto: A81 Stuttgart–Bodensee, Ausfahrt Donaueschingen, über B27 Richtung Schaffhausen bis Abzweigung B314, dann Richtung Waldshut. Über A5 Karlsruhe–Basel, Ausfahrt Freiburg Mitte, über B31 Richtung Donaueschingen. Nach Titisee Abzweigung B317, Richtung Feldberg bis Abzweigung B315, dann Richtung Schaffhausen.

5

Geschichte
Landgraf Maximilian Franz (1634–1681) ließ aus Dankbarkeit für seine Genesung eine Kapelle bei Stühlingen errichten. 1681 wurde dorthin eine Nachbildung des Marienbildes von Loreto bei Ancona gebracht. Durch Wallfahrten zur Loretokapelle wurde der Ort im ganzen Land bekannt. 1723 gewährte das Haus Fürstenberg den Kapuzinern, sich in einem Kloster neben der Kapelle anzusiedeln. Heute leben hier Kapuzinerpatres und Schwestern der Reuter Franziskanerinnen.

Sehenswürdigkeiten
Kloster: Loretokapelle.
Umgebung: Naturschutzgebiet Südschwarzwald, Wutachschlucht, eine der ältesten Getreidemühlen Deutschlands in Stühlingen-Blumegg, Ausflüge in die Schweiz.

Klosterbetrieb
Landwirtschaft, Klostergarten.

Gästeangebot
Mitleben und -arbeiten in der Klostergemeinschaft, Mindestaufenthalt von einer Woche empfohlen.

Unterkunft
Gästezimmer im Kloster (Reservierung siehe unten).

Auskunft und Reservierung
Kapuzinerkloster Stühlingen, Loretoweg 12, 79780 Stühlingen, Tel. 0 77 44-9 39 93, Fax: 0 77 44-93 99 60, E-Mail: stuehlingen@kapuziner.org.
Touristik: Verkehrsamt Stühlingen, Schlossstr. 9, 79780 Stühlingen, Tel. 0 77 44-5 32 34, Fax: 0 77 44-5 32 22, Internet: www.stuehlingen.de, E-Mail: urlaub@stuehlingen.de.

Ein Halleluja auf die Tradition
Maria Laach – Romantisches Kloster in der Eifel

Die Fenster der Klosterkirche lassen nur wenig Licht herein, so dass das Dunkel zur Besinnlichkeit und zur Zwiesprache mit Gott einlädt – eine Atmosphäre der Konzentration auf das Wesentliche.

Egal, woher der Reisende sich dem Laacher See nähert, ob von der Eifel her oder vom Rheintal herauf, er wird innehalten, wenn die Türme der Abteikirche Maria Laach aus den sanften Wellen der bewaldeten Hügel auftauchen. In seltener Harmonie scheint sie ein Teil der Landschaft zu sein. Der Kirchenbau aus einheimischem grau-blauem Basaltlava und grau-gelbem Eifeltuff vereint sich auf vollkommene Weise mit dem umgebenden Land. Die von Kennern wegen ihrer Proportionen gerühmte Abtei scheint wie natürlich aus dem Boden am Rand eines Maares gewachsen zu sein. Die Kirche im einheitlich romanischen Stil gilt als ein Bauwerk von vollendeter Klarheit und ausgewogener Gliederung, als ein wohl erhaltenes Juwel unter den romanischen Kirchenbauten. Die beiden Weltkriege überstand das Kloster zudem als Lazarett ohne größere Schäden.

In der näheren und weiteren Umgebung sind Hotel, Seerestaurant und die landwirtschaftlichen Betriebe der Benediktinerabtei, die zur Beuroner Kongregation gehört, nicht nur bei Kirchgängern wohl bekannt. Die Region um den See ist durch die Eigenart der Böden besonders gut für Ackerbau und Gemüse geeignet. In dem neu eröffneten Hofladen neben dem Parkplatz bietet das Kloster aus seinem Hofgut ein breites Angebot von frischem Fleisch aus eigener Tierhaltung, Gesundem aus Getreide, Obst und Gemüse, aber auch Weine und Säfte sowie kunsthandwerkliche Produkte und Geschenkartikel.

Das landwirtschaftliche Anwesen beim Kloster am See ist seit dem Mittelalter gewachsen, vor allem durch mehrfache Trockenlegung. Heute beträgt die landwirtschaftliche Nutzfläche 170 Hektar, davon sind 60 dem Ackerbau und 110 der Viehhaltung vorbehalten. 10 Hektar liegen brach. Die Flächen werden extensiv genutzt, und es wird ein kontrollierter ökologischer Anbau betrieben: Weizen und Roggen werden als Brotgetreide geerntet, Wintergerste und Mais sind Viehfutter; die Sommergerste wird zur Bierherstel-

1 Bruder Joseph präsentiert stolz sein Werk: Das Kloster beherbergt bekannte Kunstwerkstätten. **2** Wandgemälde in der Aula. **3** Spaziergang zur Johanneskapelle. **4** Ein Höhepunkt spätromanischer Steinmetzarbeit ist die Vorhalle der Abteikirche, auch «Paradies» genannt, die als symbolische Darstellung des biblischen Garten Eden zu verstehen ist; in der Mitte des Platzes steht der «Brunnen des Lebens».

1 Bibliophile Schätze: Bruder Marianus in der Abteibibliothek. 2 Maria Laach ist ein Juwel unter den romanischen Kirchenbauten. Die Abtei wurde 1093 begonnen und um 1220 fertig gestellt, sie wird von zwei zentralen Türmen flankiert. 3 Kapitell am Baldachin-Hochaltar, dem Höhepunkt der Kirchenausstattung. 4 Grab des rheinischen Pfalzgrafen Heinrich von Laach, des Stifters der Kirche, gestorben 1095.

lung verkauft. Auf 6,5 Hektar werden etwa zwanzig Sorten Äpfel, Birnen, Pflaumen und Kirschen geerntet. Ein großer Teil wird im Laacher Gartencenter verkauft, ein weiterer Teil dient dem Eigenbedarf der Mönchsgemeinde und ihrer Mitarbeiter.

Die Gutswirtschaft Maria Laach verfügt heute über 300 Stück Rindvieh, rot gefärbte Limousin-Rinder, eine Fleischtierrasse aus dem mittleren Frankreich. Der Laacher See umfasst etwa 300 Hek-

tar Fläche und ist fischreich. Beliebt sind die «Laacher Silberfelchen», die im Seehotel als Delikatesse serviert werden. Daneben gibt es Hechte, Barsche, Karpfen, Weißfische und Aale.

Für den Unterhalt der Mönchsgemeinschaft spielen die Landwirtschaft und der Markt eine gewichtige Rolle. Doch die Dimension, die Maria Laach in den vergangenen Jahrzehnten wirklich berühmt gemacht hat, liegt auf einem ganz anderen, spirituellen Gebiet. Eine Ahnung davon bekommt auch der oberflächliche Besucher beim Betreten der Abteikirche. Sie beeindruckt nicht nur durch ihre Schlichtheit in Material, Farbe und Ausstattung und die auffallend stimmigen Maßverhältnisse. Die Fenster lassen nur wenig Licht herein, so dass die Kirche zu jeder Tageszeit eher dunkel wirkt und zu Besinnlichkeit und zu Zwiesprache mit Gott einlädt. Die Stille und das zur Meditation anregende Halbdunkel in einem von Klausurmauern umschlossenen Kloster schaffen eine Atmosphäre der Konzentration auf das Wesentliche, die Gottsuche.

Vielleicht waren es diese äußeren Voraussetzungen im Zusammenspiel mit benediktinischem Ordensleben, dass vor dem Zweiten Weltkrieg von hier die liturgische Erneuerung der katholischen Kirche ausging. Zumindest wesentliche Impulse zur Liturgiereform entstanden am Laacher See, die sich Jahrzehnte später im Dekret

«Sacrosanctum Concilium» des Zweiten Vatikanischen Konzils von 1962 bis 1965 niedergeschlagen haben.

Vater dieses Aufbruchs war der am 27. November 1874 in Köln-Jünkersdorf geborene Peter Herwegen. Er trat 1895 in Maria Laach ein und erhielt den Ordensnamen Ildefons. Nach drei Jahren Studium in Beuron empfing er 1901 die Priesterweihe. Ein Jahr studierte er an der Benediktinerhochschule Sant' Anselmo in Rom, bevor er 1904 vor allem zum ordens- und rechtshistorischen Studium an die Universität Bonn ging. 1913 wurde er zum Abt von Maria Laach gewählt. Schon vor seiner Abtswahl hatte er Kontakte zu den katholischen Akademikern, die nun in eine feste Beziehung zur Abtei traten, Zielgruppenseelsorge würde man das heute wohl nennen. Diese Beziehung wurde der Grundstein für das Liturgische Apostolat Maria Laachs. Die Hochschätzung der Tradition verband Ildefons Herwegen mit einem wachen Dialog mit seiner Zeit.

1 In der Abteikirche: Chorgestühl mit Baldachin-Hochaltar, das große Deckenmosaik stellt «Christus in der Verklärung» dar. 2 Sitzecke im Gästetrakt. 3 Säulen tragen die Decke des Kapitelsaals: Hier versammeln sich die Mönche, um Klosterangelegenheiten zu beraten, die alle betreffen; der Kapitelsaal bedeutet auch Anfang und Ende eines Klosterlebens, denn hier werden die Novizen eingekleidet und die Toten aufgebahrt. 4 Hightech im Kloster: Bruder Marianus kontrolliert die Wärmeversorgung. 5 Atrium mit Brunnen im Gästeflügel. 6 Stimmungsvoll ist eine Bootsfahrt auf dem Laacher See in unmittelbar Nähe des Klosters.

Abt Ildefons hatte das Charisma, die ganze Abtei für das Liturgische Apostolat zu gewinnen. Viele setzten sich nach ihren Fähigkeiten und Möglichkeiten dafür ein, sei es auf wissenschaftlichem, literarischem und publizistischem oder künstlerischem Gebiet.

Ende der zwanziger Jahre des vorigen Jahrhunderts gründete der Abt die Laacher Kunstwerkstätten und den Kunstverlag Ars liturgica. Das von ihm herausgegebene lateinisch-deutsche Volksmessbuch erreichte eine große Zahl von Gläubigen. Als er am 2. September 1946 starb, hinterließ Abt Ildefons ein großes geistiges Erbe, das sein Nachfolger Abt Basilius Ebel von 1946 bis 1966 weiterführte. Er rief ein Forschungsinstitut ins Leben, das «Abt-Herwegen-Institut für liturgische und monastische Forschung».

Gestiftet wurde die Abtei Maria Laach übrigens schon im Jahr 1093 durch Pfalzgraf Heinrich II. Er gründete das Benediktinerkloster Abbatia S. Mariae ad Lacum, Abtei der heiligen Maria am See, einfach «Laach» genannt, keine zwei Kilometer von seiner Stammburg entfernt. Nur noch der Geländename «Laacher Burg» erinnert an die ehemalige Burg, doch die Benediktinerabtei Maria ad Lacum entwickelte sich in den vergangenen tausend Jahren zu einem kulturellen und geistigen Zentrum der Eifel.

Maria Laach (Benediktinerabtei)

«Das tägliche Lob- und Bittgebet ist die Quelle, aus der die Gemeinschaft lebt und wirkt.»

Anreise
Bahn: Bahnstation Andernach (Strecke Frankfurt–Köln), von dort aus mit dem Bus; oder Bahnstation Niedermendig mit dem Taxi (6 km).
Auto: A61 Ludwigshafen–Krefeld, Ausfahrt Mendig oder Wehr.

Geschichte
1093: Gründung durch den Pfalzgrafen Heinrich II. von Laach. Besiedelt wurde die Abtei von Mönchen aus Affligem in Brabant. Die Mönche lebten nach den Konventionen von Cluny, bis sie 1474 der Bursfelder Union beitraten. Aufhebung der Abtei 1802, seit 1815 Eigentum des preußischen Staates, dann in Privatbesitz bis 1862. 1892: Wiederbesiedlung durch Mönche der Beuroner Kongregation. 1924: Rückerstattung der Kirche seitens des preußischen Staates.

Sehenswürdigkeiten
Kloster: Abteikirche mit Hochgrab des Stifters, Altarbaldachin, Krypta, spätgotische Fresken.
Umgebung: Laacher Seetal, Vulkanpark, Eifel, Mosel.

Klosterbetrieb
Kunstwerkstätten, Kunstverlag, Buch- und Kunsthandlung, Klosterladen, Online-Shop, Naturkundemuseum, Gutsbetrieb mit Rindviehzucht, Gärtnerei, Institut f. Liturgiewissenschaften.

Gästeangebot
Exerzitien, Zielgruppenseelsorge, Konzerte.

Gottesdienste
Werktag: 5.30 Hore, 7.30 Konvent, 11.45 Hore, 17.30 Vesper, 19.45 Komplet.
Sonntag: 5.30 Hore, 9.00 Konvent, 14.30 Hore; 17.30 Vesper; 19.45 Komplet.

Unterkunft
Seehotel Maria Laach (Einzel-/Doppelzimmer, Bad, WC), Tel. 0 26 52-58 40, E-Mail: seehotel@maria-laach.de.
Gastflügel der Abtei (Reservierung siehe unten).

Auskunft
Kloster: Benediktinerabtei Maria Laach, 56653 Maria Laach, Tel. 0 26 52-5 90, Fax: 0 26 52-5 93 59, Internet: www.maria-laach.de, E-Mail: abtei@maria-laach.de.
Touristik: Verbandsgemeinde Mendig, Marktplatz 3, 56743 Mendig, Tel. 0 26 52-9 80 00, Fax: 0 26 52-98 00 19, Internet: www.mendig.de, E-Mail: vg@mendig.de.

Rosenkranz und Weinberge

Kloster Marienthal im Rheingau hilft Stress abbauen

*Die nahe gelegene Gutenbergstadt Mainz verpflichtet.
In Geisenheim stand die erste Klosterdruckerei der Welt,
in der die Druckkunst zunächst mit Ablassbriefen erprobt wurde.*

Schütt' die Sorgen in ein Gläschen Wein. Wie könnte es anders sein, wenn man ausgerechnet im weinseligen Rheingau, wo die sangesfrohe Rüdesheimer Drosselgass nicht weit ist, ins Kloster gehen will. Gemach. Es gibt auch andere Möglichkeiten, mit Sorgen und Stress fertig zu werden – was den Wein nicht ausschließt. Etwa im Franziskanerkloster Marienthal. Es liegt mitten im angesehensten Riesling-Gebiet Deutschlands und einen Katzensprung von Frankfurt, Mainz und Wiesbaden entfernt. Es reiht sich aber auch in eine Perlenkette von Klöstern ein, die zwischen Schlössern und Reben zum Verweilen einladen.

Eine Wanderung dorthin beginnt gewöhnlich beim Kloster Eberbach, begründet um das Jahr 1116 als Augustiner-Chorherrschaft am gleichnamigen Bach, etwa 4,5 Kilometer von der Mündung in den Rhein entfernt. 1131 wird es den Benediktinern in Johannisberg überlassen, 1135 den Mönchen von Clairvaux übergeben und entwickelt sich zu einem der bedeutendsten Zisterzienserklöster. Bei der Säkularisierung 1803 geht es an die staatliche Weindomäne, die dort jährlich ihren Wein versteigert.

Von Eberbach führt der Weg weiter durch den Wald zum Schloss Vollrads, dem nach einer Wanderung durch Weinberge Schloss Johannisberg folgt, ebenfalls ein ehemaliges Kloster, das ursprünglich Bischofsberg hieß. Hinter Johannisberg erreicht der Wanderer schließlich das Kloster Marienthal, das als Mariengnadenort die bedeutendste Wallfahrtsstätte des Rheingaus ist.

Wer sich dennoch in Marienthal nicht länger aufhalten will, zieht weiter zum ehemaligen Kloster Nothgottes. Nach der Legende ließ ein Ritter Brömser von Rüdesheim nach der Heimkehr vom Kreuzzug eine Kapelle mit einem handgroßen hölzernen, betenden Heiland errichten. Sie wird nach Marienthal zweitwichtigste Wallfahrtsstätte im Rheingau. Neben der heutigen Kirche, 1390 geweiht, wird 1620 ein Kapuzinerkloster gegründet, das 1813 aufgehoben wird. Nothgottes dient heute der Müttererholung und religiösen Exerzi-

1 Im Kloster wird das Musical «Hochzeit zu Kana» von einer Laienspielgruppe aufgeführt; der Mariengnadenort gilt als die bedeutendste Wallfahrtsstätte im Rheingau. **2** Stationshäuschen am Kreuzweg. **3** Bei der Prozession wird der Marienschrein aus der Wallfahrtskirche getragen. **4** Feierliche Messe auf dem großen Pilgerplatz hinter der Kirche.

tien. Hinter Nothgottes schließt sich die Abtei Sankt Hildegard an, das weltberühmt wurde durch Hildegard von Bingen (1098–1179). Nach einer wechselvollen Geschichte wird das Kloster 1814 aufgelöst. 1904 wird das Kloster von der Stiftung des Fürsten Karl zu Löwenstein oberhalb von Eibing als Benediktinerinnenabtei St. Hildegard wieder errichtet.

Kehren wir zu dem von schattigen Wäldern umgebenen Höhenort Marienthal zurück. Das Kloster lädt heute Menschen jeden Alters zu Besinnung, Sammlung und zum Atemholen ein. In einer Atmos-

phäre der Stille, des Friedens und der Gemeinschaft mit anderen besteht die Chance in der Begegnung mit Gott neu zu sich selbst zu finden. Die Patres bieten den Pilgerinnen und Pilgern Gottesdienste und das persönliche Gespräch oder das Sakrament der Versöhnung, die Beichte, an. Das Kloster verfügt über eine Reihe von Gästezimmern und über ein Selbstverpflegungshaus für Gruppen junger Erwachsener.

Das «Kloster auf Zeit» haben die Franziskaner als ein wirkliches Bedürfnis unserer Zeit erkannt: «Einmal heraus aus dem, was die Welt zu bieten hat, und hinein in das, was Gott zu bieten hat; hinaus aus den ewigen Kreisen um sich selbst und die eigenen Dinge und hinein in die Beziehung zu Gott, zu Jesus und in das ehrliche Gespräch mit dem Anderen; hinaus aus der Sackgasse, in die wir

keine Heiligen, wir haben Fehler und Schwächen, aber wir mühen uns um die gegenseitige Liebe, die uns – wie wir fest glauben – die Gegenwart Gottes bringt, die unsichtbare, doch wirkliche Gegenwart von Jesus in unserer Mitte. Diejenigen, die auf Zeit unser Leben teilen, leben mit uns in gleichem Haus, essen mit uns, beten und arbeiten mit uns. Es gibt Gelegenheit, miteinander zu sprechen und vor allem, den Anderen zu erspüren, kennen zu lernen, die Liebe neu zu entdecken, das Geschenk des Lebens, das Vertrauen, geliebt zu sein und lieben zu können.»

Noch ehe die ersten Besucherinnen und Besucher sich zeitweise ins Kloster zurückgezogen haben, wie es heute vielfach angeboten wird, sind die Menschen aus dem Rheingau nach Marienthal zu einem Gnadenbild gepilgert, das Maria darstellt, die nach der Kreuzabnahme ihren toten Sohn auf dem Schoß hält. Es handelt sich um eines der frühesten Vesperbilder, dessen Verehrung der Überlieferung 1309 begann. In diesem Jahr kniete der Jäger Hecker Henn vor dem Bild nieder und soll sein durch einen Unfall verlorenes Augenlicht wiedererlangt haben. Dieses Wunder war der Anlass zur Errichtung einer Kapelle, aus der dann später das Kloster hervorgegangen ist.

Das Bild trägt heute eine Krone, wobei nicht sicher ist, ob das immer so war. In einem Inventar, das 1773 nach der Vertreibung der Jesuiten aus dem Kloster erstellt wurde, wird jedenfalls auch eine «silberne Kron aufs Gnadenbild» erwähnt. Im Jahr 1908 wurde in Rom die Erlaubnis erbeten, das Bild feierlich krönen zu dürfen, was dann im Jahr darauf in einer großen Feier geschah. Der Marienschrein in der Kirche wurde vom Bildhauer Schröder aus Altlünen in den Jahren 1974–1975 mit einer in Onyx-Marmor und Bronze gearbeiteten Stele ausgestattet.

Einer der Initiatoren der Klostergründung war der Mainzer Domprediger Gabriel Biel, der in Mainz die Entwicklung der Druckkunst verfolgen konnte. So wurde schnell der Nutzen der neuen Technik erkannt. Es wurde im Kloster eine Druckerei eingerichtet, die eine der ersten Druckereien überhaupt, auf jeden Fall jedoch die erste Klosterdruckerei der Welt war.

Das Kloster Marienthal hatte das Recht, Ablässe zu erteilen. Da lag es nahe, die Druckkunst zunächst mit Ablassbriefen zu erproben.

uns selbst oder die Umstände des Lebens manövriert haben, und hinein in das Licht, das von Gott und seinem Wort zu uns kommt.»

Das Kloster Marienthal bietet dazu Gelegenheit in großer Einfachheit. Die sieben Brüder stellen sich selber einladend vor: «Wir sind

1 Pilger strömen an Mariä Himmelfahrt herbei. **2** Das Marienbild in der Kirche. **3** Glasfenster mit einer Darstellung des hl. Franziskus. **4** Die Wallfahrtskirche: Das Wunder vom wiedererhaltenen Augenlicht führte 1309 zu ihrer Errichtung. **5** Pater mit Reliquie. **6** Der knapp 90-jährige Bruder Verecund macht Pfortendienst. **7** Pater Bernold hat sich in die Bibliothek zurückgezogen. **8** Altar der Wallfahrtskirche.

Der erste datierte Druck stammt aus dem Jahr 1468 und ist ein zwölf Folioblätter umfassender Indulgenzbrief für das Fest Mariä Opferung. 1474 erschien ein aus zwei starken Quartbänden bestehendes Brevier für die Geistlichkeit des Erzbistums Mainz, dem «Breviarum moguntinum». Die Anleitung zur Beichte von Johannes Lupus wurde 1478 in Marienthal gedruckt. Auch das letzte datierte Werk aus der Klosterdruckerei ist ein Ablassbrief aus dem Jahr 1484. Danach erschütterte Luthers Reformation auch das Rheingau. Viele Ordensleute liefen zu ihm über. Die «Brüder vom

gemeinsamen Leben», die bis dahin die Wallfahrt betreut hatten, kehrten 1550 dem Kloster den Rücken. Augustiner-Chorherren versuchten erfolglos, 1566 die Wallfahrt wieder zu beleben. 1612 schenkte Erzbischof Johann Schweikard von Cronberg das Kloster

1 Ordensbrüder und Gäste beim gemeinsamen Mittagessen. 2 Gemütliches Beisammensein nach der Aufführung der «Hochzeit zu Kana». 3 Chorgebet in der Hauskapelle. 4 Devotionalien in Hülle und Fülle: Verkaufsstände neben der Wallfahrtskirche. 5 Ausflugstipp: Schloss Johannisberg, Sitz der Familie Metternich, inmitten von Weinbergen.

dem Jesuitenkolleg in Mainz. Der Orden löste sich 1773 auf, der Besitz wurde vom Staat eingezogen. Es folgte eine Reihe weltlicher Besitzer, bis es 1873 von den Franziskanern übernommen wurde. 1890 schuf August Martin einen Bilderfries mit der Darstellung des Rosenkranzgeheimnisses. Martin konzentrierte sich dabei auf die mittelalterliche Malerei. Er setzte bewusst nur wenige kräftige Farben und kopierte sogar die Perspektivefehler des Mittelalters, um eine größtmögliche Authentizität zu schaffen.

Der Rosenkranz ist ein kontemplatives Gebet. Während des Betens werden verschiedene Stationen aus dem Leben Jesu betrachtet. Das Rosenkranzgebet besteht aus drei mal fünf, also fünfzehn Geheimnissen. Normalerweise betet man fünf Geheimnisse entweder aus dem Freudenreichen, dem Schmerzhaften, dem Trostreichen oder dem Glorreichen Rosenkranz, aber auch eigene Geheimnisse können genannt werden. Dabei wird das Geheimnis in das «Gegrüßet seist Du, Maria» eingebettet – und zwar in dieser Form: «Gegrüßet seist Du, Maria voll der Gnade, der Herr ist mit Dir. Du bist gebenedeit unter den Frauen und gebenedeit ist die Frucht Deines Leibes Jesus», (jetzt folgt ein «freudenreiches» Geheimnis:) «den Du, o Jungfrau, vom Heiligen Geist empfangen hast. Heilige Maria, Mutter Gottes, bitte für uns Sünder jetzt und in der Stunde unseres Todes. Amen.»

Das «Gegrüßet seist Du, Maria» mit dem eingebetteten Geheimnis wird anschließend zehn Mal wiederholt. Nach der zehnten Wiederholung betet man «Ehre sei dem Vater» und «O mein Jesus, verzeih uns unsere Sünden, bewahre uns vor dem Feuer der Hölle, führe alle Seelen in den Himmel, besonders jene, die Deine Barmherzigkeit am meisten bedürfen». Schließlich betet man ein «Vater unser» und beginnt mit dem nächsten Geheimnis. Nach zehn mal fünf, also fünfzig Betrachtungen, ist ein Rosenkranz beendet.

Der Rosenkranz, der früher vor allem in den Marienmonaten Mai und Oktober in den Kirchen viel gebetet wurde, ist bei den Pilgerinnen und Pilgern überaus beliebt. Als ein Bestandteil der praktizierten Volksfrömmigkeit wird das Rosenkranzgebet vor allem von volksnahen Orden gepflegt, zu denen neben den Franziskanern die zur selben Ordensfamilie gehörenden Kapuziner zählen. Die von ihnen betreuten Wallfahrtsorte sind in der ganzen Welt Hochburgen der Marienverehrung und des Rosenkranzgebets.

Marienthal (Franziskanerkloster)

«Einmal heraus aus dem, was die Welt zu bieten und hinein in das, was Gott zu bieten hat.»

Anreise
Bahn: Bahnstation Geisenheim.
Auto: A3 Köln–Frankfurt oder A61 Köln–Ludwigshafen, Abfahrt B42 Wiesbaden, Richtung Rüdesheim.

Geschichte
Marienthal ist einer der ältesten Wallfahrtsorte in Deutschland. 1309 begann die Wallfahrt nach dem ersten beschriebenen Heilungswunder. Die Kirche wurde 1330 von Balduin von Trier, Administrator des Erzstiftes Mainz, geweiht. Zunächst taten Diözesanpriester Dienst. 1468 wurde in Marienthal die erste Klosterdruckerei der Welt eingerichtet. Im 16. Jahrhundert folgten die Augustiner-Chorherren, im 17. und 18. Jahrhundert die Jesuiten. Nach der Aufhebung von deren Orden 1773 wurde die Kirche teilweise zerstört. Nach dem Wiederaufbau mit Hilfe von Staatskanzler Fürst Metternich wurde die Kirche 1858 von Bischof Josef Peter Blum von Limburg erneut geweiht. 1873 übernahmen Franziskaner den Dienst am Wallfahrtsort.

Sehenswürdigkeiten
Kloster: Wallfahrtskirche, Hauptportal, Gnadenbild.
Umgebung: Rheingau, Rüdesheim.

Gästeangebot
Kloster auf Zeit, Mitleben in der Gemeinschaft, Exerzitientage, Einzelgespräche.

Gottesdienste
Werktag: 6.30, 7.00 Laudes, 10.30, 11.50 Sext, 17.30 Rosenkranz (außer Mittwoch), 18.00 Vesper. *Dienstag:* 19.30 Bibelgespräch. *Mittwoch:* 17.30 Eucharistie. *Donnerstag:* 19.00 Konvent. *Sonntag* (Wallfahrtskirche): 8.30 Eucharistie, 10.30 Eucharistie, 14.30 Marienlob/Vesper.

Unterkunft
Kloster: Gästezimmer (Reservierung siehe unten). *«Waldhotel Gietz»,* Tel. 0 67 22-9 96 00.

Auskunft und Reservierung
Kloster Marienthal, Kloster Marienthal 1, 65366 Geisenheim, Tel. 0 67 22-9 95 80, Fax: 0 67 22-99 58 13, Internet: http://home.t-online.de/home/Franziskaner-Marienthal, E-Mail: franziskaner-marienthal@t-online.de.
Touristik: Städtisches Verkehrsamt, Rüdesheimer Str. 48, 65366 Geisenheim, Tel. 0 67 22-70 10, Fax: 0 67 22-70 11 20, Internet: www.geisenheim.de, E-Mail: verkehrsamt@geisenheim.de.

Das Schicksal der Bücher
Erinnerung an eine große Geschichte in Himmerod

Etappe auf dem Zisterzienserweg durch Europa, um für die gemeinsamen Wurzeln zu sensiblisieren und Anstöße zur Integration und Identität im Bewusstsein der Menschen zu wecken.

Der lateinisch-deutsche Spruch «Habent sua fata libelli – Bücher haben ihr Schicksal» könnte über der Pforte des Klosters Himmerod im Bistum Trier stehen. Doch am Pfortengebäude prangt seit 1998 ein anderes Schild, ein Wegweiser durch die europäische Geistesgeschichte. Demnach liegt dieses Kloster an der «Straße der Zisterzienser», Teil des Europarat-Programms «Europäische Kulturstraßen».

Der Europarat hat 1990 die Markierung dieses Straßennetzes beschlossen, um die Öffentlichkeit im Zeitalter der Globalisierung und kulturellen Verwässerung für die gemeinsamen Wurzeln zu sensibilisieren, zu motivieren und damit Impulse zur Integration und Identität im Bewusstsein der Menschen zu wecken.

Auf dem Zisterzienserweg werden, wie es in einem Begleitheft heißt, neue Gedankenanstöße und Anregungen gegeben. Auf ihm sollen interessierte Menschen den Spuren der Zisterzienser folgen und sich deren spirituelle wie kulturhistorische Dimensionen erschließen. Insgesamt 18 Zisterziensergründungen werden aufgeführt, darunter Maulbronn in Baden-Württemberg, Altenberg in Nordrhein-Westfalen und Ebrach in Bayern. Die Idee greift ein wieder erwachtes Interesse an den Zisterziensern auf, in Himmerod ein Erbe, das in diesem abgelegenen Zipfel des Rheinlands wenige vermuten. Wir sind hier bei den Büchern.

Himmerod besaß einmal eine der größten Bibliotheken nördlich der Alpen und war für seine Schreibstube, ein Skriptorium mit bis zu zwölf Schreibern, in ganz Europa bekannt. 1454 war die Himmeroder Büchersammlung mit 2000 Bänden größer als die Ordensbibliotheken von Clairvaux und Cîteaux, aber auch größer als viele Profanbibliotheken: So hatte Heidelberg im Jahr 1451 gerade mal 1600 Bände. Bücher schreiben oder besser abschreiben wurde im Kloster schon begonnen, als die baulichen Voraussetzungen gegeben waren. Es gehört zum Selbstverständnis der Mönche, zu ihrer Bildung und ansonsten spartanischen Lebensweise. Urwald und Dorngestrüpp, versumpfte Talwiesen und der

1 Die Bienenzucht gehört zum klösterlichen Leben in Himmerod, das 1134 gegründet wurde. 2 Eingang zum Konventgebäude. 3 Im Speisesaal: Auch bei den Zisterziensern wird während der Mahlzeiten vorgelesen. 4 Auf der Wiese vor den Klostergebäuden grasen Pferde.

noch ungebändigte Salm-Fluss empfing die ersten Abgesandten des rasch wachsenden Ordens Anfang des 12. Jahrhunderts dort, wo heute Himmerod steht. Die Gründer waren ein Abt mit zwölf Mönchen. Sie wohnten zuerst in einem kleinen Gut Haymenrode, die Rodung eines Bauern Haimo (Hermo), in der Nähe des heutigen Altenhofes. Am 20. Januar 1136 zogen sie um in eine erste, hölzerne Klosteranlage des «claustrum novum».

Als 14. Tochterkloster des Mutterklosters Clairvaux entwickelt sich Himmerod schnell zu einem geistigen und kulturellen Zentrum der Eifel mit bis zu dreihundert Mönchen. Eine große Bibliothek entsteht und in der Schreibstube des Klosters, dem bereits zitierten

Scriptorium, werden reich verzierte Handschriften hergestellt. Leider sind in den Wirren der zahlreichen Kriege, die die Eifel heimgesucht haben, viele dieser Werke verloren gegangen.

Der Niedergang der Bibliothek Himmerod beginnt mit dem Dreißigjährigen Krieg. Die wichtigsten Handschriften werden ins Pfarrhaus nach Wittlich ausgelagert. Ein Brand im Jahr 1569 zerstört die meisten davon. 1794 rücken französische Revolutionstruppen ein, der Ordenskonvent flieht in sein Tochterkloster Heisterbach bei Bonn, kehrt aber ein Jahr später zurück. Die Mönche leben fortan mit französischen Soldaten bis zur Versteigerung der Klosteranlage 1802, dem Jahr des französischen Säkularisationsgesetzes. Ein Trierer Hüttenbesitzer ersteht die Gebäude 1803 für 40 000 Franken. Noch vor Entrichtung des Kaufpreises lässt er das kupferne Klosterdach abbauen, um das Material zu verkaufen. Er muss deshalb vor den französischen Behörden fliehen. Das Klos-

1 Wo sich die Gäste betten: Die Abtei ist heute weltoffene Begegnungsstätte mit einem vielfältigen Angebot an Bildungs- und Meditationsveranstaltungen. 2 Die Mönche versammeln sich zum Chorgebet in der Kirche. 3 Klostergeschichte zum Anfassen: In der Begegnungsstätte «Alte Mühle» wird über die Geschichte des Ordens und der Abtei informiert. 4 Pater Martin im Gespräch mit Hausgästen. 5 Im Refektorium. 6 Zum Kloster Himmerod gehört eine große Landwirtschaft.

Himmerod (Zisterzienserkloster)

«Unser Tor ist offen – das Herz noch mehr.»

Anreise
Bahn: Köln Hauptbahnhof–Schmidtheim–Dahlem–Jünke-rath–Gerolstein–Kyllburg, oder Köln Hauptbahnhof–Rhein-strecke bis Wittlich.
Auto: A48 Koblenz–Trier, Ausfahrt Manderscheid, Richtung Großlittgen oder Autobahn A 48 Trier–Koblenz, Ausfahrt Witt-lich, B50 Richtung Bitburg, dann Kyllburg.

Geschichte
Klostergründung 1134 durch den heiligen Bernhard von Clair-vaux. 1179: Weihe der unter Leitung des Mönchs Achard von Clairvaux erbauten romanischen Basilika. 1751: Weihe der von dem sächsischen Architekten Kretschmar errichteten Barockkirche, die nach der Säkularisation (1802) mit dem Kloster als Steinbruch verwendet wird.

Sehenswürdigkeiten
Kloster: Abteikirche, spätgotischer Kreuzgang, Gnadenka-pelle, Begegnungsstätte «Alte Mühle» mit Museum (Samm-lung internationaler Emailkunst). *Umgebung:* Eifellandschaft.

Klosterbetrieb
Landwirtschaft, Buch- und Kunsthandlung, Gaststätte, Fischerei, Online-Shop, Klosterlikör.

Gästeangebot
Einzelexerzitien, Kloster auf Zeit, Mitleben in der Gemein-schaft, Morgen- und Abendmeditation, Angebote für Schul-klassen, «Himmeroder Forum» mit Kulturveranstaltungen.

Gottesdienste
Werktag: 4.30 Vigil, 7.00 Laudes, 7.30 Konvent, 8.15 Terz, 12.00 Sext, 13.15 Non, 17.45 Vesper, 19.30 Komplet.
Sonntag: 4.15 Vigil, 7.00, 9.45 Terz, 10.00 Konvent, 12.00 Sext, 13.15 Non, 17.00 Vesper, 19.30 Komplet.

Unterkunft
Gäste- und Exerzitienhaus (Pater Stefan, Tel. 0 65 75-95 13 21), *Abtei* (Pater Martin, Tel. 0 65 75-95 13 34).

Auskunft und Reservierung
Kloster: Zisterzienserabtei Himmerod, 54534 Großlittgen, Tel. 0 65 75-9 51 30, E-Mail: himmerod@aol.com, Internet: www.kloster-himmerod.de.
Himmeroder Forum, Kurfürstenstraße 15, 54531 Mander-scheid, Tel. 0 65 75-95 13 55.
Touristik: Kurverwaltung Manderscheid, Grafenstraße 21, 54531 Manderscheid, Tel. 0 65 72-92 15 49, Fax: 0 65 72-92 15 51, Internet: www.manderscheid.de, E-Mail: touristinfo.manderscheid@t-online.de.

ter wird erneut versteigert. Diesmal kommt ein Trierer Händler zum Zug, der aber ebenso rücksichtslos die Anlage ausschlachtet. Erst im Jahr 1919 können deutsche Zisterzienser, die nach dem Ersten Weltkrieg nicht mehr in ihr Kloster im damals unabhängig gewordenen Jugoslawien zurückkehren durften, die fast zur Ruine heruntergekommene Anlage Himmerod kaufen. Der Wiederauf-bau verzögert sich erneut, nachdem die Nationalsozialisten die dafür gesammelten Mittel konfiszieren. Ein Codex aus Himmerod kehrt 1952 ins Kloster zurück.

Heute präsentiert sich die Abtei als weltoffene Begegnungsstätte mit einem vielfältigen Angebot an Bildungs- und Meditationsveran-staltungen. Der «Creativ-Kreis-International» bietet im Kloster mehrtägige Kunstseminare an. In der Begegnungsstätte «Alte Mühle» können sich Besucher über die Geschichte des Ordens und der Abtei Himmerod informieren. Und sie können, wie es in einer Einladung heißt, «den Mythos von Gold, Silber und Email anhand verschiedener Grundtechniken wie Sägen, Feilen, Löten und Montieren in Edel- und Unedelmetallen erleben».

Eine direkt am Kloster gelegene Teichanlage mit zehn Aufzucht-becken und vier großen Weihern gibt überdies Aufschluss über die hier seit neunhundert Jahren betriebene Fischerei.

Wo Martin Luther als Mönch grüßt
In Loccum hat ein Konvent die Reformation überlebt

Mehr als ein Tagungsort und eine Stätte für die Ausbildung von Predigerinnen und Predigern. Hier hat monastisches Leben auch Protestanten etwas zu sagen.

Eigentlich kennt die evangelische Kirche keine Klöster. Und dennoch gehört zu ihr eines, das die Wirren der Geschichte fast unversehrt überstanden hat. Es wurde im 12. Jahrhundert von Zisterziensern ins Leben gerufen und wechselte nach einem halben Jahrtausend zum Protestantismus, blieb aber bis heute als Konvent der mönchischen Tradition verpflichtet: Kloster Loccum in Niedersachsen. Ihm gehören Pastorinnen und Pastoren der hannoverschen Landeskirche an, an der Spitze steht die Landesbischöfin. Im heutigen Niedersachsen bestanden im Mittelalter über zweihundert Ordenshäuser und Stifte. Die meisten wurden im Zuge der Reformation und der Säkularisation aufgehoben. Eine kleine Anzahl aber konnte in dem konservativen Land bis heute fortbestehen, weil sie erkannt hatten, dass eine evangelische Neuordnung nicht gegen Martin Luthers Willen sei. Zahlreicher als Männerklöster überdauerten die Frauenklöster und Stifte. Die Äbtissinnen und ihre Klosterdamen widmen sich älteren Menschen, arbeiten in den Kirchengemeinden oder pflegen die Tradition ihrer einstigen Klöster. Die evangelischen Klöster und Stifte Niedersachsens werden heute als eine einzigartige Attraktion in der niedersächsischen Kulturlandschaft anerkannt.

Die Tradition wird also nicht verschwiegen. Die Kirche wirbt sogar mit ihr: «Wenn Sie auf Loccum zukommen, grüßt Sie als Erstes der Dachreiter der Klosterkirche aus der Talsenke, in der das Dorf liegt. Und dann stehen Sie vor dem Tor eines der besterhaltenen Klöster Deutschlands. Auf Schritt und Tritt spüren Sie Mittelalter. 1163 ist das Zisterzienser-Kloster gegründet worden, und es hat nichts von seiner Kraft verloren: Viele empfinden beim Schritt durch die Bögen des Klostertores für einen Moment, in eine andere Welt eingetreten zu sein. Man ahnt, was die Mönche hier vor mehr als achthundert Jahren gesucht haben: Abstand vom Gehetze der Zeit; umringt von der Klostermauer ein geschützter Raum für die Stille vor Gott; Mensch und Natur finden miteinander Platz; Arbeit im Rhythmus, den die Gebetsglocke heute noch schlägt.»

1 Säulen im Kapitelsaal: Ein Großteil der Bauten des 1163 gestifteten Klosters stammt aus dem 13. Jahrhundert und ist heute noch erhalten. **2** Lustige Clownerien bietet der «Eine-Welt-Laden» in der Klosterstube. **3** Geschmiedete Ornamente am Portal der 1240 bis 1280 erbauten Kirche. **4** Im Priorsgarten dürfen heute auch weltliche Gäste wandeln.

Das Kloster besteht weiter, aber die Zeit ist natürlich nicht stehen geblieben. Mönche gibt es nicht mehr, seitdem die damaligen Zisterzienser im 17. Jahrhundert evangelisch-lutherisch wurden. Viele von ihnen wirkten als lutherische Pfarrer in der Umgebung weiter oder widmeten sich einer Aufgabe, die vor allem von Philipp Melanchthon als Anliegen der Reformation betont worden war. Sie wurden weltliche Lehrer und erzogen ihre Schüler nach den Idealen einer christlich-humanistischen Bildung. So überlebten die «lutherischen Mönche» in anderer Form. Und noch immer wird das Kloster von Abt, Prior und Konvent geleitet. Nur hat es seinen Daseins-Zweck gewandelt: Heute werden hier angehende Pastorinnen und Pastoren im Predigerseminar ausgebildet. Außerdem

kann man die Gästezimmer und die modernen Seminarräume für Gast-Tagungen buchen. Vor allem aber kann man hier wunderbar spazieren gehen. Vom Tor aus lädt der Zisterzienserpfad mit seinen zwölf Stationen ein. Er führt durch die Klosteranlage und in den Klosterforst hinaus.

Auf den Spuren der Zisterziensermönche erfährt der Gast, dass sie die besten Bauern und die besten Förster des späten Mittelalters waren. Sie waren Meister der Fischzucht und der Wasserwirtschaft. «Bete und arbeite» war ihre Devise, die sie aus dem Benediktinerorden übernommen hatten, den zu reformieren sie durch Strenge und Einfachheit angetreten waren. Ihr Geheimnis aber war, dass sie radikal Ernst damit machen wollten, die Liebe zu Christus in den Mittelpunkt ihres Lebens zu stellen. In der Klosterkirche ist dies noch heute zu spüren. Im Mittelpunkt einer kirchenpädagogischen Erkundung steht deshalb die Begegnung mit dem Kirchenraum in seiner besonderen Prägung. Die Teilnehmer sollen die Kirche als Glaubens- und Lebensraum entdecken. Diese Art der Erkundung dauert daher zwei bis vier Stunden.

Aus den Steinen der Klosterkirche spricht die Geschichte aus mehr als acht Jahrhunderten. Zahlreiche Schenkungen machten das Kloster sehr wohlhabend. Durch seine geschlossene Grundherrschaft verfügte es bald über eine eigene hohe Gerichtsbarkeit, die unmittelbar dem Papst unterstand und 1235 in den Schutz des Reiches genommen wurde. Die Gerichtsbarkeit ist allerdings überschattet von schlimmen Hexenprozessen, die im 17. Jahrhundert auch in Loccum wüteten. Der ehemalige Loccumer Studiendirektor und spätere Landesbischof Horst Hirschler schrieb in seinem Buch «Geschichten aus dem Kloster Loccum»: «Die hochgesteigerte Hexenfurcht des Mittelalters ist leider zu einem wesentlichen Teil dem Verhalten der Offiziellen jener Zeit zuzuschreiben: der Kirche, den Landesherren und den Juristen.»

Die Gesamtanlage als mitteralterliches Klosters ist nördlich der Alpen nur noch mit dem Kloster Maulbronn in Baden-Württemberg zu vergleichen. Ein Grund für die Erhaltung des im Jahr 1163 von Volkenroda in Thüringen aus in einer bestehenden Ortschaft statt in der von den Zisterziensern sonst bevorzugten Wildnis

gegründeten Klosters liegt gerade in dessen Bedeutung. Der Wechsel der Konfession hätte es nicht vor der Auflösung bewahrt. Es war aber inzwischen ein freies Reichsstift geworden, das von der Säkularisation verschont blieb.

Die von 1234 bis 1277 erbaute spätromanische Kirche mit gotischen Elementen entspricht in ihrer Schmucklosigkeit dem Geist der Zisterzienser. Als schlichtes Bethaus (Oratorium), nicht als Kathedrale, diente sie dem siebenmaligen Stundengebet von bis zu zweihundert Mönchen. Das heute über dem Chorraum hängende Tafelkreuz aus dem 13. Jahrhundert vergegenwärtigt den leidenden Christus als Mitte zisterziensischer Frömmigkeit: «Quantum diligitur, tantum deus cognoscitur. – So weit man seine Liebe erfährt, so weit kennt man Gott.»

Der ursprüngliche Geist der Mönche scheint aber bis heute nicht nur im Baulichen überliefert zu sein. Er inspirierte den evangelischen Konvent und wirkte bis in die jüngste Zeit. So entstand 1954

1 Die spätromanische Kirche aus dem 13. Jahrhundert entspricht in ihrer Schmucklosigkeit dem Geist der Zisterzienser; im Vordergrund das Taufbecken. 2 Das ehemalige Zisterzienserkloster Loccum (Stahlstich von 1850). 3 Historische Aufnahmen: Kandidaten beim Ausflug auf dem klösterlichen Backteich und 4 der frühere Abt Ulhorn mit Gästen im Priorsgarten. 5 Ehemaliges Mönchsrefektorium. 6 Wandgemälde von Eduard von Gebhardt im Gebhardtsaal, geschaffen 1885 bis 1891.

im Kloster Loccum eine recht ungewöhnliche Geschwisterschaft, die «Geschwisterschaft vom Kreuz». Drei evangelische Männer schlossen sich zusammen, um ähnlich der Konventualen zu leben, wie sie nach der Reformationszeit entstanden sind und die trotz der Aufgaben, die sie in der Welt übernommen hatten, und später trotz Heirat und Familiengründung als Stiftsherren miteinander verbunden blieben. Die neuen Konventualen wollten an deren Idee anknüpfen und die klösterliche Spiritualität pflegen. 1965 konnten sie mit der Hilfe von befreundeten Zisterzienserklöstern neben dem alten Kloster Walkenried im Harz das ehemalige Forsthaus der Abtei erstehen, das seit dieser Zeit als «Neues Priorat» das geistliche Zentrum dieser Geschwisterschaft ist.

1971 wurde mit dem Eintritt des ersten katholischen Bruders, des heutigen Priors Raymund Schwingel, die Bruderschaft ökumenisch. Von da an gab es evangelische und katholische, verheiratete und zölibatäre Stiftsherren in Walkenried. 1984 erfolgte ein weiterer entscheidender Schritt: Die ersten Schwestern wurden aufgenommen, so dass aus der Bruderschaft eine Geschwisterschaft wurde. Sie ist je nach Verbindlichkeit des Engagements untergliedert in den «Ordo Walkenredensis» und die «Familiaritas Walkenredensis».

1 Im Klosterpark: Zeit für Muße am Brauteich. **2** Reichliche Auswahl im «Eine-Welt-Laden». **3** Klosterführung durch den Kreuzgarten. **4** 22 geräumige und individuell ausgestattete Gastzimmer bieten genügend Platz für die Besucher. **5** Treppenaufgang. **6** Die Natur rund um Loccum.

Alle verbinden fünf Grundsätze: Sie wollen ihr Leben in Familie und Beruf am Evangelium Jesu Christi ausrichten. Sie üben sich in monastischer Spiritualität nach der Regel des heiligen Benedikt. Sie verrichten täglich mindestens eine Hora, ihr Stundengebet. Sie treffen sich zu geistlichen Exerzitien und veranstalten ökumenische Seminare.

Die Gemeinschaft ist überzeugt davon, «dass monastisches Christentum mit den Akzenten des regelmäßigen Gebets, des Schweigens, des geistlichen Exerzitiums und der bewusst vollzogenen existenzialen Interpretation des Evangeliums (‹Höre, mein Sohn›) in ihrer verbindlichen Zusammengehörigkeit eine unverzichtbar gewordene Ergänzung zu der Zugehörigkeit zu unseren jeweiligen Kirchen und Ortsgemeinden ist».

Bis heute gilt für Loccum auch der Wahlspruch der Zisterzienser für ihre Klöster: «Porta patet. Cor magis. – Die Tür steht offen. Noch mehr das Herz.» Moderner formuliert liest es sich im Klosterprospekt: «Sie wünschen sich einen Tagungsort mit Charakter? Mit 22 stilvollen Einzelzimmern bietet Ihnen das Kloster Loccum den Raum für die optimale Seminargröße. Ein voll ausgestatteter Seminarraum und mehrere Gruppenräume stehen zu Ihrer Verfügung.» Und in den Pausen lockt ganz in der Nähe des Klosters ein sehenswertes Landschaftsschutzgebiet mit Wald und kleinen Seen.

Loccum (Evangelisches Kloster)

«So weit man seine Liebe erfährt, so weit kennt man Gott.»

Anreise
Bahn: Bahnstation Nienburg/Weser oder Wunstorf, dann Bus oder Taxi.
Auto: A7 Kassel–Hannover, B6 Richtung Nienburg–Bremen, Abzweigung Loccum.

Geschichte
Das Kloster Loccum ist eines der besterhaltenen mittelalterlichen Klöster nördlich der Alpen. 1163: Gründung durch die Grafen von Hallermund. Die Klosterkirche wurde zwischen 1240–1277 erbaut. Durch zahlreiche Schenkungen wurde das Kloster sehr wohlhabend und konnte eine geschlossene Grundherrschaft mit hoher Gerichtsbarkeit aufbauen, die unmittelbar dem Papst unterstand und 1235 in den Schutz des Reiches genommen wurde. Auch nach der Reformation blieb Loccum wohlhabend und selbstständig und konnte seinen Besitz bis zu den Agrarreformen des 19. Jahrhunderts halten. Das Kloster wurde erst Ende des 16. Jahrhunderts evangelisch.

Sehenswürdigkeiten
Kloster: Spätromanische Kirche, komplette Klosteranlage.
Umgebung: Klosterwald, Fischteiche, Landschaftsschutzgebiet.

Klosterbetrieb
Evangelische Akademie.

Gästeangebot
Seminare, Tagungen, kirchenpädagogische Erkundung.

Gottesdienste
Täglich um 18 Uhr Hora außer sonntags.

Unterkunft
22 Einzelzimmer, Tel. 0 57 66-96 02 16 (Reservierung siehe unten).

Auskunft
Kloster Loccum, Im Kloster 2, 31547 Rehburg-Loccum, Tel. 0 57 66-9 60 20, Fax: 0 57 66-96 02 1, Internet: www.kloster-loccum.de, E-Mail: klosteranmeldung.loccum@evlka.de.
Touristik: Stadt Rehburg-Loccum, Heidtorstraße 2, 31547 Rehburg-Loccum, Tel. 0 50 37-9 70 10, Fax: 0 50 37-97 01 18, Internet: www.rehburg-loccum.de, E-Mail: stadt@rehburg-loccum.de.

Beten und arbeiten in der Diaspora
Nach dem Zweiten Weltkrieg entstand Kloster Nütschau

Die zuverlässige und friedliche Arbeit der Benediktiner in den Stallungen, auf den Feldern, Wiesen, Weiden und im Wald legte den Grundstock für die allmählich wachsenden ökumenischen Aufgaben.

Ein katholisches Kloster in einem überwiegend protestantischen Land zu gründen, setzt einigen Optimismus oder Gottvertrauen voraus. Erst recht zu einer Zeit, in der Ökumene noch kaum entwickelt, Diasporakatholiken als katholischer als die Gläubigen in «schwarzen» Landen gelten. Und wenn dennoch in wenigen Jahren schon vor dem ökumenischen Aufbruch durch das 1965 beendete Zweite Vatikanische Konzil Vertrauen zu einer zurückhaltend abwartenden Nachbarschaft gefunden wurde und das Kloster sogar zu einem bedeutenden Begegnungszentrum weit über Holstein hinaus für Skandinavien wurde, dann kann von der Erfolgsgeschichte benediktinischer Mönche gesprochen werden. Die Rede ist vom heute 16 Mönche zählenden Benediktinerpriorat St. Ansgar in Nütschau in Ostholstein.

Eigentlich führte die Not nach dem Zweiten Weltkrieg zur Gründung des ersten Benediktinerklosters in Norddeutschland nach der Reformation, also immerhin nach vierhundert Jahren. Erzbischof Wilhelm Berning von Osnabrück gewann im Jahr 1951 Abt Pius Buddenborg von der Abtei Gerleve in Westfalen für einen benediktinischen Neuanfang in dem 400-jährigen Herrenhaus Nütschau an der Trave, um der Kirche in Schleswig-Holstein einen Ort der Sammlung und der religiösen Besinnung zu geben. Geistliche Hilfe für die vielen suchenden und zum großen Teil heimatvertriebenen Menschen stand so am Anfang der seelsorgerischen Aufgaben der Nütschauer Benediktinermönche.

Zuvor hatte im August 1950 der Abtprimas der Benediktiner, Bernhard Kälin, von Rom aus das Land Schleswig-Holstein besucht. Er und ein Begleiter übernachteten im Pfarrhaus von Neumünster, und Pfarrer Hubert Kohstall erbat eindringlich eine benediktinische Neugründung. Der Abtprimas wandte sich sofort an den gerade in Lübeck weilenden Erzbischof Berning. Dieser fand in Gräfin Anna Kerssenbrock von Tralau eine wertvolle Hilfe. Sie bot Nütschau dem Bischof zum Kauf an. Am 17. November überprüfte Abt Pius Buddenborg von Gerleve in Westfalen das Restgut Nütschau, ein

1 Bruder Gaudentius hat das Amt des «Oblaten-Rektors» inne und betreut Laien, die sich als Oblaten dem Kloster verpflichten, ohne jedoch einzutreten. **2** Bunte Vielfalt: historische Gesangsbücher. **3** Die Mönche versammeln sich zum Gebet in der modern gestalteten Klosterkirche; sie wurde in den siebziger Jahren des vorigen Jahrhunderts erbaut.

vierhundert Jahre altes Herrenhaus, erbaut von Hinrich Rantzau. Wegen seiner Lage in der ostholsteinischen Travelandschaft, wegen des abgerundeten Besitzes von 330 Morgen Land und nicht zuletzt wegen der baulichen Gegebenheiten in dem Herrenhaus schien es als Kloster geeignet. Dennoch: An eine Neugründung von Gerleve aus war eigentlich nicht zu denken. Der Krieg und die Vertreibung der Mönche durch die Nationalsozialisten hatte die Kommunität schwer geprüft; die Lücken, die der Zweite Weltkrieg gerissen hatte, waren noch nicht geschlossen.

Aber gerade das Leid der eigenen Vertreibung erwies sich als Brücke für die kommende Aufgabe: Als die Mönche von Gerleve unter ihrem damaligen Abt Raphael Molitor am 13. Juli 1941 durch die Gestapo über Nacht aus Westfalen und dem Rheinland ausgewiesen wurden, nahm Erzbischof Wilhelm Berning sie in seiner Diözese Osnabrück auf. Zehn Jahre später konnte der Bischof an diese gemeinsam bestandene Not erinnern. Abt Pius und Erzbischof Berning entschlossen sich, im holsteinischen Nütschau mit einem Exerzitienhaus zu beginnen.

Am 3. Februar 1951, dem Fest des heiligen Ansgar, des Heiligen des Nordens und ersten Bischofs von Hamburg, der am 3. Februar 865 in Bremen gestorben ist, erwarb Erzbischof Wilhelm Berning

1 Zwischen Gemeinschaft und Alleinsein: Bruder Gaudentius. 2 Im Gästespeiseraum ist die Tafel reich gedeckt; seit 1972 wird die Benediktinergemeinschaft von vier Clemensschwestern unterstützt, die sich dem ganzheitlichen Dienst am Menschen verpflichtet fühlen. 3 Bruder Ansgar präsentiert stolz seine Ikonen. 4 Bietet Jugendlichen die Möglichkeit zu einem Aufenthalt im Kloster: das Jugendheim St. Benedikt. 5 Die Ordensgemeinschaft im Refektorium. 6 Selten gewordener Anblick: Lindenallee in der ostholsteinischen Travelandschaft.

das Gut Nütschau für eine Neugründung der Benediktiner von Gerleve. Bereits am 1. März 1951 entsandte die Abtei Gerleve den ersten Mönch, Pater Michael Bürgers, und am 6. Mai 1951 eröffnete Gründerabt Pius Buddenborg das Haus St. Ansgar.

50 Jahre später bilanzieren die Mönche, dass die evangelischen Christen der nächsten Umgebung bald einen guten Kontakt zum Kloster gefunden hätten. «Es ist bezeichnend, dass die zuverlässige und friedliche Arbeit der Brüder in den Stallungen, auf den Feldern, Wiesen, Weiden und im Wald besonders gern anerkannt wurde. Das beständige ‹Beten und Arbeiten› der Benediktiner trugen wirksam dazu bei, Vorurteile abzubauen. So entstand echte Nachbarschaft, und es wurde bereits in den ersten Jahren der Grund gelegt für die allmählich wachsenden ökumenischen Aufgaben.» Dabei ist die im Benediktinerkloster traditionelle Form des gemeinsamen Stundengebets der Kirche ein wichtiger Bestandteil. Darum eröffneten sie auch Außenstehenden die Möglichkeit, am regelmäßigen Stundengebet teilzunehmen, das den Tagesablauf des Hauses St. Ansgar ordnet. Das gilt auch für die ökumenischen Begegnungen. Der Gründer der ökumenischen Bewegung von Taizé (Frankreich), Roger Schutz, hat es auf den Punkt gebracht: «Die Glaubenseinheit stellt sich nach und nach, in aller Stille, vornehmlich durch das Gebet der Kirche her.»

Seit 1972 unterstützt eine kleine Gemeinschaft von vier Clemensschwestern den Benediktinerkonvent bei seinen pastoralen Aufgaben. Die Clemensschwestern fühlen sich dem ganzheitlichen Dienst am Menschen verpflichtet. Mit den übrigen Mitarbeiterinnen und Mitarbeitern bilden sie die Hausgemeinschaft.

Nütschau (Benediktinerkloster)

«Mit dem Blick der Liebe sehen lernen.»

Anreise
Bahn: Bahnhof Bad Oldesloe, dann Taxi (6 km), Tel. 0 45 31-47 11.
Auto: Autobahn A1 Hamburg–Lübeck, Abfahrt Bargteheide-Kiel in Richtung Kiel auf der A21 (bisher B404) bis Abfahrt Bad Oldesloe-Nord/Tralau/Kloster Nütschau.

Geschichte
480: Geburtsjahr Benedikts von Nursia, Vater der abendländischen Mönche. Um 830 Errichtung der Nütschauer Schanze im Limes Saxoniae. 1249: erstmalige Nennung von Nütschau (Nuzikowe). 1343: Schenkung der Nütschauer Mühle an das Zisterzienserkloster Reinfeld. 1951 erwarb Erzbischof Wilhelm Berning, Bischof von Osnabrück, das Gut Nütschau für eine Neugründung der Benediktiner von Gerleve/Westfalen. Die Abtei Gerleve entsandte den ersten Mönch, Pater Michael Bürgers. Seit 1972 unterstützt eine kleine Gemeinschaft von Clemensschwestern den Benediktinerkonvent von Nütschau bei seinen pastoralen Aufgaben. 1975 wurde die Neugründung in die Selbstständigkeit entlassen.

Sehenswürdigkeiten
Kloster: Klosteranlage. *Umgebung:* Naturlandschaft.

Klosterbetrieb
Buchladen, Tagungs- und Gästehaus, Jugendgästehaus.

Gästeangebot
Erwachsenen- und Jugendbildung, Kloster auf Zeit, offene Angebote für Jugendliche, Gruppen- und Einzelgäste, Teilnahme an den Gebeten, Stiller Bereich für Einzelgäste, Nütschauer Bibeltage, Seminare, Exerzitien, Konzerte.

Gottesdienste
Werktag: 6.30 Vigil/Laudes, 11.45 Mittagsgebet, 17.30 Vesper/Eucharistie, 21.00 Komplet.
Sonntag: 6.30 Vigil/Laudes, 9.00 Eucharistie, 11.45 Mittagsgebet, 17.00 Vesper, 21.00 Komplet.

Unterkunft
Haus St. Ansgar, Tel. 0 45 31-5 00 40. *Jugendgästehaus St. Benedikt*, Tel. 0 45 31-5 00 41 58.

Auskunft und Reservierung
Kloster: Haus St. Ansgar, Schlossstraße 26, 23843 Travenbrück, Tel. 0 45 31-5 00 40, Fax: 0 45 31-5 00 41 00, Internet: www.kloster-nuetschau.de, E-Mail: kontakt@kloster-nuetschau.de.

2

3

4

Historische Ausnahme in Sachsen
St. Marienstern hat alle Ideologien überlebt

Ein weitgehend entchristlichtes Land staunte, als die Nonnen für die Erste Sächsische Landesausstellung «Zeit und Ewigkeit» zum ersten Mal die Pforten ihrer Klausur öffneten.

Schon der Weg zum Kloster deutet auf etwas Besonderes hin. Wegkreuze und Bildstöcke am Rand und in den Vorgärten lassen den Geschichtsunkundigen zweifeln, ob der Ort wirklich im protestantischen Sachsen liegt. Zweisprachige Schilder führen zur Aufklärung. Das Dorf Panschwitz-Kuckau ist sorbisch geprägt und liegt zwischen den Kreisstädten Kamenz und Bautzen umgeben von sanften Hügelzügen, weiten Feldern, alten Alleen und stillen Wäldern in der Oberlausitz im Osten des Freistaats Sachsen. Und inmitten dieser Landschaft liegt am Rand des Dorfes das Kloster St. Marienstern. Unter seinem Schutz haben die katholischen Sorben, die slawische Minderheit in Ostdeutschland, ihre Kultur bewahren können.

Im Wechselspiel zwischen der Tradition sorbischer Kultur – vor allem der Volkskultur –, historischen Bedingungen, wirtschaftlichem und sozialem Engagement ist es den Ordensfrauen der Zisterzienserinnen gelungen, hier religiöses Leben seit der Klostergründung 1248 aufrecht zu erhalten. Eine Leistung, die angesichts der Wirren von Kriegen, Herrschaftswechseln, Reformation, nationalsozialistischer und kommunistischer Diktaturen erstaunt.

Doch die Ausnahme gehört sozusagen zur Geschichte der Oberlausitz. Schon im Mittelalter stellte die Lausitz einen Sonderfall dar: Sie gehörte als Nebenland zur böhmischen Krone, konnte aber unter dieser Landesherrschaft eine große Selbstständigkeit erreichen. Im Jahr 1346 schlossen sich die wichtigsten Städte der Lausitz – Bautzen, Görlitz, Zittau, Löbau, Kamenz und Lauban – zum Sechsstädtebund zusammen, einem Rechtshilfeabkommen, das sich zu einer vorstaatlichen Gemeinschaft entwickelte. Als Ständerepublik mit einer eigenen Ständeversammlung bewahrte die Region Lausitz auch nach ihrem Übergang zu Sachsen 1635 einen wichtigen Teil ihrer Autonomie.

Die staatsrechtliche Sonderstellung des Landes führte zu einem einzigartigen System konfessioneller Toleranz. Anders als Sachsen, das als Kernland der Reformation zu einer evangelischen Vormacht

1 Hinter den Heiligenfiguren auf der Nonnenempore der Klosterkirche verbirgt sich der Kreuzgang des Konvents. **2** Das Klosterwappen über dem Kircheneingang. **3** Nonnen bei der Kräuterandacht im Klostergarten. **4** 1998 öffneten sich die Pforten erstmals für die Allgemeinheit.

des Reiches wurde, bildete sich in der Lausitz eine konfessionelle Pluralität aus. Zwar hielt die neue Lehre auch hier in den Städten und den meisten Dörfern bei Deutschen und Sorben Einzug, die Reformation wurde aber nicht zentralistisch vom Landesherrn durchgesetzt. Die mittelalterlichen Klöster und Stifte St. Marienstern, St. Marienthal in Ostritz, St. Petri in Bautzen sowie das Magdalenerinnenkloster in Lauban konnten den alten Glauben bewahren. Sachsen hielt an diesem Status quo fest, und das Land blieb weiterhin für verschiedene Glaubensrichtungen offen, so für die

Böhmischen Brüder, die im frühen 18. Jahrhundert in Herrnhut, Großhennersdorf, Kleinwelka und Niesky ihre heute noch bestehenden Gemeinden gründeten. 1998 feierte St. Marienstern sein 750-jähriges Jubiläum.

Begonnen hat die Geschichte des Klosters nur wenige Jahrzehnte nach der Gründung des Reformordens der Zisterzienser, der 1098 aus dem Benediktinerorden hervorging und bald in ganz Europa Klöster gründete, die für ihre Zucht, Disziplin und praktischen Arbeiten bekannt wurden. Ihre Förderer oder Gründeräbte wählten für ihre Niederlassungen meistens abgelegene Gegenden, die sie für ihr geistliches Leben bevorzugten, die sie aber auch als autarke Selbstversorger schnell wirtschaftlich entwickelten. Die Ansiedlung der Klöster löste einen Gründerboom von Handwerksbetrieben und Zulieferern aus.

Welche Motive letzten Endes zum Einzug der Zisterzienserinnen in der Lausitz führten, bleibt zweitrangig. Jedenfalls gründete 1248 Bernhard III. von Kamenz in der Weltabgeschiedenheit eines stillen Tales das Zisterzienserinnenkloster St. Marienstern. Den Namen gab er ihm, wie die Legende erzählt, aus Dankbarkeit für die Rettung aus Lebensgefahr. Der Morgenstern soll ihm den Weg aus dem Sumpf gewiesen haben.

Bernhard brachte eine außergewöhnliche geistliche Karriere hinter sich. Nach Studien in Italien gehörte er in den sechziger und sieb-

ziger Jahren des 13. Jahrhunderts zum Domkapitel von Meißen. In den Jahren 1279 bis 1290 lebte er als Kanzler am Hof Heinrichs IV. von Schlesien. 1293 wurde Bernhard zum Bischof von Meißen gewählt. Als er 1296 starb, wurde er in dem von ihm gestifteten Kloster St. Marienstern beigesetzt.

Zu Lebzeiten hatte Bernhard III. von Kamenz für sein Kloster einen großen Schatz an Reliquien erworben. Kostbarstes Geschenk an das Kloster war ein angeblicher «Splitter vom Kreuz Christi», den Bernhard in Italien in einem im 11. Jahrhundert in Byzanz geschaffe-

1 Kirchenfront und Konventgebäude des 1248 gegründeten Zisterzienserinnenklosters. 2 Besucher im Umwelt- und Lehrgarten bei der Kräuterandacht. 3 In der Klosterkirche: Der Hochaltar wurde 1751 von Franz Lauermann aus Prag geschaffen. 4 Schwester Gabriela im Kreuzgang. 5 Kneippen ist gesund: Nonnen im Kräuterbad. 6 Der Kapitelsaal gehört zu den ältesten Räumen. 7 Das Empfangszimmer.

nen Klappaltar erwarb. Er gab auch so genannte «sprechende Reliquiare» in Auftrag, die in ihren Formen die Körperteile der Reliquien abbilden, die sich in ihrem Innern befinden: Arme, Finger und Rippen. Zu den wertvollsten Reliquien gehören die Schädelreliquien Johannes des Täufers und des heiligen Jakobus. Viele sind bis heute im Bernhardhaus, der Schatzkammer von St. Marienstern, ausgestellt.

Einem breiten Publikum wurden die Schätze des Klosters zum 750-jährigen Bestehen 1998 bekannt. Für die Erste Sächsische Landesausstellung «Zeit und Ewigkeit – 128 Tage in St. Marienstern» öffneten die Zisterzienserinnen zum ersten Mal in ihrer Klostergeschichte die Pforten zum Klausurbereich. Tausende besichtigten die Klosteranlage, Kreuzgang, Kapelle, den Kapitelsaal, den Klostergarten und die Wirtschaftsräume. Der Freistaat Sachsen investierte geschichts- und kulturbewusst umgerechnet rund zweieinhalb Millionen Euro in die Ausstellung, die Restaurierung der Exponate und die Renovierung der Klostergebäude.

Lebendige Geschichte, die sich in Jahrhunderten um das Kloster abspielte, tauchte aus dem Vergessen auf. Immerhin war Marienstern bis ins 19. Jahrhundert der größte Grundbesitzer der Oberlausitz und am Ort der wichtigste Arbeitgeber. Die Äbtissin herrschte über sechzig Dörfer und zwei Städte. St. Marienstern war nicht nur geistliches, sondern auch wirtschaftliches Zentrum.

So erfährt der Besucher beispielsweise aus Dokumenten des Klosters, einem Urbar (Grundbuch) von 1373, wie viel Geld, Getreide, Hühner, Eier und Käse der Bauer Martin Czesslawicz aus Cannewitz jährlich an das Kloster abtreten musste. Vor sechshundert Jahren hat er mit dem Ertrag von zwanzig Hektar guten Bodens seine Familie ernähren können. 22 Groschen Zins pro Jahr, eine Summe, die damals dem Wert einer halben Kuh entsprach, waren zu verkraften. Die Abgaben an das nahe gelegene Kloster machten ihn auch nicht arm.

Rings um das Kloster siedelte sich ländliches Handwerk an. Produkte der Heidegewerbe aus dem Norden des Klosterlandes fanden hier ihre Abnehmer. Der Konvent betrieb Ackerbau und Viehzucht, er züchtete Fische in 34 klostereigenen Teichen. Im Grüngürtel um das Kloster bauten die Nonnen Obst, Kräuter, Gemüse und Hopfen an, zeitweilig auch Tabak. Kräutertee, Klosterbalsam und Klosterbier waren begehrte Handelsartikel. Die Mariensterner Klosterbrauerei stellte erst 1973 ihren Betrieb ein. Dem klösterlichen Gartenbau kam das Wissen der Nonnen um die Heilkräfte der Natur zugute, eine lange Tradition klösterlicher Heilkunde und Krankenfürsorge, die sich bis in diese Tage fortsetzt. Der Klostergarten ist heute so aktuell wie damals und zieht ganz auf der heutigen Gesundheitswelle immer mehr Neugierige an. Auch Handarbeiten wie Kerzen verzieren und Paramente sticken gehören nach wie vor zu den klösterlichen Hausarbeiten.

Neben historischen Dokumenten sind im Kloster ebenso zeitge-schichtliche Kuriositäten zu sehen. Eine etwa 650 Jahre alte, kleine bunte Handschrift beweist, dass es schon damals das Saunabaden gab. Zwei Männer sind abgebildet: Der eine liegt auf einer Doppel-stock-Pritsche oben, wo es besonders heiß ist. Der andere hat einen Kübel in der Hand und macht gerade einen Aufguss. Als Wärmespeicher werden Steine in einem Ziegelsteinofen erhitzt. Im Ofen brennt ein Holzfeuer und sorgt für die richtige Saunatempe-ratur. Das Bild mit den zwei Saunagängern ist in einem klösterli-chen Kalendarium dem Monat März zugeordnet worden, vielleicht, weil es in der Übergangszeit vom Winter zum Frühling besonders ratsam ist, sich durch Schwitzkuren vor Erkältungskrankheiten zu schützen.

Trotz mehrfacher Zerstörungen, so durch die Hussiten 1429 sowie durch die Schweden 1639, konnte das Kloster seinen reichen Kul-turbesitz bewahren, dessen älteste Gegenstände noch aus seiner Frühzeit stammen. Nach der Herrschaft der Nationalsozialisten in Deutschland, die auch die Existenz des Zisterzienserinnenklosters bedrohte, erlebte Marienstern in den vergangenen Jahrzehnten wieder einen Aufschwung im Klosterleben. 1941 war das St.-Josefs-Erziehungs-Internat für Mädchen, das 1802 gegründet worden war, niedergebrannt. Auf seinen Ruinen wurde das Maria-Martha-Heim errichtet, das später seinen Schulbetrieb eingestellt hat. In dem 1973 seiner neuen Bestimmung übergebenen Haus betreuen heute über zwanzig Nonnen bis zu hundert geistig- und mehrfach-behinderte Mädchen.

1 Die Landschaft der Oberlausitz: alte Alleen, weite Felder, sanfte Hügel-züge und stille Wälder. 2 In der Klosterbäckerei. 3 Sorbische Küche lockt im «Klosterstüberl». 4 Im Maria-Martha-Heim werden seit 1973 geistig behinderte Mädchen von den Zisterzienserinnen betreut. 5 Gast-zimmer. 6 Einladend: der an der Spree gelegene Ort Bautzen, slawisch «Budissin», mit seiner Bastei, den alten Bürgerhäusern und winkligen Gassen in der denkmalgeschützten Altstadt. Die Stadt ist heute das poli-tische und kulturelle Zentrum der Sorben in der Oberlausitz.

St. Marienstern (Zisterzienserinnenabtei)

«Seitdem Schwestern hier leben, ist das Gotteslob nie ver-klungen.»

Anreise
Bahn: Bahnhof Kamenz (Sachsen), weiter mit dem Bus.
Auto: A4 Dresden Richtung Bautzen, Abfahrt Uhyst a. T.

Geschichte
Der Morgenstern soll im Jahr 1248 dem Ritter Bernhard von Kamenz den Weg aus dem Sumpf gewiesen haben. Als Dank stiftete er mit seiner Familie die Zisterzienserinnenabtei. 1264 wurde Bernhard in den Zisterzienserorden aufgenommen. 1635: Die Lausitz wird Teil des Kurfürstentums Sachsen. 1826 wird in St. Marienstern das St.-Josefs-Institut gegrün-det, eine Mädchenschule mit Internat. 1923 findet die Erste Diözesansynode des 1921 wiedererrichteten Bistums Meißen in St. Marienstern statt. 1973: Eröffnung des Maria-Martha-Heims für geistig- und mehrfachbehinderte Mädchen.

Sehenswürdigkeiten
Kloster: Schatzkammer im Bernhardhaus mit Meisterwerken gotischer Goldschmiedekunst, Mariendarstellungen, Jesus-kindfiguren, Perlstickereien, Holzskulpturen, Gemälden und Buchmalereien.
Umgebung: Bautzen, die stille, hügelige Landschaft der Oberlausitz mit Zeugnissen sorbischer Kultur.

Klosterbetrieb
Klosterladen, Online-Shop, Behinderteneinrichtungen.

Gästeangebot
Mitleben in der Gemeinschaft.

Gottesdienste
Werktag: 4.30 Vigil, 6.00 Laudes, 7.00 hl. Messe, 17.00 Ves-per, 19.00 Komplet, 19.30 Rosenkranz. *Dienstag:* 15.30 Kin-dermesse (deutsch/sorbisch). *Mittwoch/Donnerstag:* 8.00 sorbische Messe, 11.30 Sext/Non. *Freitag:* 19.30 Abend-messe (deutsch/sorbisch).
Sonntag: 5.30 Vigil, 6.30 Laudes, 7.30 sorbische Messe, 8.45 Terz, 9.00 Hochamt, 10.30 deutsche Messe, 14.00 Rosenkranz, 14.30 Andacht, 16.30 Vesper, 19.00 Komplet.

Auskunft und Reservierung
Kloster: Zisterzienserinnenabtei St. Marienstern, Cisinskistr. 35, 01920 Panschwitz-Kuckau, Tel. 03 57 96-99 30, Fax: 03 57 96-9 94 55, Internet: www.marienstern.de, E-Mail: kloster@marienstern.de.
Touristik: Verwaltungsverband Panschwitz-Kuckau, Am Klosterwasser, Poststr. 8, 01920 Panschwitz-Kuckau, Tel. 03 57 96-9 63 33, Fax: 03 57 96-9 67 60, Internet: www.panschwitz-kuckau.de.

Ein Spiegel der deutschen Geschichte

750 Jahre Zisterzienserinnen in St. Marienthal

Wie Nonnen Glaubenskriege, Plünderungen, Vertreibung, Naturkatastrophen, Reformation und Säkularisation, braune und rote Diktaturen, Glanz und Elend ungebrochen überlebten.

Manchmal ist der Weg ins Kloster nicht nur durch Gewissenserforschung, Zweifel und Hoffnung geprägt. Er kann auch ganz banal mühsam sein. So muss man bis heute ins polnische Ausland reisen, um in das östlichste deutsche Kloster zu gelangen. Zumindest all jene, die mit der Bahn das Zisterzienserinnenkloster am deutsch-polnisch-tschechischen Dreiländereck besuchen wollen. Gottverlassen könnte man sagen, wenn es sich nicht um das Kloster Sankt Marienthal handeln würde, das in Ostritz im südöstlichsten Zipfel von Sachsen liegt und nur über den öden Bahnhof Krzewina Zgorzelecka zu erreichen ist.

Von dort führt eine kleine Fußgängerbrücke zurück in die Bundesrepublik. Wie eine Erscheinung empfängt den Klostersuchenden plötzlich auf grünen Wiesen das an einen reichen Gutshof erinnernde, barocke Klostergebäude. Bis zur Wende, als Landwirtschaft noch der Hauptwirtschaftszweig der Region war, standen Kühe und Schweine in den alten Stallgebäuden. Doch die allgemeine Umstrukturierung hat auch vor den Klostermauern nicht Halt gemacht, und so ist in einigen der böhmisch weißen und rot-braunen Gebäude – die meisten stammen aus dem 18. Jahrhundert – ein modernes Tagungszentrum mit familien- und behindertengerechten Übernachtungsmöglichkeiten entstanden.

Die abgeschiedene Lage im Dreiländereck, die St. Marienthal einige Jahrzehnte in den Schatten der Welt – und vor allem der deutschen Geschichte rückte, scheint dennoch wie geschaffen zu sein für eine Neubesinnung des klösterlichen Lebens; und vielleicht für neue Brücken in Länder, die einmal Hinterland, Einzugs- und Einflussgebiet der Zisterzienserinnen waren, die dieses Haus als einziges ununterbrochen seit 1234, also im achten Jahrhundert, bewohnen. Lange Zeit hindurch war die Äbtissin auch Landesherrin. Ostritz entwickelte sich unter deren Herrschaft zur Stadt. Heute wird die Landschaft als romantisches Neiße-Tal bezeichnet.

Nach dem Zweiten Weltkrieg war hier Deutschland zu Ende, das Kloster verlor ein Drittel seines Besitzes. Doch das war beileibe

1 Äbtissin Regina Wollmann im Garten der Zisterzienserinnenabtei.
2 Von saftigen, grünen Wiesen umgeben: Das östlichste Kloster in Deutschland liegt abgeschieden im deutsch-tschechisch-polnischen Dreiländereck. 3 In der Klosterschenke gibt es Erzeugnisse aus der eigenen Landwirtschaft. 4 Die Klostergemeinschaft beim Chorgebet.

nicht das erste Mal, dass die Geschichte Elend über den Konvent brachte. Die Chronik von St. Marienthal liest sich wie ein Spiegel der deutschen Geschichte mit Fürstenherrschaft, weltlichen und Glaubenskriegen, Plünderungen, Vertreibung, Naturkatastrophen, Glanz und Elend.

Die älteste Stiftungsurkunde für St. Marienthal wird am 14. Oktober 1234 in Prag von Königin Kunigunde, der Gemahlin König Wenzels von Böhmen, ausgestellt. Schon bald wird das Kloster in den Zisterzienserorden eingegliedert, und zwar in seinen böhmischen Teil. 1427 fallen die Hussiten in die Lausitz ein und zerstören die Gebäude. Der Konvent flüchtet ins Exil nach Görlitz. Im 16. Jahrhundert kommt es zu mehreren Bränden. In der Reformation verhindern die Schwestern die Umwandlung des Klosters in ein weltliches Damenstift. Sie halten am katholischen Glauben und dem Ordensleben fest, obwohl die Region zum evangelischen Glauben übertritt. In dieser Zeit werden drei Äbtissinnen hintereinander ihres Amtes enthoben.

1683 fallen bei einem Großbrand die meisten Gebäude und fast die ganze bewegliche Habe den Flammen zum Opfer. Dieser Brand ist wie eine Zäsur und macht eigentlich auch erst die neue barocke Gesamtanlage möglich, die um 1744 vollendet wird.

1756 wird die heutige Kapelle mit ihrer Rokokoausstattung geweiht. Urkunden bezeugen, dass es bereits vor 1700 eine Kreuzkapelle in St. Marienthal gab. Ein überlebensgroßes, realistisch gestaltetes Kruzifix inmitten eines Strahlenkranzes beherrscht den Raum, in dem außer dem Michaelsaltar alles auf das Kreuz ausgerichtet ist.

In der Kapelle befindet sich die Gruft der Sängerin Henriette Sontag (1806–1854). Eigentlich hieß sie Gertrude Walpurgia und war eine begnadete Sängerin. Berühmte Künstler wie Carl Maria von Weber, Ludwig van Beethoven, Hoffmann von Fallersleben und

Johann Wolfgang von Goethe waren von ihr begeistert. In Amerika erntete sie euphorische Beifallsstürme. Auf dem Höhepunkt ihrer Karriere erkrankte sie dort während einer Gastspielreise tödlich.

Ihr Gemahl, der sardische Graf Carlo Rossi, erfüllte der Verstorbenen ihren letzten Wunsch und überführte ein Jahr nach ihrem Tod ihre sterblichen Reste nach Marienthal, wo sie im Kloster ihre letzte Ruhestätte fand. Auch Graf Rossi wurde an ihrer Seite beigesetzt.

1 Eingebettet in das Tal der Neiße: die Klosteranlage von St. Marienthal. **2** Der Kapitelsaal ist von beeindruckender Schlichtheit. **3** Marienfigur mit Christuskind über dem Kircheneingang. **4** Die Zisterzienserinnen beim gemeinsamen Gebet. **5** Altarraum der Klosterkirche; im Jahr 1897 vernichtete ein verheerendes Hochwasser die gesamte barocke Inneneinrichtung. **6** Ausmalungen am Deckengewölbe im Stil der Nazarener.

Anfang des 19. Jahrhunderts wurde das Kloster durch den verbrieften und vertraglichen Schutz des sächsischen Königshauses vor der staatlich verordneten Aufhebung bewahrt. Während der ersten Hälfte des 19. Jahrhunderts wurde der größte Teil des Grundbesitzes vom Staat übernommen. Die weltliche Herrschaft der Abtei endete. Aber auch danach setzte das Kloster seinen Beitrag zur

Entwicklung des Umlandes durch die Errichtung von Schulen, Einrichtungen der Seelsorge, Waisen- und Krankenversorgung fort. Hiervon zeugen jene Orte des Klosterumlandes, die heute zu Polen gehören.

1838 gründete St. Marienthal ein Waisenhaus und eine Schule, in denen die Schwestern selbst unterrichteten. Beide Einrichtungen wurden hundert Jahre später unter dem Regime der Nationalsozialisten zwangsweise aufgelöst. 1897 vernichtete das größte Hochwasser in der Geschichte des Klosters die gesamte barocke Inneneinrichtung der Klosterkirche. Die völlig neue Gestaltung lässt die barocke Vergangenheit heute nur noch erahnen.

1901 zogen 18 Schwestern aus Marienthal aus, um das Zisterzienserinnenkloster «Porta coeli» (Himmelspforte) in Mähren, das während der Säkularisation aufgehoben wurde, neu zu beleben. Am 3. Mai nahmen sie gemeinsam mit neun Kandidatinnen das reguläre Ordensleben wieder auf. Wenige Jahre später gründeten sie eine Ordensniederlassung in Allerslev/Dänemark, später siedelten sie in ein Wasserschloss nach Sostrup um.

Während des Zweiten Weltkrieges wurde Kloster St. Marienthal zum größten Teil von der SS annektiert. In den Räumen wurde ein so genanntes KLV-Lager (Kinder-Land-Verschickung) eingerichtet, von 1942 bis 1945 ein Lazarett, in dem bis zu vierhundert Soldaten von den Klosterschwestern gepflegt wurden.

1945 weigerten sich Äbtissin und Konvent, dem Räumungsbefehl der SS zu folgen, und verhinderten damit die geplante Sprengung.

So wurde in den letzten Kriegstagen «nur» die Neißebrücke vernichtet, die Neiße wurde die neue Grenzlinie Deutschlands zum Osten. Die neuen kommunistischen Machthaber hoben das Kloster «Porta coeli» auf. Die Kirche wurde verfolgt; es gab keine Religionsfreiheit mehr. Die Schwestern lebten als Internierte im eigenen Kloster, das Kloster drohte sogar zu verwaisen. In den achtziger Jahren des vorigen Jahrhunderts wurde zweimal unter großen Gefahren eine Schwester von «Porta coeli» zur Äbtissin geweiht. 1949 gründeten kirchliche Land- und Waldeigentümer die kirchliche Landes- und Forstgemeinschaft (KiLaFo) und verhinderten so die Landenteignung durch die Bodenreform. 1952 bestätigte der damalige Ministerpräsident der DDR, Otto Grothewohl, dem Kloster St. Marienthal schriftlich den Status des öffentlichen Rechts aufgrund seines ununterbrochenen Bestehens. Dieser Status war dem Kloster vom nationalsozialistischen Regime aberkannt worden.

1 Großzügiges Gastzimmer in der Propstei. **2** Wandmalereien zieren den Kirchenraum. **3** Hilfe für Irrläufer: Das Klosteranwesen ist vorbildlich beschildert. **4** Die Propstei beherbergt eine Reihe von historischen Gemälden. **5** Nach uraltem Vorbild angelegt: der Garten der Bibelpflanzen. **6** Im alten Sägewerk von St. Marienthal findet nur noch Schausägen statt. **7** Mythischer Ort in Klosternähe: Kelchstein im Zittauer Gebirge.

1955 eröffnete das Kloster innerhalb des Abteigebäudes ein Pflegeheim für geistig behinderte Mädchen, heute für ältere Frauen.

1979 wurde der «Pater-Kolbe-Hof», ein Behindertenwohnheim für geistig behinderte junge Männer, auf dem Klostergut in Schlegel gegründet. Das Heim wurde unter das Patronat von Maximilian Kolbe gestellt, dem polnischen Märtyrer im deutschen Konzentrationslager Auschwitz. Bis zur Wende, als die Landwirtschaft noch der Hauptwirtschaftszweig der Region war, standen Kühe und Schweine in den alten Stallgebäuden.

1984 feierte das Kloster sein 750-jähriges Bestehen. Am großen Wallfahrtstag im September begingen die Schwestern auf der Festwiese unter freiem Himmel den Gottesdienst vereint mit 25 000 Pilgern. Diese große kirchliche Feier unter sozialistischen Verhältnissen an der Ostgrenze Deutschlands hatte Signalwirkung.

1992 gründeten die Zisterzienserinnen das Internationale Begegnungszentrum St. Marienthal, dessen wichtigste Inhalte Versöhnung, Völkerverständigung im Dreiländereck über kulturelle und konfessionelle und Landesgrenzen hinaus sind.

1998 feierte der Orden sein 900-jähriges Bestehen und lud in alter Tradition in die grundlegend sanierte historische Klosterschenke ein: Im rustikalen Ambiente der Ausflugs-, Familien- und Vereinsgaststätte können Spaziergänger, Klosterbesucher oder Tagungsgäste die Oberlausitzer Küche, Klosterspezialitäten und sächsische Weine genießen.

Mit dem vorläufig letzten Höhepunkt der Klostergeschichte schließt diese Chronik: 2002 fand erstmals ein Winzerfest mit Markttreiben auf dem Klosterhof statt. Der östlichste Weinberg in Deutschland gehört nämlich zum Klostersprengel.

St. Marienthal (Zisterzienserinnenabtei)

«Die Gastfreundschaft soll allen erwiesen werden, die ins Kloster kommen.»

Anreise
Bahn: polnische Bahnstation Krzewina Zgorzelecka (Ostritz/Sachsen) – erreichbar über Görlitz und Zittau.
Auto: A4 über Dresden bis Weißenberg, weiter über Reichenbach bis Görlitz (E40/B6), in Görlitz auf die B99 in Richtung Zittau bis St. Marienthal.

Geschichte
St. Marienthal ist das älteste durchgehend besiedelte Zisterzienserinnenkloster in Deutschland. 1234 wurde die Stiftungsurkunde für St. Marienthal in Prag von Königin Kunigunde, Gemahlin König Wenzels von Böhmen, ausgestellt.

Sehenswürdigkeiten
Kloster: Klosterkirche, Kreuz- und Michaeliskapelle, Garten der Bibelpflanzen, Dauerausstellung «Ora et labora».
Umgebung: Stationsberg (Kalvarienberg), romantisches Neißetal, Dreiländereck Deutschland, Polen und Tschechien.

Klosterbetrieb
Klosterschenke, Gesindestube, Klosterbäckerei, Klostermarkt in der ehemaligen Brauerei, Land- und Forstwirtschaft, Weinanbau, Klostergärtnerei.

Gästeangebot
Kloster auf Zeit, Besinnungstage, Mitarbeit, Internationales Begegnungs- und Erholungszentrum mit Bildungsprogramm, Konzerte, Fahrradverleih.

Gottesdienste
Werktag: 4.15 Vigil/Laudes, 6.45 Terz, 7.00 Eucharistie, 11.30 Sext/Non, 17.00 Vesper, 19.00 Komplet.
Sonntag: 5.00 Vigil/Laudes, 8.45 Terz, 9.00 Eucharistie, 11.30 Sext/Non, 16.30 Vesper, 19.00 Komplet.

Unterkunft
Gästehaus St. Josef, Propstei, Int. Begegnungszentrum: alle Einzel-/Doppelzimmer teils mit Dusche/WC, Tel. 03 58 23-7 72 38 (Reservierung siehe unten).

Auskunft und Reservierung
Kloster: Zisterzienserinnenabtei St. Marienthal, 02899 Ostritz, St. Marienthal, Tel. 03 58 23-7 72 38, Fax: 03 58 23-7 72 37, Internet: www.kloster-marienthal.de, E-Mail: information-marienthal@t-online.de.
Touristik: Stadtverwaltung Ostritz, Markt 1, 02899 Ostritz, Tel. 03 58 23-88 40, Fax: 03 58 23-8 65 84, Internet: www.ostritz-st-marienthal.de, E-Mail: stadt@ostritz.de.

Auferstehung im Waldviertel
Geras gibt sich nicht mit Beschaulichkeit zufrieden

Von hier gingen Impulse für die Kooperation «Klösterreich» aus, in der zahlreiche österreichische Konvente ihre Angebote vermarkten. Bibliotheken oder Klostergärten bieten Erholung von den Mühen des Alltags.

Das österreichische Waldviertel liegt gewiss nicht im Zentrum des öffentlichen Interesses. Bis zum Ende des Eisernen Vorhangs führte es nahe an der Grenze zur Tschechoslowakei ein Schattendasein, allenfalls anziehend für Menschen, die sich zeitweise aus dem Lärm der Welt verabschieden wollten – im Grunde gute Voraussetzungen für ein beschauliches Kloster. Mit solcher Selbstgenügsamkeit wollten sich die Prämonstratenser-Patres des Stiftes von Geras aber nicht abfinden, obwohl dies vor einem halben Jahrhundert die Ausgangslage war.

Mit viel Einsatz und einer gehörigen Portion Kreativität haben die Prämonstratenser etwas bewegt, das heute als ein Musterbeispiel für gelungene Revitalisierung gefeiert wird. Seit den siebziger Jahren des vergangenen Jahrhunderts ist Geras eine erste Adresse für Anregungen zur Entwicklung ländlicher Gebiete.

Ihre Akademie der Mönche wurde ein viel besuchtes kulturelles Zentrum mit einer Vielzahl von Kunst- und Hobbykursen. Sommerliche Kreativseminare locken Erholungsbedürftige aus nah und fern in die Stille des nördlichen Waldviertels. Die malerische Lage zwischen Horn, Böhmen und Mähren lädt zu Wanderungen und zu Besuchen in der freien Natur ein. Der Naturpark Geras bietet auf 140 Hektar Raum für 150 Wildtiere. In den großzügig angelegten Gehegen leben Damwild, Muffelwild, Hirsche, Wildschweine, Auerochsen, Schafe, Esel, die Teiche und Biotope bevölkern zahlreiche Fische. Frei tummeln sich Hasen, Rehe, Fasane und Bussarde sowie Singvögel.

Die Schaugehege fordern den Besucher auf, durch Schilf- und Ährenfelder, zwischen den Bäumen des Hochwaldes hindurchzuwandern, um den natürlichen Lebensraum der Wildtiere zu erleben. Sie sollen die «alltäglichen» Wunder der Natur und die sehr alte Geschichte von Menschen, Tieren und Pflanzen hautnah erleben: Auf Schleichwegen zu den verschiedensten Tiergehegen spazieren, Musizieren am Baumxylophon, den Fledermauslehrpfad mit Summstein erkunden, gemütlich pausieren am Teichsitzplatz oder

1 Die Prämonstratenser beim Chorgebet der von Josef Munggenast 1730 barockisierten Stiftskirche Mariä Geburt. **2** Sommerliche Kreativseminare wie der Aquarellkurs locken Gäste in das 1153 gegründete Kloster. **3** Die Klostergemeinschaft im Refektorium beim Mittagessen.

den Kräutergarten besuchen. Der Kräuterlehrpfad zeigt heimische Heil- und Küchenkräuter. Seit Gründung des Stiftes im Jahr 1153 werden diese Gärten, vor allem auch der Prälatengarten, in Verbindung mit den klostertypischen Teichanlagen gepflegt.

Der Kräutergarten mit über hundert Heil- und Gewürzpflanzen ist in historischer Gartenform angelegt. Darunter sind seit Jahrhunderten bekannte Heilkräuter ebenso wie «moderne» Arzneipflanzen. An einer Anzahl von Heil- und Gewürzkräutern kann gerochen und gekostet werden. Auch Obstgehölze, Zierpflanzen und Pflan-

zen mit besonderer kultischer Bedeutung sind Elemente dieses klösterlichen Kräutergartens.

Auf den Lorbeeren will sich Abt Joachim Angerer jedoch nicht ausruhen: «Im Kreativbereich wollen wir uns vermehrt auf einen höheren künstlerischen Anspruch konzentrieren und die Qualität unserer Kunstkurse nochmals nachhaltig steigern.» Der Abt hat maßgebend an dem Konzept «Klösterreich» mitgewirkt, in dem zahlreiche österreichische Klöster gemeinsam ihre Angebote vermarkten. Einrichtungen wie etwa Bibliotheken oder Klostergärten sollen Besuchern zur Verfügung stehen und ihnen Erholung bieten. Unter Angerers Leitung ist Stift Geras vorausgegangen. Mit seinen Pilotprojekten wollte er den Weg für Innovationen bahnen und anderen Mut machen. Dazu gehört sogar ein wirtschaftlicher Erfolg, der mit den Seminaren und der Landschaft wenig zu tun hat. Ein Freilandschweine-Projekt wurde in Zusammenarbeit mit der Tierschutzorganisation «Vier Pfoten» und unter wissenschaftlicher Kontrolle der Universität für Bodenkultur gestartet, das schon bald als ein Paradebeispiel für artgerechte Schweinemast galt.

Geht es nach dem Willen von Abt Angerer sollen dem Projekt nach außen hin keine Grenzen gesetzt sein: «Geras ist das Modell und gleichzeitig der Garant, dass dieses weitergegeben werden kann. Wir sind daran interessiert, noch mehr Partner unter den Landwirten der Region zu finden.» Damit möglichst viele Gäste auch versorgt werden können, hat das Stift nicht nur Gästezimmer ausgebaut, sondern auch das Stiftsrestaurant und Hotel «Alter Schüttkasten» im ehemaligen Getreidespeicher eröffnet.

Die heutige Klosteranlage entstand im 17. und 18. Jahrhundert und wurde seit 1980 in altem Barockglanz umfassend renoviert, nachdem das Stift mehrmals durch Kriege zerstört worden war, wiederholt abbrannte und zwischen 1940 und 1945 als Umsiedlungslager beschlagnahmt, aber wenigstens nicht aufgelöst wurde.

1 Beim Chorgebet in der Klosterkirche: Der säulentragende Hochaltar entstand um 1730 und schließt eine Marienstatue aus dem 16. Jahrhundert ein. 2 Der klösterliche Fischteich schimmert im Abendlicht. 3 Auf dem Weg durch den Kreuzgang ins Refektorium. 4 Führung durch das Kloster. 5 Die klösterliche Akademie bietet Bauernmalereikurse und 6 Holzschnitzereikurse. 7 Seminarteilnehmerin. 8 Weithin sichtbar: die 1500 bis 1520 erbaute ehemalige Stiftskirche im benachbarten Pernegg.

Geras (Prämonstratenser-Chorherrenstift)

«Wir öffnen unsere Tore, um den Menschen Kreativität sowie geistige und seelische Heimat anzubieten.»

Anreise
Bahn: Bahnstation Hötzelsdorf–Geras an der Franz-Josefs-Bahn Wien–Prag.
Auto: von Wien über die Stockerauer Autobahn, Ausfahrt Horn, B4 bis Horn und weiter nach Geras.

Geschichte
1153 wurden Geras als Chorherrenstift und das 10 km entfernt liegende Pernegg als Chorfrauenstift des Prämonstratenserordens von Selau aus gegründet.

Sehenswürdigkeiten
Stift Geras: romanisch-gotische Stiftskirche, Marmorsaal, Deckenfresko von Paul Troger, Neugebäude von Josef Mungenast. *Schloss Pernegg:* gotische Hallenkirche, Orgel. *Umgebung:* Naturpark, Thayatal, Waldviertel.

Klosterbetrieb
Stiftsrestaurant, Hotel «Alter Schüttkasten», Fremdenverkehr, biologische Land- und Teichwirtschaft, Forstwirtschaft, Naturpark, Klosterladen, Online-Shop, Kräutergarten, Karpfenzucht, Fischerei.

Gästeangebot
Zielgruppenseelsorge, Kunst- und Musikkurse, Bildungsarbeit, Sommerakademie, Heilfasten, Konzerte, Ausstellungen, Kinderprogramm, Tagungs- und Kursräume, Radverleih.

Gottesdienste
Samstag: 8.00 Laudes, 12.15 Konvent/Hore, 18.00 Vesper.
Sonntag: 9.00 Pfarrmesse, 10.30 Konvent, 12.15 Hore, 18.00 Vesper, 19.00 Messe.

Unterkunft
Gästetrakt Stift Geras, Tel. 00 43-29 12-3 45, *Gästehaus «Meierhof»,* Tel. 00 43-29 12-33 20, *Hotel «Alter Schüttkasten»,* Tel. 00 43-29 12-33 20, *Gästehaus Pernegg,* Tel. 00 43-29 13-61 40, *Burg Feistritz,* Tel. 00 43-26 41-21 52.

Auskunft und Reservierung
Kloster: Stift Geras, Hauptstraße 1, A-2093 Geras/Waldviertel, Tel. 00 43-29 12-34 52 00, Fax: 00 49-29 12-34 52 99, Internet: www.stiftgeras.at, E-Mail: stiftgeras@stiftgeras.at.
Touristik: Stadtgemeinde Geras, Hauptstraße 16, A-2093 Geras, Tel. 00 43-29 12-70 50, Fax: 00 43-29 12-70 50 30, Internet: www.geras.at, E-Mail: tourismus@geras.info.

Der Erde so fern, dem Himmel so nah
Das Benediktinerkloster Stift Göttweig

Die UNESCO hat die Wachau mit dem Stift, zusammen mit dem Kloster von Melk und der Altstadt von Krems, zum Weltkulturerbe erhoben, das zu einem besonderen Schutz verpflichtet.

Der Vergleich besticht. Hoch vom Berg schaut wie eine Krone ein mächtiger Gebäudekomplex über grüne Wälder und Felder hinab ins Tal, wo sich die Stadt Krems zu ducken scheint. Von unten blickt der Betrachter hinauf zum Benediktinerstift Göttweig wie auf eine himmlische Verheißung. Dem Himmel näher, in jeder Beziehung. Darauf bezieht sich der Vergleich mit dem Mutterkloster der abendländischen Mönche, Monte Cassino, auf einer schon von Heiden als sakraler Ort besuchten Bergkuppe. Doch wir sind nicht im heißen, italienischen Süden, und Göttweig in der Wachau hat auch nicht die totale Zerstörung überstehen müssen, wie es Monte Cassino am Ende des Zweiten Weltkrieges sinnlos hat hinnehmen müssen.

Die erhabene Lage zeichnet beide aus. Aber auch die Stille fern von der am Fuße lärmenden Welt ist beiden Klöstern eigen. Die meisten von den tausend Menschen, die alljährlich mehr als nur für einige Stunden ins Benediktinerstift Göttweig in der Wachau kommen, «sehnen sich nach Stille und Schweigen». Pater Clemens Reischl, der Leiter des Exerzitienhauses, weiß, dass dieser Reiz Menschen aus allen Schichten anzieht. Auch Leute, die wenig Beziehung zur Kirche haben, gehören dazu. Vielleicht suchen sie Gott. Das würde die Mönche freuen. Vielleicht suchen sie aber auch etwas anderes wie Kultur, Geschichte und Natur. Das Kloster ist international aufgewertet worden, zusammen mit dem nahe liegenden Stift Melk und der Altstadt von Krems, wurde das ganze Ensemble in die Liste des Weltkulturerbes aufgenommen.

Die Benediktiner sehen darin eine Anerkennung Jahrhunderte langer Bemühungen, ein wirklich bedeutendes Kulturerbe des Landes bewahrt, gepflegt und für Generationen erhalten zu haben. Den wachsenden Ansturm von Touristen zusätzlich zu den individuellen Exerzitien nehmen sie gerne in Kauf. Selbstbewusst formuliert Pater Gregor M. Lechner: «Eine Abtei von der landschaftlichen Exponiertheit und Anziehungskraft wie das Benediktinerstift Göttweig über der Donau am östlichen Ausgang des Weltkulturerbes

1 Nach dem Motorrad-Gottesdienst. **2** Erhaben: Das Stift Göttweig in der Wachau hat Johann Lukas von Hildebrandt (1750–1765) erbaut. **3** Das Hochzeitspaar wurde vom Abt persönlich getraut. **4** Ein Muss für jeden Besucher: Die Kaiserstiege, geschmückt mit Deckenfresken von Paul Troger, gilt als eines der schönsten Treppenhäuser in Europa.

Wachau ist, vom Massentourismus abgesehen, gerade für Individualreisende, beispielsweise für Fotografen, Landschaftsmaler, Historiker oder anderweitig speziell Interessierte, Auf- und Herausforderung, sich umfassende Kenntnisse über ihr Besuchsobjekt zu verschaffen, mehr als die vorhandene Reiseliteratur diese vermitteln kann.»

Das Stift Göttweig liegt nach dem Gnadenbild der Gottesmutter in Mariazell in der Steiermark und dem Stephansdom in Wien als Wallfahrtsort in Österreich an dritter Stelle. Die klassische Wallfahrt ist jedoch auch hier eher die Ausnahme. Über ihre Ursprünge machen sich die wenigsten noch Gedanken. Die Menschwerdung Gottes brachte es mit sich, dass schon in den ersten Jahrhunderten

nach Christi Geburt einzelne Pilger zu den verschiedenen Stätten kamen, wie etwa nach Jerusalem. Christen trafen sich an den Gräbern von Heiligen, um am Tag ihres Hinscheidens Eucharistie zu feiern und sie um Fürbitte anzurufen. Der Glaube an die Auferstehung vertiefte so die vorchristliche Vorstellung, dass die Körper verstorbener Helden übernatürliche Kräfte hätten. Mit der Ausbildung der Heiligenverehrung wurden für Missionsgebiete bald aufgrund der fehlenden Märtyrergräber Reliquien aus anderen Ländern übertragen. Damit im Zusammenhang stehen auch Pilgerzüge zu lebenden Personen, denen man die Kraft des göttlichen Geistes besonders nachsagte, wie Mönche oder Einsiedler.

Der Gedanke an eine solche Wallfahrt drängt sich vielleicht nicht auf beim Anblick der großartigen Gottesburg, dem architektonischen Gesamtkunstwerk des Johann Lukas von Hildebrandt. Doch wurde die Göttweiger Muttergottes, die der Böhmenfürst Wratislaw dem Gründer des Stifts, Bischof Altmann von Passau, im Jahr 1083 gesckenkt hat, von Anfang an Ziel von Wallfahrern. Und sie strömen noch immer nach Göttweig zur Ehre Bischof Altmanns und der Gottesmutter. Die Motive haben sich heute vervielfältigt: Es gibt Festwallfahrten an bestimmten Festtagen, zum Beispiel in

landauf, landab versammeln sich an den Gedächtnistagen der Erscheinungen der Gottesmutter Maria von Fatima, jeweils am 13. jeden Monats, die Beter zu den inzwischen institutionalisierten Monatswallfahrten; Dekanate und Diözesen laden zu Großwallfahrten, Familien und Freundeskreise verbinden Urlaubstage oder Ausflüge mit größeren oder kleineren Pilgerfahrten.

Viele Katholiken kehren zu religiösen Traditionen zurück, von denen in ersten Linie die Marienwallfahrten neu belebt werden. Das 1083 gegründete und 1094 von den Benediktinern übernommene Göttweig gehört dazu, obwohl nicht allein das Gnadenbild die Pilger anlockt. Frömmigkeit und Staunen über Kunstwerke gehören eng zusammen.

Werfen wir einen Blick auf die Klosteranlage: Die barocke Stiftsanlage wurde nach Plänen des Architekten Johann Lukas von Hildebrandt erbaut, nachdem das alte Kloster durch einen Brand im Jahr 1718 zerstört worden war. Der barock-klassizistische Kirchenraum der Stiftskirche ist geprägt vom 16 Meter hohen hölzernen Hochaltar und dem mit üppigen Rokokointarsien geschmückten Chorgestühl. Sehenswert sind auch vier Seitenkapellen mit Bildern vom Kremser Schmidt und der vierteilige Orgelprospekt über der Westempore. Weitere Sehenswürdigkeiten des Benediktinerstiftes sind das Museum im Kaisertrakt, die Kaiserstiege mit dem Deckenfresko Paul Trogers von 1739 sowie die Fürsten- und Kaiserzimmer. Völlig zu Recht wurden deshalb Stift Göttweig und die Wachau in der 1972 von der UNESCO beschlossenen «Welterbekonvention» aufgenommen.

Die UNO-Kulturorganisation wählt «natürliches und kulturelles Erbe» aus, das von außergewöhnlichem Interesse und Wert für die gesamte Menschheit ist, und erfasst es in einer «Liste des Welterbes». Der Konvention sind bis heute 158 Staaten beigetreten. Fast siebenhundert Stätten wurden bisher in die Liste des Welterbes eingetragen. Mit der Unterzeichnung der Konvention verpflichtet

der Karwoche, zur Gründung des jeweiligen Wallfahrtsortes oder wegen Bitten um Hilfe in konkreten Notsituationen oder Dank für erhaltene Hilfe.

Liegt es an der Unsicherheit über die Zukunft, an der Suche nach Orientierung, nach sicheren Werten? Jedenfalls erleben in jüngster Zeit die großen Wallfahrtsorte eine Renaissance. Junge Menschen pilgern wieder zu Fuß zu einem Heiligtum. In zahlreichen Kirchen

1 Stiftshof und Stiftskirche Mariä Himmelfahrt mit klassizistischer Fassade. 2 Die Benediktinermönche versammeln sich zum Gebet in dem von Cypriano Biasino um 1634 erbauten Kirchenraum. 3 Gut besuchter Sonntagsgottesdienst in der Stiftskirche. 4 Die Klostergemeinschaft gesellt sich zu Tische ... 5 im Refektorium. 6 Gottesdienst mit Musik.

sich jedes Land dazu, die innerhalb seiner Landesgrenzen gelegenen, in die Welterbeliste eingetragenen Denkmäler von weltweiter Bedeutung zu schützen und zu bewahren.

Die Wachau steht in der Kategorie «Kulturlandschaft» und wird im Sinn der Richtlinien als fortbestehende Landschaft gesehen, welche nach wie vor von einer Kultur geprägt wird und ihre traditionelle Lebensweise fortführt. Die Freunde der Wachau können auf eine erfolgreiche Verteidigung dieses Erbes verweisen. Sie haben ein Donaukraftwerk verhindert, die weitgehende Einschränkung des Schwerverkehrs durchgesetzt und wurden mit dem Europäischen Naturschutzdiplom belohnt. Nun wollen sie die Wachau vor großtechnischen und sonstigen substantiellen Eingriffen mit der Rückendeckung der UNO bewahren. Diese Unterstützung steht allerdings mehr auf dem Papier. Sie ist mit keiner materiellen Hilfe verbunden, und auch in Kriegszeiten kann niemand solche Institutionen wirkungsvoll vor Zerstörung bewahren. Im Normalfall wagt aber niemand, das Kulturerbe anzutasten, schon aus Angst vor dem Imageverlust, der das Geschäft schwer schädigen kann.

Schließlich noch zwei Besonderheiten, die mit Göttweig verbunden sind, eine literarische und eine geschäftliche: Frau Ava, die erste Dichterin in deutscher Sprache, um 1060 geboren, lebte aller Wahrscheinlichkeit nach im ehemaligen Frauenkloster Göttweig, am Fuß des Göttweigerberges. Sie verfasste religiöse Werke: «Johannes der Täufer», «Das Leben Jesu – Die sieben Gaben des Heiligen Geistes», «Der Antichrist» und «Das Jüngste Gericht». Gestorben ist Frau Ava am 6. oder 7. Februar 1127. Mehrere Nachrufe berichten darüber, was auf ihre überregionale Bedeutung schließen lässt. Am vermutlichen Todesort in Kleinwien wird heute noch ein Wohnturm «Avaturm» genannt. Die Kirche St. Blasien in Kleinwien soll an der Stelle einer Kapelle stehen, die zu Avas Zeiten erwähnt wurde.

Göttweig steht ebenso für kulinarische Erzeugnisse, auf die nicht nur die Benediktiner stolz sind. Auch die Käufer freuen sich über die naturreine Marmelade und den Melissensaft. «Sie bekommen in den Klöstern einfach keine Massenware», betonen die Mönche. «Bei uns wird alles von Hand gemacht. Jedes Glas Marmelade, jede Flasche Wein ist ein Unikat.» Selbstverständlich kommen die Früchte aus den eigenen Gärten. Ein Geheimtipp: Die Benediktinertorte nach einem Rezept aus dem Jahre 1401. Bekannt sind auch die Göttweiger Mammutbäume. Abt Lashofer ist begeistert von den kleinen Pflanzen im Blumentopf: «Die werden bis zu 40 Meter hoch und passen wunderbar in den Garten.» Nur wachsen sie leider ziemlich langsam. Aber Zeit spielt im Kloster sowieso nur eine Nebenrolle. Selbst ein fünfhundert Jahre alter Mammutbaum hätte erst die Hälfte der Klostergeschichte mitbekommen.

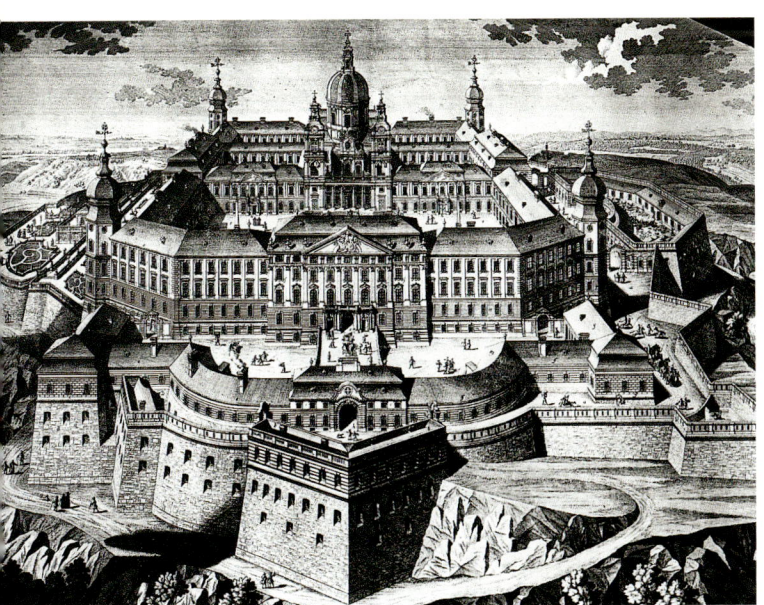

1 Bildervielfalt in der «Kleinen Galerie». 2 Gastzimmer. 3 An der Klosterrezeption. 4 Im Nordwest-Turm werden ständig wechselnde Ausstellungen aus Stiftsammlung und Bibliothek gezeigt. 5 Das Benediktinerstift Göttweig auf einem Kupferstich von Salomon Kleiner aus dem Jahr 1744. 6 Der achteckige Südost-Turm mit Zwiebelhelm.

Göttweig (Benediktinerstift)

«Soziale Gesinnung wird an der Tat gemessen.»

Anreise
Bahn: Bahnstation Furth–Göttweig (Strecke St. Pölten–Krems); mit dem Bus: Strecke Krems–Göttweig.
Auto: A1 aus Richtung Wien oder Salzburg bis St. Pölten, Abfahrt Richtung Krems; Hinweise auf Stift Göttweig.

Geschichte
1083 gründete der Passauer Bischof Altmann auf dem Göttweiger Berg ein Marienkloster. 1094 führten Reformbenediktiner aus St. Blasien im Schwarzwald die Gründung zu erster Blüte.

Sehenswürdigkeiten
Kloster: «Museum im Kaisertrakt» mit Kaiserstiege und Deckenfresko Paul Trogers, Fürsten- und Kaiserzimmer, barocke Stiftskirche, spätgotischer Hochchor, Krypta, Grafisches Kabinett, Stiftsbibliothek, Dauerausstellung «Klosterleben».
Umgebung: Kulturlandschaft Wachau, Donautal, Krems.

Klosterbetrieb
Forstwirtschaft, Stiftsrestaurant mit Terrasse, Klosterladen, Produktion von Qualitätswein und Sekt.

Gästeangebot
Kloster auf Zeit, Exerzitien, Urlaub im Kloster, Seminare, Tagungen, Kurse, Kongresse, Kulturveranstaltungen, Konzerte (Göttweiger Stiftskonzerte, Kirchenmusik), Veranstaltungsservice.

Gottesdienste
Sonntag: 6.30 Vigil/Laudes, 7.30 Messe, 10.00 Konvent, 12.00 Terz/Sext/Non, 18.00 Vesper, 20.30 Komplet.

Unterkunft
Exerzitienhaus St. Altmann: Einzel-/Doppelzimmer mit Dusche/WC, Tel. 00 43-27 32-85 58 12 40, *Jugendbildungshaus St. Göttweig*, Tel. 00 43-27 32-85 58-14 54.

Auskunft und Reservierung
Kloster: Benediktinerstift Göttweig, A-3511 Furth bei Göttweig, Tel. 00 43-27 32-85 58 13 32, Fax: 00 43-27 32-85 58 12 44, Internet: www.stiftgoettweig.at, E-Mail: urlaub@stiftgoettweig.at.
Touristik: Gemeindeamt u. Tourismusbüro, Untere Landstraße 17, A-3511 Furth bei Göttweig, Tel. 00 43-27 32-84 62 20, Fax: 00 43-27 32-8 46 22 22, Internet: www.furth.at, E-Mail: gemeinde@furth.at.

Alles für Geist, Leib und Seele
Die Admonter Benediktiner und das Gesamterlebnis

Wo ein karikierter Bismarck Wasser speit und klösterliches Mäzenatentum das kontrastreichste Privatmuseum Österreichs entstehen ließ, welches das achte Weltwunder beherbergt.

Da kann sich der Besucher auf die sprichwörtliche benediktinische Gastfreundschaft verlassen. In kaum einem anderen Kloster sind nicht nur die historischen, baulichen und aktuellen Voraussetzungen so ideal gegeben wie im ältesten Kloster der Steiermark: Stift Admont. Die Mönche selber nennen das ein «kontrastreiches Gesamterlebnis benediktinischer Weltauffassung, Kunst, Wissenschaft und Natur». Damit der Interessent sich ganz den Eindrücken überlassen kann, haben die Gastgeber auch gleich komplette Pakete geschnürt, die man buchen kann.

So weit dachte der Gründer des Klosters allerdings noch nicht. Erzbischof Gebhard von Salzburg, Graf von Helffenstein, war ein weltgewandter, politisch denkender und für Kirchenreformen engagierter Schwabe, den die Eltern in Salzburg hatten studieren lassen, wo er auch am 4. März 1055 zum Priester geweiht wurde. Als Erzbischof von Salzburg und damit Primas Germaniens errichtete er 1072 mit päpstlicher und königlicher Zustimmung ein selbstständiges Bistum in Gurk. Zwei Jahre später, 1074, gründete er das Kloster Admont im Ennstal als wichtigsten Stützpunkt seiner kirchlichen Erneuerung. Die ersten Mönche kamen denn auch aus der Benediktinerabtei St. Peter in Salzburg. Der papstgetreue Klostergründer wurde nach seinem Tod 1088 in seinem Stift beigesetzt.

Nach den Wirren des Investiturstreits zwischen Kaiser und Papst gewann Stift Admont rasch an Bedeutung und entwickelte sich zu einem monastischen Zentrum für ganz Süddeutschland und Österreich. Es griff die Hirsauer Klosterreform gegen die Verweltlichung auf und setzte sie in 25 Abteien durch. Dank seiner bedeutenden Schreibschule wurde Admont ein spiritueller und kultureller Mittelpunkt. 1120 schloss man dem Stift ein Frauenkloster nach der Benediktus-Regel an, dessen Nonnen sich durch ihre hohe Bildung und literarische Tätigkeit einen bedeutenden Ruf erwarben. Das Nonnenkloster erlosch in der Reformationszeit.

1644 wurde das Gymnasium gegründet. Im selben Jahrhundert florierte eine Stickereischule unter dem aus Kopenhagen stammen-

1 Unter freiem Himmel: Qi-Gong-Seminar vor dem Gartenpavilllon.
2 Im großzügig angelegten Stiftsteich spiegelt sich das im Jahr 1074 von Erzbischof Gebhard von Salzburg gegründete Kloster. **3** Die Bibliothek gilt als spätbarockes Gesamtkunstwerk von europäischem Rang.

den Bruder Benno Haan, aus der eine Sammlung prachtvoller barocker liturgischer Textilien hervorgegangen ist. Im Zuge der regen Bautätigkeit in der Barockzeit begann der Architekt Johann Gotthard Hayberger um 1735 mit einem großzügigen Umbau der Klosteranlage, der vom Grazer Baumeister Josef Hueber weitergeführt wurde.

Ein großer Brand zerstörte 1865 das gesamte Kloster mit Ausnahme der Bibliothek. In den Folgejahren wurden die Stiftsgebäude zum Großteil wieder aufgebaut. Die Admonter Stiftskirche wurde auf den alten Fundamenten neu errichtet und ist der erste große neugotische Sakralbau Österreichs. Das basilikale Langhaus mit einschiffigem Chor und westlicher Portalvorhalle – zwischen zwei kräftigen, 70 Meter hohen Türmen – erzielt in seinen mächtigen Dimensionen eine großartige Raumwirkung und hat eine reiche künstlerische Ausstattung aufzuweisen. An der Nordseite des Lang-

hauses ließ der Architekt karikierte Köpfe Kaiser Wilhelms I. und Otto Fürst von Bismarcks in Form von gotischen Wasserspeiern anbringen.

In dem dreischiffigen neugotischen Kircheninneren lohnt sich eine Entdeckungsreise nach einzelnen Stücken des früheren Inventars, die vom Brand 1865 verschont blieben. Im Altarraum befinden sich vier gestickte barocke Wandteppiche aus der ehemaligen Stickereischule, die den neugotischen Hochaltar aus weißem Marmor umgeben. Die kunstvollen Teppiche sind in Hoch- und Flachstickerei gearbeitet, mit Äbtewappen, Darstellungen von Heiligen und einer bunten Vielfalt an Blumen- und Tiermotiven. Unter dem Chorbogen hängt ein überlebensgroßes gotisches Kreuz von Andreas Lackner aus dem Jahr 1518.

Den Marienaltar im linken Seitenschiff schmückt das barocke Altarbild der Maria Immaculata von Martino Altomonte (1726). Rund

1 Klostergarten mit Rosarium und Stiftskirche «Zum heiligen Blasius». 2 Neugotischer Hochaltar aus weißem Marmor. 3 Die 70 Meter hohen Türme der Stiftskirche. 4 Deckenfresko (1775–1776) von Bartolomeo Altomonte. 5 Orgelempore. 6 Im größten Bibliothekssaal der Welt schuf der Stiftsbildhauer Josef Stammel (1695–1765) die Figurengruppe «Vier letzte Dinge» (Tod, Gericht, Hölle, Himmel). 7 Der Kreuzaltar mit Kreuzigungsbild von Johann Lederwasch und Marienstatue (1410).

um das Bild sind 15 Rosenkranzmedaillons von dem aus Graz stammenden barocken Stiftsbildhauer Josef Stammel (um 1726) gruppiert. Stammel schnitzte auch die vielfigurige Szenerie der Admonter Weihnachtskrippe (um 1755/56) im Schrein des Krippenaltars.

Während der Wirtschaftskrise in den dreißiger Jahren des 20. Jahrhunderts konnte sich das Kloster sein Überleben nur durch den Verkauf wertvoller Kunstschätze sichern. Nach der Enteignung durch das nationalsozialistische Regime im Jahr 1939 kehrten die Mönche 1945 wieder ins Kloster zurück.

Heute ist das Stift Admont wieder ein geistliches, kulturelles und wirtschaftliches Zentrum mit überregionaler Bedeutung. Ihm sind 27 Pfarreien inkorporiert. Das Stift ist damit für die Bestellung des jeweiligen Pfarrers und die Erhaltung der Pfarrkirche und des Pfarrhofes zuständig. Es führt ein Pflegeheim in Frauenberg a. d. Enns

und ein Gymnasium mit derzeit fast achthundert Schülerinnen und Schülern. Die klostereigenen Wirtschaftsbetriebe beschäftigen rund tausend Mitarbeiter. Das Stift ist daher einer der wichtigsten Arbeitgeber im weiten Umkreis.

Als jüngste Errungenschaft hat das Stift «das kontrastreichste Privatmuseum von Österreich» eingerichtet, das komplett ab 2003 zugänglich ist. Im dreistöckigen Südtrakt seiner Klosteranlage spannt es eine Brücke von seinen historischen Kunstschätzen bis zu seiner umfassenden Sammlung zeitgenössischer Kunst. Darin sollen die Botschaft der Benediktiner und die Anliegen des Stiftes spürbar werden: die Einheit von historischer und zeitgenössischer Kunst, Archivalien und naturwissenschaftlicher Sammlung sowie die Einbindung der Stiftsbibliothek als Kulturgut von europäischer Bedeutung. Neben den Sammlungen tritt das Stift auch als moderner Mäzen auf: Österreichische Gegenwartskünstler werden als

«artists in residence» ins Stift eingeladen und schaffen vor Ort Werke, die sich spezifisch mit dem Kloster Admont auseinander setzen und im direkten inhaltlichen Bezug zum Kloster stehen.

In der sehenswerten Admonter Sammlung sind zahlreiche bekannte und (noch) unbekannte Künstlerinnen und Künstler unsrer Zeit vertreten. Einige seien stellvertretend genannt, um den Reichtum und die Kontinuität zu illustrieren: Siegrun Appelt, Jack Bauer, Josef Danner, Maria Hahnenkamp, Martin Kaltner, Alois Mosbacher, Constanze Ruhm, Kurt Ryslavy, Christoph Schmidberger, Hannes Schwarz, Petra Sterry, Ingeborg Strobl, Norbert Trummer, Franz West und Johanes Zechner.

Die kunsthistorische Sammlung umfasst neben gotischen und barocken Gold- und Silberschmiedearbeiten für liturgische Zwecke eine Vielzahl von Skulpturen und Gemälden vom Spätmittelalter bis ins 20. Jahrhundert, die im Kontext mit den übrigen Exponaten

1910 von Pater Gabriel Strobl aufgebaut. Die Insektensammlung zählt mit weit über 250 000 Exemplaren zu den bedeutendsten der Welt. Mehr als tausend Vogelpräparate beweisen ein hohes Maß an Präparierkunst. Als einzige naturkundliche Kollektion aus der Zeit vor dem Brand im Jahr 1865 blieb die wächserne Obstsammlung erhalten.

1 Der Kräutergarten wurde erst 1998 neben dem Stiftsteich angelegt. 2 Bedeutenden Heiligen und historischen Persönlichkeiten gewidmet: die sechs geometrisch gegliederten Felder im Kräutergarten. 3 Sorgfältig werden die kostbaren Paramente im Archiv aufbewahrt. 4 Beim Bücherstudium im einzigartigen Bibliothekssaal, dem Prunkstück des Stifts: Der größte Bibliothekssaal der Welt, der 1865 unbeschadet den großen, verheerenden Klosterbrand überstand, umfasst heute über 200 000 Bände, Handschriften und Inkunabeln. Einst vom Grazer Baumeister Josef Hueber (1715–1787) erbaut und 1776 vollendet, ist er einer der überwältigendsten architektonischen Schöpfungen, die das Barock hervorgebracht hat. 5 Die vielseitig tätige Gemeinschaft der Admonter Mönche beim Chorgebet. 6 Tischgebet im Refektorium.

des Klosters die einzelnen Perioden der Stiftsgeschichte widerspiegeln. Dazu gehören auch Stickwerke von Bruder Benno Haan aus dem 17. und 18. Jahrhundert, die den Kern der umfangreichen Paramentensammlung, der Messgewänder, bilden.

Ebenso sehenswert ist die naturhistorische Sammlung. Sie enthält Mineralien, Pflanzen und Tiere und wurde in den Jahren 1866 bis

Eine besondere Stellung in der Sammelleidenschaft des Stiftes nimmt die Bibliothek ein. Das achte Weltwunder wurde sie enthusiastisch schon seit dem frühen 19. Jahrhundert bezeichnet. Ihr Buchbestand zählt zu den größten und eindrucksvollsten klösterlichen Sammlungen der Welt. Die seit Beginn des Klosters entstandene Universalbibliothek bietet wertvolles und umfassendes Quel-

lenmaterial zur Geschichte des Umlandes, der Entwicklung der christlichen Religion als kulturbildende Kraft ebenso wie der Entstehung europäischer Geistesgeschichte. Verschiedene Kunstgattungen wie Architektur, Fresken, Skulpturen, Schriften und Druckwerke wurden zu einer Einheit verschmolzen und demonstrieren die zentrale Stellung des Buches in der Entwicklungsgeschichte des Benediktinerordens.

Der 1776 vollendete, spätbarocke Bibliothekssaal wurde vom Grazer Baumeister Josef Hueber (1715–1787) erbaut. Mit einer Länge von 70 Metern, einer Breite von 14 Metern und einer Höhe von 11 Metern ist dieser in drei Teile gegliederte Raum der größte klös-

terliche Bibliothekssaal der Welt. Als architektonisches Vorbild diente Hueber die Österreichische Nationalbibliothek in Wien. Der Maler Bartolomeo Altomonte (1694–1783) schmückte den Saal mit sieben Deckengemälden, die durch ihre künstlerische Qualität beeindrucken. Der Stiftsbildhauer Josef Stammel (1695–1765), der als einer der bedeutendsten barocken Bildhauer gilt, schnitzte den umfangreichen Skulpturenschmuck des Prunksaa-

1 Die Sammlung des österreichischen Gegenwartskünstlers Hannes Schwarz im neuen Museum. **2** Der Meditationsgarten in Frauenberg. **3** Seminarteilnehmer beim Buchbinden. **4** Platz zur Entfaltung bietet das Gastzimmer. **5** Immer beliebt bei den Besuchern: der Klosterladen. **6** Hoch gelegen: das Pflegeheim St. Benedikt auf dem Frauenberg.

les. Besondere Berühmtheit erlangten die «Vier letzten Dinge», eine Gruppe von vier überlebensgroßen Darstellungen von Tod, Jüngstem Gericht, Himmel und Hölle. Der gesamte Bücherbestand umfasst an die 200 000 Bände. Den kostbarsten Schatz bilden die mehr als 1400 Handschriften (ab dem 8. Jahrhundert) sowie die 530 Inkunabeln (Frühdrucke bis zum Jahr 1500).

Zu einem klassischen Kloster gehören auch eine Klosterschänke und ein Kloster- oder Kräutergarten. Der Admonter Kräutergarten wurde zwar erst im Jahre 1998 neben dem Stiftsteich an der Stelle des ursprünglichen barocken Ziergartens angelegt, aber nach dem mittelalterlichen Prinzip des Nebeneinanders von Nutz-, Heil- und Zierpflanzen. Rund tausend Arten von Pflanzen und Gewächsen sind in sechs geometrisch gegliederte Felder gesetzt.

Die einzelnen Felder sind bedeutenden Heiligen und historischen Persönlichkeiten gewidmet, die in engem Bezug zum Benediktinerstift Admont stehen: Ordensgründer Benedikt; Blasius als Patron der Stiftskirche; Stiftsgründer Erzbischof Gebhard; Pater Gabriel Strobl, Mönch und Gründer des Naturhistorischen Museums in Admont; der gelehrte Abt Engelbert von Admont und Garten-Mönch Walahfrid Strabo von der Bodenseeinsel Reichenau.

Als kulinarischer Abschluss empfiehlt sich der traditionsreiche «Stiftskeller Admont». Das Restaurant bietet vierhundert Personen Platz. Sehenswert ist die zeitgenössische architektonische Gestaltung in reizvollem Kontrast zur historischen Bausubstanz des übrigen Stiftskomplexes. Nebenbei bemerkt gehört zum Stift Admont noch heute der viertgrößte private Forstbetrieb Österreichs, der aus Schenkungen in Jahrhunderten entstanden ist.

Admont (Benediktinerstift)

«Aus Liebe und vertrauend auf Gottes Hilfe.»

Anreise
Bahn: Bahnstation Admont (Strecke Bischofshofen–Selzthal–Amstetten–Wien).
Auto: A9, Ausfahrt Adning/Admont/Gesäuse.

Geschichte
1074: Gründung durch den Erzbischof Gebhard von Salzburg und damit das älteste bestehende Kloster der Steiermark. Die ersten Mönche kamen aus der Benediktinerabtei St. Peter in Salzburg. 1120 wurde dem Stift ein Frauenkloster nach der Benediktus-Regel angeschlossen, dessen Tätigkeit in der Reformationszeit erlosch.

Sehenswürdigkeiten
Kloster: Stiftskirche (erster großer neugotischer Sakralbau Österreichs), Bibliothekssaal (gilt als größter klösterlicher Büchersaal der Welt, Skulpturenschmuck von Josef Stammel), Naturhistorisches Museum, Schatzkammer, Gemälde- und Skulpturensammlung.
Umgebung: Naturschutzgebiet der Steiermark, Ennstaler Alpen.

Klosterbetrieb
Stiftskeller, Klosterladen, Stiftsgymnasium für Mädchen und Jungen, Forstwirtschaft, Landwirtschaft, Gärtnerei, Elektrizitätswerk, Museum (ab Mai 2003), Pflegeheim.

Gästeangebot
Touristische Tagesangebote für Einzelpersonen, Gruppen, Schulklassen, Tel. 00 43-36 13-2 31 26 01, E-Mail: kultur@stiftadmont.at.

Gottesdienste
Werktag: 6.20 Vigil/Laudes, 7.00 Konvent, 12.20 Hore, 18.30 Vesper/Komplet. *Sonntag:* 6.20 Vigil/Laudes, 7.00 Konvent, 12.20 Hore, 17.30 Vesper.

Unterkunft
Bildungshaus Frauenberg bei Admont, Tel. 00 43-36 13-75 77.

Auskunft und Reservierung
Kloster: Benediktinerstift Admont, Kulturressort, A-8911 Admont 1, Tel. 00 43-36 13-2 31 26 01, Fax: 00 43-36 13-2 31 26 10, Internet: www.stiftadmont.at, E-Mail: kultur@stiftadmont.at.
Touristik: Tourismusverband Gesäuse, A-8911 Admont, Hauptstraße 36, Tel. 00 43-36 13-21 64, Fax: 00 43-36 13-36 48, Internet: www.xeis.at, E-Mail: info@xeis.at.

Das Tor steht jedem Ehrbaren offen
Seit mehr als 1200 Jahren: Stift Kremsmünster

Ein Klosterschatz mit Tassilokelch, Scheibenkreuz und 160 000 Büchern sowie ein Internat, wo Mönche zu humanistisch-christlicher Persönlichkeit erziehen.

Am Anfang war ein tragischer Jagdunfall. So jedenfalls will es die Legende, die ins ferne Jahr 777 zurückreicht. Das hat Kloster Kremsmünster mit vielen Gründungen von Konventen im frühen Mittelalter gemeinsam, vor allem, wenn es besonders unwegsame, abgelegene Stätten waren, die geringe politische oder wirtschaftliche Bedeutung hatten. Dichte Wälder erstreckten sich damals weithin, Bären und Wölfe, Hirsche und Eber waren dort zu Hause, wo sich jetzt im Tal der Krems der Prachtbau des Benediktinerstiftes Kremsmünster erhebt.

Der Landesherr, Bayernherzog Tassilo III. aus dem Geschlecht der Agilolfinger, hielt sich in Lorch auf – Gelegenheit für seinen Sohn Gunther, auf die Jagd zu gehen. Von der Jagdleidenschaft gepackt, drang er immer tiefer in den Wald vor. Hier trieb er einen ungeheuren Eber auf. Mit seinem Jagdspieß verwundete er das Tier schwer. Doch der Speer zerbrach und Gunther war dem rasenden Keiler hilflos ausgeliefert. Mit seinen Hauern riss es dem Jäger eine große Wunde am Fuß. Gunther fiel zu Boden und verblutete im Moos. An diese Stelle erinnert heute der Guntherteich.

Der treue Jagdhund führte die Gefährten zu der abgelegenen Stelle, wo sein Herr tot auf dem Waldboden lag. Eilends wurde ein Bote nach Lorch abgesandt, um dem Herzog die Nachricht vom Tod seines Sohnes zu überbringen. Schmerzgebeugt machte dieser sich auf den Weg. Gebrochen saß er bis tief in die Nacht hinein bei der Leiche seines Kindes und trauerte über dessen jähen Tod.

Da trat plötzlich ein schneeweißer Hirsch aus dem Dunkel des Waldes hervor, zwischen dessen Geweih Flammen in Kreuzesform leuchteten, näherte sich dem Vater und verschwand wieder im Dunkel der Nacht. Es war der St.-Hubertus-Hirsch. Die wundersame Erscheinung schien dem Herzog eine Mahnung des Himmels, dem geliebten Sohn hier eine Gedenkstätte zu schaffen. Er ließ zunächst eine hölzerne Kapelle erbauen, die später zu einer stattlichen Kirche erweitert und mit einem Kloster umgeben wurde. Sein Sohn Gunther wurde in der Kirche beigesetzt, in das Kloster wur-

1 Stift Kremsmünster: das im Jahr 777 vom Bayernherzog Tassilo gestiftete Kloster umfasst heute eine sechshöfige Klosteranlage mit Sternwarte und Internat. **2** Der berühmte Fischbehälter – erbaut 1690 – mit Skulpturen der Bildhauer Andreas Götzinger und Johann Baptist Spaz.

den Benediktinermönche berufen, die seit 777 bis heute hier wirken. Der Eber im Wappen des Stifts erinnert daran.

Benediktinischer Geist prägt Kremsmünster bis heute. Schon an der Haupteingangspforte wird auf die ordensübliche Gastfreundschaft hingewiesen. «Porta patens esto, nulli claudatur honesto! – Dies Tor soll jedem offenstehn, der ehrbar will durch selbes gehn!», steht dort geschrieben. Die 1200-jährige Geschichte könnte aus dem Kloster ein historisches Monument gemacht haben oder ein Museum. Irrtum. Kremsmünster ist heute ein Kloster mit über sechzig Mönchen, die teils im Kloster, teils in verschiedenen Pfarreien der Umgebung ihren Dienst an den Menschen versehen. Die barockisierte romanisch-frühgotische Stiftskirche ist dem Welterlöser geweiht. Eine Sternwarte oder «Mathematischer Turm» von 1748–1758 gilt als erstes Hochhaus Europas. Als Universalmuseum konzipiert, enthält die Sternwarte heute reiche naturwissenschaftliche Sammlungen. Im Stift ist eine der traditionsreichsten Schulen Österreichs untergebracht. In seinem humanistisch-neusprachlichen Gymnasium samt Internat vermitteln die Mönche neben einer guten Allgemeinbildung eine humanistisch-christliche Grundhaltung. Aus dem Gymnasium ist das Forum Meierhof hervorgegangen, das moderne Kunst und Kultur fördert.

1 Die Stiftskirche mit Doppelturmfassade und 1703 fertig gestellten Glockenstuben. 2 Hochaltar – geschaffen von Johann Andreas Wolf im Jahr 1712. 3 Das Gedächtnisgrab Gunthers, Sohn des Bayernherzogs Tassilo III. 4 Kleinodien von Weltruf birgt die Schatzkammer: Tassilo-Kelch, Hauptwerk der Kremsmünsterer Sammlung und der karolingischen Golschmiedekunst, entstanden zwischen 769 und 788. 5 Pater Kilian im klösterlichen Weinkeller. 6 Seitenblick unter der Orgelempore.

vermuten, obwohl auch eine bayerische oder sogar oberitalienische Herkunft nicht auszuschließen ist.

Sehenswert ist die barocke Einrichtung des Raumes: Die Wände schmücken acht Gobelins mit Szenen aus der Geschichte von Tamerlan und Bajazet (Ende des 17. Jahrhunderts, Antwerpener Atelier des Andries van Butsel). Den hochbarocken Eckofen baute 1718 der Linzer Hafnermeister Johann Bernhard Haberl. Ein Elfenbeindiptychon erinnert in Stil und Ausarbeitung an französische Arbeiten des späteren 14. Jahrhunderts.

Eine weitere Zierde der Schatzkammer ist ein Flabellum (Scheibenkreuz), das zu den schönsten seiner Art gehört und um

1170/80 in Niedersachsen oder England gefertigt wurde. Bedauerlicherweise sind bedeutende Teile des ursprünglichen Schmuckes verloren gegangen. Lediglich die vier durch einen Kreuzbalken ausgesparten Kreuzsegmente lassen noch figürliche Szenen erkennen, die jedoch zu den vorzüglichsten Treibarbeiten des 12. Jahrhunderts gezählt werden.

Zu den Hauptstücken der Zimelienkammer zählt ferner eine lateinische Evangelienhandschrift, der Codex Millenarius, die um 800 in Mondsee geschrieben wurde. Ihre acht Illuminationen geben die vier Evangelisten und ihre Symbole in jeweils ganzseitigen Darstellungen wieder. Die Handschrift ziert ein Prachteinband der Renaissance, den der Welser Goldschmied Heinrich Vorrath um 1595 fertigte. In vorzüglicher Gold-Silber-Treibarbeit zeigt der Deckel dieses Codex in seiner Mitte den stehenden Christus mit der Weltkugel und die vier Evangelisten.

Vom Gesamtbestand an Gemälden stellt das Stift nur eine Auswahl aus. Im ersten, der Gotik und Spätgotik gewidmeten Raum ist das älteste Bild der Stiftsgalerie, ein «Letztes Abendmahl» (um 1410/20) von der Hand eines in Böhmen beheimateten Meisters des «weichen Stils» zu sehen. Vier Tafeln eines auf 1439 datierten Marienaltars – Heimsuchung, Geburt Christi, Darstellung im Tem-

Die Schatzkammer des Stiftes birgt Kleinodien von Weltruf, wie den Tassilo-Kelch – das Hauptwerk der Kremsmünsterer Sammlung und der karolingischen Golschmiedekunst überhaupt.

«Diese kostbarste Reliquie des seligen Gründers und unseres Anfangs» ist 25,5 cm hoch und wiegt 3,05 Kilogramm, die Kuppa fasst 1,75 Liter. Aufgelötet sind teilweise vergoldete Silbermedaillons. Verwendungszweck, Entstehungsgeschichte und -zeit sind bis heute nicht gänzlich geklärt. Die Inschrift am Kelchfuß, die die Hochzeit des Herzogs voraussetzt, weist eindeutig auf eine Entstehung nach 768/69 hin: «Tassilo dux fortis + Liutpirc virga regalis». Als spätestes Entstehungsdatum muss das Jahr 788 gelten. Der Bilderschmuck lässt einen Ursprung in einer Salzburger Werkstätte

pel und Tod Mariens – werden dem Meister der Pollinger Tafeln zugeschrieben. Nennenswert ist auch das früheste erhaltene Werk des bedeutenden Donauschulmeisters Wolf Huber: ein für den Passauer Bürgermeister Jakob Endl 1517 gefertigtes Epitaph, von dem nur der untere Teil erhalten geblieben ist. Der zweite Raum bewahrt die künstlerisch wichtigsten Stücke der Gemäldegalerie – niederländische Malerei des 16. und 17. Jahrhunderts.

Die prachtvolle Stiftsbibliothek wurde um 1680 von Carlo Antonio Carlone begonnen und noch im selben Jahrzehnt vollendet. Sie gehört mit 65 Meter Länge zu den größten in Österreich und birgt in vier hintereinander gereihten Räumen 160 000 Bände. Ausgehend von den in die Hohlkehlen jedes Raumes eingesetzten Porträts bedeutender Vertreter von Historie, Wissenschaft und Literatur, die allesamt Melchior Steidl ausführte, teilte man die Räumlichkeiten in Griechen-, Lateiner- und Benediktinersaal.

Der östlichste und am frühesten entstandene Griechensaal ist mit hervorragendem Stuck von Girolamo Alfieri ausgestattet und enthält Fresken, die Christoph Lederwasch 1692 geschaffen hat.

1 65 Meter lang ist die prachtvolle Stiftsbibliothek, die 1680 vom Baumeister Carlo Antonio Carlone begonnen und im selben Jahrzehnt vollendet wurde. **2** Blick in die wertvolle Gemäldegalerie im Museum. **3** Bequem und behaglich: Gastzimmer. **4** Brunnen im Klausurgarten.

Kremsmünster (Benediktinerstift)

«Dies Tor soll jedem offen stehen, der ehrbar will durch selbes gehen.»

Anreise
Bahn: Bahnstation Kremsmünster (Strecke Linz–Selzthal–Graz).
Auto: A1 (Westautobahn), Abfahrt Sattledt, von dort aus 7 km; alternativ A9 (Pyhrnautobahn), Abfahrt Ried i. Tr. oder Voralpenkreuz über A1 bis Abfahrt Sattledt.

Geschichte
777: Gründung durch Bayernherzog Tassilo III. Blütezeit unter Abt Friedrich von Aich (1275–1325). In der Barockzeit erfolgten die Barockisierung der Stiftskirche, Neubau des Klosters, der Bau des Fischbehälters und der Sternwarte, des ersten «Hochhauses» in Europa.

Sehenswürdigkeiten
Kloster: Stiftskirche, Schatzkammer (Tassilokelch), Guntherhochgrab, Gobelins, Marienkapelle, Fischbehälter, Sternwarte «Mathematischer Turm» mit naturwissenschaftlichen Sammlungen, Moschee, Gartenhaus, Kunstsammlungen, Gemäldegalerie, Kunstkammer, Zimelienraum, Rüstkammer, Paramentenraum, Kaisersaal, Bibliothek.
Umgebung: Schloss Kremsegg, Salzkammergut, Adalbert-Stifter-Kulturweg, Kremstal Radwanderweg.

Klosterbetrieb
Gymnasium, Konvikt, Tagesheim, Land- und Forstwirtschaft, Klosterladen, Weinkellerei.

Gästeangebot
Kloster auf Zeit, Jugendwoche, Führungen.

Gottesdienste
Werktag: 6.30 Konvent, 7.00, 8.00 Messe. *Sonntag:* 7.00, 8.00, 9.00, 11.30, 19.00 Messe, 10.15 Hochamt.

Unterkunft
Gästezimmer im Kloster (Reservierung siehe unten).

Auskunft und Reservierung
Kloster: Stift Kremsmünster, A-4550 Kremsmünster, Tel. 00 43-75 83-27 50, Fax: 00 43-75 83-5 27 51 29, Internet: www.stift-kremsmuenster.at, Email: stift@kremsmuenster.at.
Touristik: Tourismusverband Kremsmünster, Rathausplatz, (Rathaus), A-4550 Kremsmünster, Tel. 00 43-75 83 72 12, Fax: 00 43-75 83-70 49, Internet: www.kremsmuenster.at, E-Mail: tourismus@kremsmuenster.at.

Kostbarkeiten in der Bärenhaut

Das Zisterzienserkloster Zwettl im Waldviertel

In dem an Denkmälern der Baukunst vergangener Jahrhunderte reichen Städtchen im Waldviertel ist die Stiftskirche unbestrittener Höhepunkt künstlerischen Schaffens.

Je älter Klöster sind, desto mehr stehen ihre Namen für Orte, an denen sich Natur und Kultur ideal ergänzen. Das gilt besonders dort, wo die Zivilisation den Schritt angehalten und sich fernab von Ballungsräumen die Harmonie von Schöpfung und Geschaffenem bewahrt hat. Neugierige, die nicht in die Ferne schweifen, sondern sich in der Nähe nach Außergewöhnlichem umsehen, führt der Weg in Österreich schnell ins Waldviertel, ins Grenzgebiet zu Tschechien. Sie wandern an den Flüssen Kamp und Zwettl entlang wie die Mönche vor tausend Jahren. Unweit von deren Zusammenfluss eröffnet sich ihnen in der Stadt Zwettl eine schon fast vergessene Zeit. Sie entdecken in der beinahe unversehrt gebliebenen mittelalterlichen Klosteranlage ein Juwel österreichischer Kulturgeschichte: das Zisterzienserstift Zwettl.

Um 1100 errichtete das Geschlecht der Kuenringer auf einem Hügel hoch über Kamp und Zwettl eine Burg, zu deren Füßen sich eine Siedlung bildete. Der Name Zwettl leitet sich aus dem Slawischen ab und wurde 1139 erstmals urkundlich erwähnt. Auf einer Lichtung (slawisch «svetlá») am Ufer des oberen Kamp fand sich der Legende nach mitten im Winter 1138 eine grünende Eiche. An der Stelle des damals schwer zugänglichen «Nordwalds» gründete der Kuenringer Hadmar I. das Zisterzienserstift.

Die ersten Mönche kamen unter der Leitung von Abt Hermann aus Heiligenkreuz im Wienerwald. Sie rodeten den Urwald und errichteten eine erste Klosteranlage. Eine steinerne Brücke über den Kamp, die den Transport des für den Klosterbau nötigen Materials ermöglichte, ist heute noch, nach achthundert Jahren, Zeuge dieser Zeit. König und Papst nahmen die Neugründung alsbald in ihren Schutz. 1159 war zur ersten Kirchweihe durch Bischof Konrad II. von Passau, einem Sohn des Babenberger Markgrafen Leopold III. des Heiligen, die romanische Klosteranlage, von der noch bedeutsame Bauteile erhalten sind, im Wesentlichen fertig gestellt. Dank seiner vielfältigen Beziehungen und der Tüchtigkeit seiner Äbte konnte das Kloster seinen Besitzstand bald weiter vergrößern und außerdem rege geistige und künstlerische Aktivitäten entfalten.

1 Harmonie von Schöpfung und Geschaffenem: Ikebana-Seminar.
2 Fenster im Lektionsgang des Kreuzgangs. **3** Feierliche Prozession an Fronleichnam. **4** Innere Einkehr: Seminarteilnehmer bei der Meditation.

Schon unter Abt Ebro (1273–1304) und seinen Nachfolgern erreichte das Stift einen ersten Höhepunkt in seiner Entwicklung. Eine bedeutende Schreibstube (Scriptorium) ließ den Bücherbestand rasch anwachsen.

Das Stifterbuch des Klosters von 1311, wegen seines Einbands häufig auch «Bärenhaut» genannt, gehört aus historischer wie kunsthistorischer Sicht zu den bedeutendsten österreichischen Quellen des beginnenden 14. Jahrhunderts. Allerdings wurde der Umschlag nicht – wie es der Name vermuten lässt – aus der Haut eines Bären gefertigt, sondern der eines Ebers, der auch «Saubär» genannt wurde.

Zu jener Zeit wurde damit begonnen, die reichen Bestände an Urkunden und Quellen des Klosters systematisch zu ordnen und die unschätzbaren mündlichen Erzählungen und Überlieferungen in Form einer Prachthandschrift aufzuschreiben. Im Mittelpunkt steht dabei die Stifterfamilie des Klosters Zwettl, die Kuenringer. Sie gehört zu den bedeutendsten niederösterreichischen Familien. Die mit ihrem Namen verbundenen Quellen geben deshalb nicht nur Aufschluss über die Geschichte des Klosters selbst, sondern darüber hinaus auch über die Herrschafts- und Besitzgeschichte Öster-

1 Die Kirche Mariä Himmelfahrt mit frühbarocker Klosteranlage.
2 Klosterführung. 3 Gilt als die großartigste Einturmfassade des österreichischen Barock: der Turm der Stiftskirche, entworfen vom kaiserlichen Architekten und Hofbildhauer Matthias Steinl und von 1722 bis
1727 von Josef Munggenast ausgeführt. 4 Prozession an Fronleichnam.
5 Das dreischiffige Kircheninnere bietet aufgrund der vielteiligen Bün-
delpfeiler ein gewaltiges Raumerlebnis. 6 Der Abteihof besteht aus
einem quadratischen, von vier Flügeln begrenzten Raum – der Brunnen
stammt aus dem 17. Jahrhundert. 7 Fenster des Kapellenkranzes.

reichs. Der Verfasser der Handschrift hatte keine leichte Aufgabe,
das vielfältige Material systematisch zu gliedern und darzustellen.
Die Prachthandschrift ist eines der überaus seltenen Beispiele
dafür, dass eine für den praktischen Gebrauch bestimmte Urkun-
densammlung auch künstlerisch reichhaltig ausgestattet wurde. Von
der Bedeutung als repräsentativer Prunkcodex zeugen die zahlreichen Federzeichnungen und die Deckfarbenmalereien von hervor-

ragender Qualität. Am prächtigsten ist die in leuchtenden Farben
ausgeführte ganzseitige Miniatur, die den Stammbaum der Kuenringer in goldenen Medaillons zeigt. Doch auch die zahlreichen Initialen und Bildmedaillons machen diese Handschrift zu einem Kunstobjekt von unschätzbarem Wert.
Der Künstler ist namentlich unbekannt. Die Federzeichnungen und
Deckfarbenmalereien stammen aller Wahrscheinlichkeit nach aus
einem profanen Atelier im Umland von Wien. Die Initialen und
figürlichen Darstellungen bilden mit dem Text eine Einheit. Der
überwiegend lateinische Text und mittelhochdeutsche Abschnitte
wurde offenbar von mehreren Personen geschrieben.
Inhalt und Ausstattung des Buches zeigen, dass die Zisterzienser
damit nicht nur die Entwicklung des Besitzstandes und der Zehnt-
frage dokumentieren wollten, sondern dass es ihnen ganz allgemein um eine historische Standortbestimmung des Klosters ging.
Der Codex war nicht zuletzt auch als Ausweis des politischen,
wirtschaftlichen und kulturellen Vermögens gedacht. Dieser Reprä-
sentationszweck wird am deutlichsten an der reichhaltigen Ausstattung sichtbar. Die Zisterzienser schufen mit dieser Handschrift ein
wertvolles, für ein kulturelles Zentrum unentbehrliches Buch.

Trotz großer politischer Wirren, die in ihren Auswirkungen auch Zwettl nicht verschonten, wurde ab 1343 stufenweise der romanische Kirchenbau durch einen gotischen Neubau ersetzt. Die 1427 durch die Hussiten verursachte Zerstörung von Kloster und Kirche, Einfälle der Böhmen und die Besetzung durch den Ungarnkönig Matthias Corvinus führten zu einem zeitweiligen Niedergang des Klosters, der jedoch durch die Solidarität im Orden bald wieder überwunden werden konnte.

Das ursprünglich strenge zisterziensisch-benediktinische Prinzip war in der «Charta caritatis», der ersten Verfassung des Ordens, festgelegt worden. Es schrieb der Mönchsgemeinschaft vor, von der eigenen Arbeit in den Wirtschaftshöfen (Grangien) sowie in den Handwerksbetrieben (Konversen) zu leben und auf Zins und Abgaben von Untertanen zu verzichten. Dieses Prinzip wurde in Zwettl bereits im 13. Jahrhundert zugunsten der Zinswirtschaft

In der Josefinischen Epoche, als Kaiser Josef im ganzen Staat alle Klöster, die sich nicht mit Krankenpflege, Unterricht oder Wissenschaft befassten, aufheben ließ, entging das Stift nur knapp der Schließung. Es musste noch zusätzliche seelsorgliche Aufgaben übernehmen und sich verstärkt in die neu einsetzenden kulturellen und sozialen Unternehmungen einbinden lassen. Für die neue Zeit bedeutend war vor allem das Wirken des Abtes Stephan Rössler (1878–1923). Während seiner langen Amtszeit entfaltete er eine reiche Bautätigkeit (Stephaneum, Epidemiespital, «Deckerhaus», neue Volksschule, das erste Elektrizitätswerk des Waldviertels sowie zwei «Privat»-Brücken), renovierte die Kirche, vor allem aber erneuerte er die monastischen Formen.

Die Klosterwirtschaft konzentriert sich heute auf Wald, Landwirtschaft und Fischzucht. Weinproduktion und Landwirtschaft wurden 1996 langfristig verpachtet. Von den ehemaligen Grangien, den Wirtschaftshöfen, verblieben dem Stift nur der Ratschenhof, das Revier Heubach bei Grafenschlag und der Ritzmannshof sowie der Rest des Gutes Kammern-Hadersdorf.

1 Herrliche Zeugnisse einer mittelalterlichen Klosteranlage: der spätromanisch-frühgotische Kreuzgang mit Brunnenhaus (erbaut 1160–1230, Brunnenschale von 1706). 2 Kreuzgang. 3 Chorgebet der Mönche.

und der Zehntabgabe aufgehoben. Neben der zunehmenden Seelsorgetätigkeit entfaltete sich auch das Musikleben. So ist bereits im 15. Jahrhundert ein Sängerknabenchor nachweisbar, der heute noch existiert. 1544 wurde die erste Orgel von Bruder Jakob Künigswerth installiert. Die schweren Zeiten freilich sollten bis ins Barock andauern: Reformationswirren, Türkenkriege, Bauernaufstände und Schwedeneinfälle brachten das Kloster immer wieder an den Rand des Ruins. Erst mit dem allgemeinen Aufschwung nach dem Ende der Türkenkriege, bei denen einige der Mönche fielen und als Märtyrer heilig gesprochen wurden, konnten tüchtige Äbte einen neuen Höhepunkt in der Entwicklung des Klosters herbeiführen, der sich auch in intensiver Bautätigkeit manifestierte.

Von der mittelalterlichen Klosteranlage sind mehrere Bauteile fast unversehrt erhalten geblieben, etwa das romanische Dormitorium mit anschließendem Necessarium (vor 1159), der Kapitelsaal und der herrliche Kreuzgang (1160–1230). Die gotische Stiftskirche (dreischiffige Halle mit Kapellenkranz, erbaut in den Jahren 1343 bis 1383) weist eine reiche Barockeinrichtung auf, von der besonders der Hochaltar, das Chorgestühl und die Orgel als künstlerische Höchstleistungen gelten. Die monumentale Einturmfassade der Kirche und der stimmungsvolle Abteihof gehören ebenso wie der nicht allgemein zugängliche Bibliothekssaal zu den Besonderheiten der Barockarchitektur im Stift Zwettl.

Wer von der Stadt Zwettl zum Vorplatz des Stiftes kommt, sieht links eine hohe Mauer aus dem 15. Jahrhundert, die die äußeren Stiftsgebäude umschließt und mit charakteristischen Rundzinnen der Renaissance bekrönt wird. Der Besucher überquert den Fluss

Kamp auf der romanischen Brücke, der ältesten noch in Gebrauch stehenden Straßenbrücke Niederösterreichs, und setzt den Weg entlang der frühbarocken Wirtschaftsgebäude fort. Vor dem ersten Portal erhebt sich auf einer Böschung eine romanische Kirche mit halbkreisförmiger Apsis. Dieser Bau, der 1218 vollendet wurde, gehört zur Spitalstiftung und steht daher außerhalb des engeren Klosterbezirks. Beachtenswert ist das von Konsolen getragene Gesimse und die Schlitzfenster mit rundbogiger Leibung.

Nach Osten wird dieser Vorplatz durch einen lang gestreckten Bautrakt abgeschlossen, der durch die Initialen über dem inneren Portal als ein Werk des Abtes Caspar Bernhard bezeichnet wird und mit 1680 datiert ist. Trotz dieser Inschrift gehören Teile wie das granitene Rundbogenportal einer älteren Zeit an, was sowohl durch die Abfassung der Kanten als auch durch die Hohlkehle und die kleinen Pyramidensockel charakterisiert ist und eindeutig die Übergangszeit zwischen Gotik und Renaissance am Beginn des 16. Jahrhunderts bestimmt.

Durch das Tor gelangt man in den Lindenhof, wo sich der Weg zum Eingang in den Abteihof senkt. Der Abteihof ist ein quadratischer, von vier Flügeln begrenzter Raum. Seine Mitte schmückt ein Brunnen aus dem 17. Jahrhundert. Der Hof erhielt seine architektoni-

1 Festsaal im Bildungshaus, das seit 1924 als Einrichtung der Erwachsenenbildung existiert. Offeriert werden Kurse zur Besinnung und Meditation, Fastenseminare, Lebensbegleitung, Erholungs- und Freizeitangebote, Informationsveranstaltungen sowie Führungen. Zu den kulturellen Höhepunkten gehört das jährlich im Juli stattfindende Internationale Orgelfest. 2 Seminarteilnehmer bei der Meditation. 3–4 Sinnenfreude allenthalben: barocke Verspieltheit auch im klösterlichen Gästetrakt.

sche Gestalt im Wesentlichen während der frühbarocken Periode. Querrechteckige, von gesprengten Giebeln mit Obelisken bekrönte Fenster durchbrechen die betont schlicht gehaltene Mauer des Sockelgeschosses, über dem sich der reich geschmückte erste Stock des Konventgebäudes erhebt.

Im Gegensatz zur Horizontalgliederung des Unterbaus werden die Wandflächen des Obergeschosses, das die Repräsentationsräume der Prälatur und die Gästezimmer umfasst, durch vertikale Lisenen (Mauerbänder) gegliedert. Der Bedeutung der Räume entsprechend sind die Fenster größer gehalten und reicher umrahmt. Stuckleisten säumen die Parapeten, den Sturz schmückt ein Fruchtgehänge, das seitlich von Rosetten abgegrenzt wird. Der geschlossene Dreiecksgiebel wird von einem pausbäckigen Cherubskopf mit symmetrisch ausgebreiteten Flügeln gefüllt.

Im eigentlichen Klosterbezirk sind nach der alten Mönchsgewohnheit alle Hauptgebäude (Kirche, Wohn-, Schlaf- und Vorratsräume) zu einem Viereck zusammengelegt und um einen, vom Kreuzgang (claustrum) umzogenen kleinen Innenhof angeordnet. In völliger Unberührtheit zeugt der Kreuzgang aus der ersten Hälfte des 13. Jahrhunderts als das älteste kunsthistorische Beispiel vom Eindringen der Schmuckformen und der Wölbungstechnik der jungen,

burgundischen Gotik ins Land der Babenberger. Der Bau selbst zog sich wegen der langwierigen mühevollen Steinmetzarbeiten jahrzehntelang hin, daraus erklärt sich auch der langsame Stilwandel bei der Weiterführung des Baus vom Nordtrakt (Lektionsgang) zum Ost-, Süd- und Westtrakt. Künden im Lektionsgang die besonders überreiche Gestaltung der Fenstergewände und aller Profile von einer üppigen Romanik, so präsentiert der Westtrakt einfachste Formgebung. Die tragenden Säulen des Kreuzganggewölbes besitzen Tellerbasen und Spulenkapitelle, die mit Blättern und Knospen verziert sind. Zu den Eigentümlichkeiten der österreichischen Zisterzienserbauweise gehört zudem, dass die Gewölbe-

scheitel nicht geradlinig, sondern in einer Zickzacklinie – Erdbebenlinie genannt – angeordnet sind. Die Fenster des Lektionsgangs wurden 1520 mit spätgotischem Maßwerk ausgestattet; die schönen barocken Schnitzereien, Verzierungen der Holztäfelung, stam-

1 Teilnehmer eines Ikebana-Seminars üben sich in der hohen Kunst des Blumensteckens. Ikebana (japanisch «lebendige Blumen») geht auf Ono No Imoko, den Begründer der so genannten Ikenobo-Schule im 7. Jahrhundert zurück. 2 Ein Ort zum Verweilen und zum Schlemmen: Terrasse der Stiftstaverne. 3 Flur im Bildungshaus. 4 Kritische Begutachtung der Fotoauswahl. 5 Wie die meisten Zisterzienserklöster liegt auch Kloster Zwettl in einem Tal in Flussnähe. 6 Über den Fluss Kamp führt die älteste noch in Gebrauch stehende Brücke in Niederösterreich.

men vom Laienbruder Matthias Mark. Im sechseckigen Brunnenhaus, dessen Mitte ein großes granitenes Muschelbecken von 1706 einnimmt, ist der Spitzbogen schon ausschließlich verwendet.

Der im Nordosten direkt an das Querschiff der Kirche angebaute und aus dem 12. Jahrhundert stammende Kapitelsaal ist einer der ältesten und wohl auch am schönsten erhaltenen Zisterzienser-Capitulen. Das reiche Portal, wegen der Lichtführung in den halbdunklen Innenraum als offene Arkade mit rechtwinkelig abgestuften Gewänden gebildet, und die beiden gekuppelten Fenster mit ihren Würfelkapitellen und steilen Basen gehören zu den ältesten datierten Baugliedern dieser Art in Österreich.

Der Innenraum überrascht durch seine einzigartige Mittelsäule und das Kreuzrippengewölbe, dessen Kappen ohne Schildbögen direkt an die Mauer stoßen und dessen Gurten auf abgekragten Konsolen an den glatten, mit den ursprünglichen Mörtelbändern verzierten Querwänden ruhen. Die sich nach unten schwach verbreiternde Säule krönt gleichsam wie ein Riesenkapitell der Kranz der kurzen, abgekragten Halbsäulchen, die mittels eines Kämpfers die acht Gewölbegurten abfangen. Die Fenster und der Altar an der Ostwand sind im 19. Jahrhundert entstanden.

So reich das Stift Zwettl an Denkmälern der Baukunst vergangener Jahrhunderte ist, der unbestrittene Höhepunkt künstlerischen Schaffens ist die Stiftskirche. Vom 14. bis zum 18. Jahrhundert wurde gebaut und gestaltet und dennoch entstand ein Bauwerk, das die Besucher durch seine Einheitlichkeit in den Bann zieht. Einzigartig ist die Konzeption der Orgel von Johann Ignaz Egedacher aus Passau, dem größten und kostspieligsten Orgelprojekt, das im 18. Jahrhundert in Wien und Niederösterreich realisiert wurde. Der Orgelbauer stellte in das zweiteilige Hauptgehäuse nur die Pfeifen des Pedals und vereinigte alle Manualwerke im Brüstungsgehäuse. Seit 1984 finden an den Wochenenden im Juli die Konzerte des Internationalen Orgelfestes Stift Zwettl statt.

Zwettl (Zisterzienserstift)

«Unter dem Krummstab ist gut leben.»

Anreise
Bahn: Bahnhof Zwettl, dann Bus oder Taxi.
Auto: Autobahn Linz–Wien, Ausfahrt St. Pölten-Ost, in Richtung Krems–Zwettl.

Geschichte
1137: Klostergründung durch Hadmar I. aus dem Ministerialengeschlecht der Kuenringer. Die ersten Mönche kamen aus der Abtei Heiligenkreuz im Wienerwald. 1159: Fertigstellung der romanischen Klosteranlage. Rege Bautätigkeit, die im 14. Jahrhundert einen Höhepunkt erreichte. Während der Hussitenkriege wurde das Kloster 1427 zerstört. Im 17. Jahrhundert begann ein lang andauernder Aufschwung, der in der wissenschaftlichen Tätigkeit (Theologische Lehranstalt, Historiographie) und in der barocken Umgestaltung der Klostergebäude seinen Ausdruck fand.

6

Sehenswürdigkeiten
Kloster: mittelalterliche Klosteranlage, Kapitelsaal, Kreuzgang, gotische Stiftskirche, Hochaltar, Chorgestühl, Abteihof.
Umgebung: Waldviertel.

Klosterbetrieb
Sängerknabenkonvikt, Bildungshaus, Weinbau und -vertrieb, Fischzucht, Klosterladen, Taverne, Land- und Forstwirtschaft, Sägewerk.

Gästeangebot
Kloster auf Zeit für Männer, Erwachsenenbildung, Exerzitien, Besinnungstage, Lebensbegleitung, Fastentage, Bildungsveranstaltungen, Internationales Orgelfest, Konzerte, Ausstellungen.

Gottesdienste
Werktag: 6.00 Vigil/Laudes, 12.00 Mittagsgebet, 17.30 Messe, 18.00 Vesper. Samstag: 8.00.
Sonntag: 6.00 Vigil/Laudes, 8.00, 9.00, 10.00, 11.00 (Winter: 10.30), 12.00 Mittagsgebet, 18.00 Vesper.

Unterkunft
Bildungshaus: Einzel-/Mehrbettzimmer, *Jugendherberge*: Mehrbettzimmer, Schlafsaal (Reservierung siehe unten).

Auskunft und Reservierung
Kloster: Stift Zwettl 1, A-3910 Zwettl, Tel. 00 43-28 22-5 50 57, Fax: 00 43-28 22-5 50 50, Internet: www.stift-zwettl.at, E-Mail: info@stift-zwettl.at.
Touristik: Stadtgemeinde Zwettl, Gartenstraße 3, A-3910 Zwettl, Tel. 00 43-28 22-50 30, Internet: www.zwettl.at, E-Mail: stadtamt@zwettl.gv.at.

KLAUSUR

Wandern durch Bibel und Geschichte
Zwei Klöster an einem Ort: Altenburg

Zwanzig Jahre archäologische Ausgrabungen und Restaurierungen bescheren eine Zeitreise durch die Kirchengeschichte zurück zu den Ursprüngen.

Am sehr frühen Morgen, wenn die meisten noch schlafen oder gerade erst erwachen, kann es passieren, dass ein Mönch meditierend durch den Kreuzgang des Klosters Altenburg geht. Gelegentlich begegnet ihm ein Gast, der sich für einige Tage ebenfalls zum Nachdenken und Meditieren ins Kloster hat aufnehmen lassen. «Kloster auf Zeit» heißt das Angebot, das hier erst noch ausgebaut wird. Vielleicht bewegt beide Frühaufsteher dasselbe. Sie suchen nach ihrem Woher und Wohin.

Der Mönch hat es an dieser Stelle einfacher, da ihm als Mitglied des ältesten Mönchsordens der katholischen Kirche, dem der Benediktiner, mit seiner eineinhalbtausendjährigen Geschichte, das Denken in historischen Dimensionen vertraut ist. Aber nicht immer wird auch er in der heutigen Zeit so nachdrücklich auf die Vergangenheit und die Verpflichtung, die daraus entstanden ist, hingewiesen wie gerade in Altenburg.

Dort ist in bisher zwanzigjähriger Arbeit das «Kloster unter dem Kloster» ausgegraben worden – einmalig in Europa. Die Mönche begegnen an den Stätten, wo Generationen vor ihnen dieselben Gebete und dieselben Regeln, das «Ora et labora», befolgt und verrichtet haben, ihren Ursprüngen. Sie fühlen sich gleichzeitig an den Auftrag des Zweiten Vatikanischen Konzils erinnert, das von 1962 bis 1965 tagte und das genau diese Besinnung zurück zu den Quellen verlangt hat.

Die unter den Füßen der Mönche erschlossene mittelalterliche Klosteranlage zwingt fast zur Rückbesinnung. Das spüren auch die Gäste. So entwickelte sich zwischen Mönch und Besucher bei einer solchen frühen Begegnung ein kleiner Dialog, in dem der Gast zur Überraschung des Benediktiners, wie beispielsweise Pater Albert Groiß, einer der frühen Wanderer, gesteht: «Hier spürt man gelebtes Evangelium.» Nicht immer sprechen Funde bei archäologischen Ausgrabungen so direkt zu den Menschen, die sie besichtigen. Das Kloster nutzt diese neuen alten Räume deshalb nicht nur als Schauräume für Besucher. Im Lesegang des Kreuzgangs laden sie zu einem Jugendgebet oder einer Bibelrunde ein.

1 Der südliche Flügel von Kloster Altenburg: Im Inneren befinden sich Bibliothek und Krypta. **2** Edle Tropfen im Weinkeller. **3** Der klösterliche Förster kümmert sich um das Wild. **4** Gang im Gästetrakt.

Die Benediktinerabtei Altenburg im gleichnamigen, tausend Einwohner zählenden Ort in der Horner Buch galt vor den Grabungen als eines der jüngsten und auch schönsten Stifte Niederösterreichs, das «Barockjuwel des Waldviertels» wurde es genannt. Die in Hellblau, Weinrot und Grün gehaltene Klosteranlage ist durch einen eigenen Baustil geprägt, der schon immer Besucher anzog. Jetzt entpuppt sich das Stift immer mehr als ein Geheimtipp für Mittelalter-Freunde. Jedes Jahr erschließen sich neue Räume, Funde und im Boden verborgene Kleinode. So wurde im Winter 2002 in der Stiftskirche wegen technischer Installationen gegraben, Archäologen entdeckten unter dem Kirchenfußboden unter anderem das Grab der Klostergründerin Hildburg von Poigen (gestorben 1144).

Der eigentliche Sensationsfund allerdings ist das gotische Wandgrab des Abtes Seifried I., dem Erbauer des gotischen Kreuzgangs, das in den Jahren 1983–1986 ausgegraben und für die Besucher nun zugänglich gemacht wurde.

Bereits Ende des 19. Jahrhunderts vermutete der Altenburger Archivar Friedrich Endl als erster Denkmalpfleger im nördlichen Niederösterreich Reste der mittelalterlichen Klosteranlage unter dem barocken «Brunngartl». 1932/33 schließlich legte er einen Teil des Osttraktes des Kreuzgangs frei. 1983 begann man mit einer systematischen Ausgrabung unter der Leitung des Bundesdenkmalamtes. Es wurden unter anderem das Refektorium, eine Heizanlage, die Kapitelsaalapsis und eine romanische Kirchenapsis freigelegt. So befindet sich nun – einmalig in Österreich – ein «Kloster unter dem Kloster». Das «claustrum» (die Klausur) aus dem Spätmittelalter kann unter der spätbarocken Klosteranlage Altenburgs besichtigt werden. Altenburg kann sich deshalb rühmen, seinen Besuchern gleich zwei Klöster an einem Ort zu bieten, das Barockstift und das darunter liegende Alte Kloster.

2

Die freigelegten Räume und Anlagen wie Kreuzgang, Speisesaal der Mönche, Skriptorium, Stifterkapelle, Mönchszellen und Abthaus waren in der ersten Hälfte des 18. Jahrhunderts dem berühmten Barockbaumeister Joseph Munggenast zum Opfer gefallen. Er ließ sie mit Schuttmaterial verfüllen. Nach ihrer Bergung wurden die Arbeiten unterhalb des barocken Niveaus im Zentrum des Klosters fortgesetzt, in der Stiftskirche mit ihren berühmten Kuppeln und Fresken von Paul Troger.

Sechs Kirchen standen nach den Urkunden des Stiftes am Ort der heutigen Stiftskirche, so konnten auch sechs verschiedene Bodenniveaus nachgewiesen werden. Bisher wurde ein Freskorest aus dem 17. Jahrhundert mit der Darstellung einer Prozession von Mönchen entdeckt, darüber hinaus gotische Malreste um ein Sakramentshäuschen. Im während der Barockzeit neu gestalteten

1 Klosterzufahrt: der Architekt Josef Munggenast hat 1730 bis 1733 Kloster und Kirche neu geschaffen. 2 Der Kuppelraum der Klosterkirche St. Lambert mit einem Fresko (1732–1734) von Paul Troger und dem barockisierten gotischen Priesterchor. 3 Aufgang zur Veitskapelle.

Stiftergrab der Hildburg von Poigen fand sich ein Metallkästchen, das durch Korrosion sehr in Mitleidenschaft gezogen war und vor seiner Öffnung restauriert und gefestigt werden musste. Die eigentliche archäologische Überraschung war jedoch, wie bereits erwähnt, die Entdeckung eines gotischen Wandgrabes aus dem ersten Viertel des 14. Jahrhunderts, in dem wahrscheinlich der Erbauer des gotischen Kreuzganges, Abt Seifried I. «fundator chori» (gestorben 1319) bestattet ist.

Von den Ausgrabungen zu den Anfängen: Die Geschichte des Klosters begann 1144, als Gräfin Hildburg, die Witwe Gebhards von Poigen, das von ihr gestiftete Benediktinerkloster dem Passauer Bischof übergab, nachdem es von zwölf Mönchen aus St. Lambrecht besiedelt worden war. Sie hatten den bescheidenen Anfang christlich-benediktinischen Lebens in der Stille des Nordwalds am Ort einer «alten Burg» der Herren des Poigreiches, wie die Horner Grafschaft im Mittelalter genannt wurde, gemacht.

1251 musste das Kloster Schäden und Verluste durch die Kriege des Hermann von Baden hinnehmen, 1304 und 1327 Einfälle der Kumanen ertragen und 1427 bis 1430 die Hussitenkriege, 1480 eine Invasion aus Böhmen, Mähren und Ungarn überstehen. 1552 drückte die Türkensteuer. Seit 1327 wird der Witwe des Heiden-

reich aus Gars namens Gertrud als zweiter Stifterin gedacht. Neue Stiftungen und Schenkungen sowie die «Melker Reform» im 15. Jahrhundert ließen das Beten und Arbeiten der Mönche in Altenburg trotz aller Schwierigkeiten nie ein Ende finden.

Nach der Reformation und dem Dreißigjährigen Krieg wurde im 17. und 18. Jahrhundert die Klosteranlage saniert. Abt Benedikt Leiß (1648–1658) ließ das alte Kloster abreißen, um es an gleicher Stelle größer und moderner wiederaufzubauen.

wichtiger Besitzungen in den Jahren der Weltwirtschaftskrise wurde das Kloster 1940 aufgehoben und 1941 enteignet, der Abt von den Nationalsozialisten verhaftet und der Konvent ausgewiesen. Nach Kriegsende 1945 diente das Klostergebäude als Unterkunft für 2000 Mann der russischen Besatzungsmacht.

Unter Abt Maurus Knappek (1947–1968) wurde die «Ruine» wieder in ein Kloster verwandelt. So wird seither ständig renoviert, restauriert und saniert. Ein erklärtes Ziel der nachfolgenden Äbte war und ist es, das mönchische Leben und die Liturgie im Geist des Zweiten Vatikanischen Konzils zu erneuern und das Kloster Altenburg für alle Menschen zu öffnen.

1 Gotischer Kreuzgang. 2 Buchnische im mittelalterlichen Scriptorium. 3 Kaiserstiege mit Kuppelfresko von Paul Troger aus dem Jahr 1738. 4 Krypta. 5 Benediktinermönch im Kloster Altenburg. 6 Sensationelle Ausgrabung der mittelalterlichen Klosteranlage: Es gibt ein «Kloster im Kloster» zu entdecken. 7 Trogersches Kuppelfresko in der Stiftskirche.

Kaiser Joseph II. ließ trotz seiner kirchenfeindlichen Haltung das Kloster Altenburg am Leben, doch bedeutete dies tiefe Einschnitte in die seelsorgliche Tätigkeit und das Klosterleben. Bis 1794 war die Aufnahme von Novizen verboten, das Chorgebet musste auf Geheiß des Kaisers vernachlässigt werden.

Die neue Geschichte des Klosters ist ebenso gekennzeichnet vom Auf und Ab, von Zerstörung und Wiederaufbau sowohl der Klostergebäude als auch der Mönchsgemeinschaft. Nach dem Verkauf

Wie gut sich die Mönche auf diese Aufgaben der heutigen Zeit einstellen, bewiesen sie nicht nur mit der geistlichen Nutzung der Ausgrabungen, sondern auch mit einer Bibelausstellung. Die schönste Bibliothek im Klösterreich, wie die Stiftsbibliothek von Altenburg auch schon genannt wurde, präsentiert sich als «Bibelraum», der die Bibel begehbar macht. Der Ausstellungsweg führt über den neu angelegten «Schöpfungsgarten» durch den Kreuzgang in der Bibliothek und die Stiftskirche.

Die Mönche, die ihr Leben als biblische Menschen gestalten, ließen ihre Bibliothek im 18. Jahrhundert als sakralen Raum für die «lectio» der Bibel bauen. Der Bibelraum ist somit dem Kirchenraum ebenbürtig, das Lesen und Studieren der Bibel gilt als der Feier des Gottesdienstes gleichwertig. Die Anordnung des Bibelraums im Gesamtkomplex des Stiftes, die Ausstattung und das ikonographische Programm, wie es von Paul Troger gestaltet wurde, machen die Klosterbibliothek zu einem besonderen Erlebnis.

Die Sonderausstellung «Archäologie im Klösterreich» führte die Besucher 2002 unter das Barockstift Joseph Munggenasts zur derzeit größten archäologischen Grabungsfläche Österreichs. Sechs Mönchszellen, das mittelalterliche Abtshaus und natürlich auch den Kreuzgang von Abt Seifried aus dem 14. Jahrhundert mit den

anschließenden Regularräumen wie Kapitelsaal, Speisesaal oder Skriptorium umfasst die Sonderausstellung. Hochinteressant ist zum Beispiel die mittelalterliche Brennkammer einer Fußbodenheizung oder der älteste Kachelofen Österreichs aus dem Jahr 1480 mit 42 verschiedenen Motiven. Erst der Abschluss des Rundgangs gewährt den Besuchern einen Blick in die in Europa einmalige Krypta mit den Totentanzszenen aus dem 18. Jahrhundert.

Im Klosterladen erhalten Sie Klosterprodukte, Stiftsweine oder CDs der Altenburger Sängerknaben. Die «Stiftstaverne» im Kaisertrakt ist speziell für Gruppen eingerichtet. Für Gruppen ab zwanzig Personen wird nach Voranmeldung auch der «größte Weinkeller im Waldviertel» unter dem Wirtschaftstrakt des Stiftes für eine Verkostung geöffnet.

An die 150 Weinliebhaber zog etwa der weit über Niederösterreich hinaus bekannte Weinpfarrer Hans Denk im November 2002 zum «Martiniloben», also zum Fest des heiligen Martin, in den Stiftsweinkeller von Altenburg. Dort wurde der Heurige (ein Rivaner 2002 als Staubiger) gesegnet und verkostet. Der Weinpfarrer erläuterte die Bedeutung des Weins in der Bibel und ebenso die Wichtigkeit der Festfreude eines Christen. Darüber hinaus kommentierte der geistliche Weinfachmann natürlich auch noch fünf der edlen Tropfen aus dem klösterlichen Keller.

Über einen mittelalterlichen Turm aus dem 14. Jahrhundert gelangt man in diesen barocken Keller, in dem eine Quelle entspringt, die als Bach durch die 100 Meter lange und teilweise 7 Meter hohe

1 Gut gefüllte Regale im Klosterladen: Hier gibt es neben Büchern auch Stiftswein, Marmeladen, Tees, Schafmilchprodukte und CDs der Altenburger Sängerknaben zu kaufen. 2–3 Blick in ein Gastzimmer. 4 Diese Pforte führt zu höchst irdischen Vergnügen direkt in den Klosterladen. 5 Ein frommer Vorbote im freien Feld kündet vom nahe gelegenen Stift.

Röhre rinnt und dem Keller die rechte Luftfeuchtigkeit spendet. Seit 1755 ist das Weingut zwischen Straning und Limberg am Manharsberg im Besitz des Stiftes Altenburg. Ebenso lange wird in idealer Süd-Ost-Lage auf Löß und Kalk Weinbau betrieben.

Ausgezeichnete Grüne Veltliner aus dem Jahr 2001, wie der «Abt Placidus Much-Wein» (benannt nach dem Erbauer des Weinkellers um 1740), der Chardonnay 1999 namens «Prälatenwein», aber auch der Zweigelt-Rosé «Gräfin Hildburg» und die Zweigelt gleich gepresste «Klosterperle» können bis zum 3. Adventsonntag im Klosterladen verkostet und gekauft werden.

Ein weiteres Aushängeschild des Klosters sind zweifelsohne die weit über die österreichischen Landesgrenzen hinaus bekannten Altenburger Sängerknaben. Der Chor wurde 1961 zur Pflege der klösterlichen Kirchenmusik von den Benediktinern des Stiftes neu gegründet. Wie aus der Chronik der Abtei zu erfahren ist, gab es bereits vom Mittelalter bis in die Mitte des 19. Jahrhunderts Sängerknaben in Altenburg. Ihre vornehmste Aufgabe ist auch heute noch die musikalische Gestaltung der Stiftsliturgie. Dabei reicht das Programm des Chors von der Pflege der Gregorianischen Gesänge und der klassischen Vokalpolyphonie über Werke der Wiener Klassik bis zu Komponisten unserer Zeit. In Konzerten werden geistliche Chormusik ebenso wie ein weltliches Repertoire mit Walzern, Polkas und Volksliedern präsentiert. In den sechziger Jahren des vorigen Jahrhunderts erreichte der Chor unter seinem damaligen Leiter Professor Leopold Friedel ein künstlerisches Niveau, das ihm internationale Anerkennung verschaffte. Seither führen Konzertreisen die Altenburger Sängerknaben quer über die Kontinente bis nach Nordamerika und Japan.

Altenburg (Benediktinerstift)

«Benediktinisches Leben steht immer in der Spannung zwischen Einsamkeit und Gemeinsamkeit.»

Anreise
Bahn: Bahnstationen Horn oder Rosenberg (Strecke Hadersdorf/Kamp–Sigmundsherberg).
Auto: aus Deutschland Autobahn Richtung Salzburg–Linz–St.Pölten–Horn; aus Wien B303 bis Horn, ab Horn B38 (Böhmerwald-Bundesstraße).

Geschichte
1144: Gründung durch Hildburg, Witwe des Grafen von Poigen. Zwei Jahrhunderte später waren die gotische Hallenkirche und das Kloster der religiöse und kulturelle Mittelpunkt des «Poigreiches». 1645 zerstörten die Schweden die alte Anlage. Die Mönche der Barockzeit bauten in fast hundertjähriger Bauzeit ein neues Kloster.

Sehenswürdigkeiten
Kloster: barocke Stiftskirche, Kuppelfresko von Paul Troger, Barockorgel von Anton Pfliegler, Bibliothek, Krypta, Kaisertrakt, Marmorzimmer, Ausgrabungen der mittelalterlichen Klosteranlage.
Umgebung: Naturpark Kamptal.

Klosterbetrieb
Land- und Forstwirtschaft, Klosterladen, Stiftstaverne, Weinkeller, Likör- und Schnapsverkostung, Altenburger Sängerknaben.

Gästeangebot
Kloster auf Zeit, Mitleben in der Mönchsgemeinde für Männer, Exerzitien, Einzelgespräche, «Kloster für Kids», Ausstellungen.

Gottesdienste
6.00 Vigilien/Laudes, 17.15 Eucharistie, 11.15 Sext, 17.30, 19.30 Komplet.

Unterkunft
Kloster: Gästezimmer, Jugendherberge (Reservierung siehe unten).

Auskunft und Reservierung
Kloster: Stift Altenburg, Benediktinerabtei 1, A-3591 Altenburg, Tel. 00 43-29 82-34 51, Fax: 00 43-29 82-34 51 13, Internet: www.stift-altenburg.at,
E-Mail: kultur.tourismus@stift-altenburg.at.
Touristik: Gemeinde Altenburg, Zwettlerstraße 16, A-3591 Altenburg, Tel. 00 43-29 82-27 65, Fax: 00 43-29 82-27 65 16, Internet: www.altenburg.de,
E-Mail: gemeinde.altenburg@wvnet.at.

Handwerk auf geistlichem Boden
Arbeit und Muße im Benediktinerstift Seckau

Eine Marienerscheinung des adligen Stifters und die Flucht von Chorherren vor Lärm und Überfällen bestimmten Namen und Ort der Klostergründung.

Wandern auf gut Steirisch heißt, von Zeit zu Zeit in sich gehen. Und wenn es nach den Ratschlägen der regionalen Förderer des Fremdenverkehrs geht, dann gibt es nur eine Station, wo der Wanderer in der Steiermark unbedingt innehalten muss. Sie dichteten: «Halte in Seckau an, kehre in Dich, lasse Raum und Zeit auf Dich und in Dir wirken: Verweile bei uns, an der Sonnenseite der Seckauer Tauern, in Muße und innerer Ruhe. Du stehst in Seckau, vor dem einzigartigen ‹Dom im Gebirge›, auf jenem Boden, welcher der steirischen Diözese ihren Namen gab: Graz-Seckau.» Arbeit, Musik und Berge nennen sie heute die Verbindung, die das Leben in diesem Landstrich bestimmt. «Ora et labora – bete und arbeite» bestimmt wie früher das Leben der rund zwanzig Benediktiner, die noch heute in der Abtei Seckau leben. Auf der Suche nach Gott feiern sie wie ihre Vorfahren vor Jahrhunderten täglich das Konventamt und verrichten das Stundengebet. Doch nicht nur die Liebe zu Christus, auch die Liebe zu den Menschen bewegt die Mönche. Das äußert sich in der Seelsorge und im Abteigymnasium. Das Kloster ist aber auch ein bedeutender Arbeitgeber mit attraktiven Erzeugnissen. Im Laufe von Jahrzehnten sind aus den unterschiedlichsten Betätigungsfeldern der Patres und Brüder Gewerbebetriebe entstanden. Sie bilden heute kleine, aber wichtige wirtschaftliche Standbeine des Klosters.

Seit jeher sind Klöster Orte des Geistes – auch des trinkbaren. In der Abtei Seckau hat man sich 1994 dieser alten Tradition des Klosterschnapses erinnert und erzeugt seither im Keller des Westflügels unter dem Pfarrheim hochwertige Edelbrände, sortenreine Destillate aus den Früchten des Klostergartens und -waldes sowie Liköre mit erlesenen Zutaten. Landesweite Auszeichnungen, wie durch den Restaurantführer Gault Millau, haben den Betrieb in kurzer Zeit in die Riege der Besten gehoben.

Bei einem Schaubrennen oder einer Führung samt anschließender Verkostung erhält der Besucher Einblicke in die Schnapsbrennkunst und die Trinkkultur. Aufgabe der Brennmeister ist es auch, ihre

1 Abt Johannes Gartner führt den einstigen Bischofssitz an, in dem heute zwanzig Benediktiner leben. **2** Verkündigungsgruppe mit Maria. **3** Begeisterte Teilnehmer des «Kinder im Kloster»-Workshops basteln an einem Konvent aus Papier. **4** Während die Abtei im Abendlicht leuchtet, ragt die Pestsäule mit Marienstatue golden in den Himmel.

durch Kurse, Schulungen und Fachliteratur erhaltenen Kenntnisse in ein- und zweitägigen Seminaren weiterzugeben. Schnapsbrennern und daran Interessierten wird dabei eine gute theoretische, aber auch praxisbezogene Basis im besonderen Ambiente des «Hofwirts» und der Abtei vermittelt.

Seit mehr als siebzig Jahren besteht in der Benediktinerabtei eine gewerbliche Tischlerei – ein traditionsreicher Betrieb, welcher sich aus der Klostertischlerei der Mönche entwickelt hat und gediegenes Handwerk pflegt. Fortbildungskurse und «hausinterne» Aufträge des Klosters fordern auch hier das Können heraus. Durch dieses Arbeiten in dem Benediktinerkloster sind die klösterlichen Handwerker auf die Erhaltung und Bewahrung alten Kulturguts spezialisiert, weshalb das Restaurieren von antiken Möbeln ein besonderes Anliegen ist und eine verantwortungsvolle Aufgabe darstellt: Unter Anwendung überlieferter alter Techniken, der Verwendung von originalen Materialien und ausgesuchtem, lange gelagertem Holz wird versucht, den Urzustand des betreffenden Objektes möglichst originalgetreu wiederherzustellen. Dabei ist eine reiche Erfahrung beim Schnitzen und Drechseln, beim Nachbilden von Intarsien und besonders beim Polieren hilfreich.

Metallteile wie Beschläge werden in einem «Schwesterbetrieb» im Kloster restauriert, der Goldschmiede der Abtei. Dort haben jahrzehntelang Benediktiner gewirkt, bis die Werkstatt privaten Fachleuten übertragen wurde. Unzählige profane und sakrale Kunstwerke in technischer Vollkommenheit haben die Werkstatt verlassen; von Schmuck, Treib- und Emailarbeiten bis hin zu liturgischem Gerät, darunter auch ein Kelch, den Papst Johannes Paul II. bei seinen Besuchen in Österreich verwendet hat.

Das Kloster in Seckau verdankt, wenn man einer alten Geschichte vertrauen will, gerade der Kehrseite des Handwerks die Gründung an diesem Ort. Erzbischof Konrad I. von Salzburg war ein eifriger Förderer der Chorherren-Bewegung. Wahrscheinlich angeregt

durch den Erzbischof stiftete der hochfreie Adalram von Waldeck 1140 bei seiner Eigenkirche St. Marein bei Knittelfeld (Obersteiermark) das erste steirische Chorherrenstift und widmete ihm den steirischen Teil seiner Besitzungen. In der Stiftungsurkunde vom 10. Januar 1140 heißt es, Adalram habe die Stiftung vorgenommen, «um Verzeihung seiner Vergehen und die Gnade der göttlichen Vatergüte zu erlangen». Da im Seckauer Verbrüderungsbuch ein

1–2 Ein hölzernes Portal führt vom Kapitelsaal in den Kreuzgang, der sich über drei Stockwerke erstreckt. **3** Brunnenmosaik. **4** In die Geschichte des Klosters eintauchen mit der faszinierenden Dauerausstellung «Welt der Mönche». **5** Die Kirchenfront von Mariä Himmelfahrt. **6** Die von 1150 bis 1164 erbaute Basilika: Der schlichte, dennoch monumental anmutende Innenraum wird durch zwei Säulenreihen gegliedert.

«von ihm getöteter Alberto», ein Vetter Adalrams, genannt wird, ist es möglich, dass darin das genannte Vergehen besteht.

Bereits 1142 erfahren wir aus einer Urkunde des Erzbischofs Konrad I. von der Verlegung der Stiftung Adalrams nach einem geeigneteren Ort: «in loco Seccowe dicto», das ist «an einem Ort, der Seckau genannt wird». Der Grund der Verlegung war, dass der bisherige Standort «von allen Seiten zugänglich war und für die Stille des Klosterlebens keine Ruhe bot». Ein anderer Grund für den Umzug auf die Hochebene von Seckau war wohl auch der dort befindliche Sandsteinbruch, aus dem man das Baumaterial für die Kirche gewinnen konnte.

Der Urheber der Unruhe hat einen konkreten Namen. Der reiche Graf Adalram von Waldeck und seine Gemahlin Richenza von Pergen hatten im Mareinertale ein Augustinerkloster gestiftet, dessen Mönche die Gegend urbar machen und die Bewohnerinnen und Bewohner im christlichen Glauben unterweisen sollten. Aber sie hatten die Rechnung ohne die geistlichen Herren gemacht, die sich über den fortdauernden Lärm in den Hammerwerken beschwerten, von denen die Ortschaft Marein ursprünglich den Namen «Hammerdorf» erhalten hatte.

Die Legende schmückt das Ganze mit einer Marienerscheinung aus. Bei der Verfolgung eines Edelhirsches war der Graf einst tiefer als sonst in den dichten Forst geraten und hat sich ermüdet und missmutig unter einem Baum niedergelegt. Plötzlich erhellte ein schimmernder Glanz den Wald; die heilige Muttergottes mit dem Jesuskind schwebte auf goldenem Gewölk vorüber, und der Graf vernahm deutlich den Ruf: «Hic secca!»

Adalram von Waldeck erzählte nach seiner Rückkehr die Begebenheit dem Vorstand des von ihm gegründeten Klosters. Beide begaben sich zur betreffenden Stelle im Wald, ließen den Baum, unter dem der Graf gelegen war, fällen und fanden in ihm ein Marienbild. Der dichte Forst ringsum wurde gelichtet und ein neues Klosterge-

bäude errichtet, das den Namen Seckau erhielt. 1218 errichtete der Salzburger Erzbischof Eberhard II. das Bistum Seckau von allerdings sehr geringer Ausdehnung. Die Stiftskirche wurde Domkirche, das Stift Domstift.

1259 brannten Teile des Stiftes nieder, auch die romanische Holzdecke der Kirche fiel dem Brand zum Opfer. Schon um 1270 wird im Urbar, dem Grundbuch des 1140 gegründeten Augustiner-Chorherrenstiftes ein «domus lapidium» (Steinhaus) erwähnt. 1603 wird es in einer Urkunde Hofwirt- oder Steinhaustafern genannt. Im 15. Jahrhundert erhielt die Kirche ihre gotische Innenausstattung. Von der ehemaligen romanischen und gotischen Anlage des

Klosters ist bis auf einige Spuren des romanischen Kreuzganges nichts erhalten. Im 16. und 17. Jahrhundert wurde der mächtige Renaissancebau des Stiftes errichtet. Der Grundriss der romanischen Kirche zeigt das süddeutsche Schema: eine lang gestreckte, dreischiffige Basilika mit drei Apsiden im Osten. Das heutige Querschiff ist eine Erweiterung aus dem Ende des 19. Jahrhunderts. Der gesamte Raum ist nach genauen Proportionen gestaltet. Das Mittelschiff ist 7,9 Meter breit und genau sechsmal so lang.

An der Südwand des Seitenschiffs stellt ein Freskenzyklus des 13. Jahrhunderts das Leben von Johannes dem Täufer dar. In der Südturmkapelle steht der Mariä-Opferungsaltar, der eine Madonna mit Kind trägt (1488). Der Altar wurde aus Dankbarkeit, dass Seckau beim Türkeneinfall 1480 verschont blieb, errichtet. Die Gnadenkapelle birgt das Seckauer Gnadenbild.

Dass die Pläne zur Barockisierung der Kirche nicht verwirklicht werden konnten, «verdanken» die Mönche den Türken, für deren

1 Gedeckter Tisch im Gastspeisezimmer. **2** Geräumiges Gastzimmer. **3** Die Buch- und Kunsthandlung lädt zum Stöbern ein. **4** Das Kunstobjekt stammt direkt aus der klösterlichen Meistertischlerei. **5** An der Nordseite des Klosters gelegen: die Gaststätte «Hofwirt», früher Sitz der Stiftsanwälte. **6** Das Dorf Seckau in der Steiermark erwacht.

Seckau (Benediktinerabtei)

«Dem Gottesdienst soll nichts vorgezogen werden.»

Anreise
Bahn: Bahnstation Knittelfeld (Strecke Wien–Klagenfurt), von dort Bus oder Taxi nach Seckau.
Auto: S36 Murtalschnellstraße bis Ausfahrt Feistritz bzw. Knittelfeld-Ost, dann L517 bis Kobenz und der Beschilderung folgen.

Geschichte
1140: Gründung als Chorherrenstift von Adalram von Waldegg. 1218 errichtete Erzbischof Eberhard II. von Salzburg in Seckau einen Bischofssitz. Stiftspropst und Chorherren bildeten das Domkapitel. 1883 erwarben und besiedelten Beuroner Mönche die alte Gründung. Seit dem Mittelalter ist Seckau ein Wallfahrtsort.

Sehenswürdigkeiten
Kloster: Gnadenbild, Säulenbasilika, Kreuzigungsgruppe, Johannesfresko, gotischer Maria-Krönungsaltar, gotische Plastiken, Renaissance-Mausoleum Erzherzog Karls II., Fresken in der Engelkapelle von Herbert Boeckl. *Umgebung:* Graz.

Klosterbetrieb
Abteigymnasium mit Werkstattausbildung, Goldschmiede, Buch- und Kunsthandlung, Kunst-, Möbel- und Antiquitätentischlerei, Destillerie, Gasthof «Hofwirt».

Gästeangebot
Mitleben in der Hausgemeinschaft, «Ostern in Seckau», Theologische Tage, Meditationskurse, Hobbykurse der Kunst-, Möbel- und Antiquitätentischlerei, Schaubrennerei, kulturelle Veranstaltungen, Ausstellungen.

Gottesdienste
Sonntag: 5.30 Vigil/Laudes, 8.30 Messe, 10.15 Terz, 10.30 Eucharistie, 12.00 Hore, 12.20 Sext/Non, 17.30 Vesper, 19.00 Messe, 20.00 Komplet.

Unterkunft
Klostergasthof «Hofwirt», Tel. 00 43-35 14-5 64 50, *Jugendherberge u. Klostergästetrakt*, Tel. 00 43-35 14-5 23 40.

Auskunft und Reservierung
Abtei Seckau, A-8732 Seckau 1, Tel. 00 43-35 14-5 23 40, Fax: 00 43-35 14-5 23 41 05, Internet: www.abtei-seckau.at, E-Mail: verwaltung@abtei-seckau.at. *Touristik:* Marktgemeinde Seckau, Seckau 63, A-8732 Seckau, Tel. 00 43-35 14-52 05, Fax: 00 43-35 14-57 78, Internet: www.seckau.at.

Abwehr die Landesfürsten riesige Summen vom Stift verlangten, so dass das Geld für den Umbau letztendlich nicht vorhanden war. Nach 640 Jahren wurde das Stift Seckau am 13. Mai 1782 von Kaiser Joseph II. aufgehoben und der Sitz der Diözese Seckau nach Graz verlegt. Es folgte eine Zeit des Verfalls. Die Bücher der Bibliothek und viele Kunstschätze wurden verschleppt, die romanische Pfarrkirche St. Jakob wurde abgerissen, mehr als ein Drittel der Stiftsanlage verfiel.

Im deutschen Kulturkampf unter Bismarck fanden die Benediktinermönche von Beuron im oberen Donautal Zuflucht in Österreich. Sie durften die alte Abtei Emmaus in Prag übernehmen. Da die Gemeinschaft rasch wuchs, dachte man an eine Neugründung. Am 2. Juli 1883 erwarben sie das verödete Stift Seckau, am 8. September wurde das klösterliche Leben bereits feierlich eröffnet. 1886 stürzte der Nordturm der Kirche ein, der Südturm musste daraufhin abgetragen werden. Trotz dieser Katastrophe wurde Seckau nicht aufgegeben, sondern 1887 zur Abtei erhoben.

Ein besonderes Wallfahrtsziel für Freunde moderner Kunst ist die Seckauer Apokalypse in der Engelkapelle. Sie wurde von Herbert Boeckl in den Jahren von 1952 bis 1960 geschaffen und stellt die Offenbarung des Johannes in Freskotechnik dar.

Die fünfte Jahreszeit im Kloster
Wein, Meditation und Musik im Chorherrenstil von Neustift

In Südtirol ist es «wunderherrlich und repariert ganz sicher Leib und Seele», denn kaum eine andere Landschaft verbindet so sehr Natur-, Kunst- und Glaubenserlebnisse.

Ein mächtiges Gemäuer, dem schon von außen eine große Geschichte anzusehen ist, liegt eingebettet zwischen Hängen von Reben und Kastanienbäumen vor der Kulisse der Südtiroler Bergwelt. Wenige Kilometer nördlich oder, wenn man aus Deutschland über die Alpen reist, kurz vor der Talsenke der Bischofsstadt Brixen macht sich das Kloster Neustift breit, «Novacella», wie es in Italien ein Begriff ist, vor allem unter Weinkennern.

Denn hier wird schon immer mit dem Rebensaft gefeiert, was in Bayern beispielsweise die fünfte Jahreszeit ist. Der Kenner weiß, dass bei dem einen dann die Starkbierzeit angebrochen ist, wie sie nicht im Kalender der vier Jahreszeiten steht. Beim anderen herbstet es gewaltig. Wenn die Blätter sich verfärben und der neue Wein in die Keller kommt, dann wird in Südtirol getorgelt. Also auch im Eisacktal, wo Neustift liegt, das mit seinem Klosterweingut das nördlichste Weinbaugebiet Italiens beherrscht.

Torgeln – im alemannischen Dialekt Südtirols das Törggelen – bedeutet trotz der sprachlichen Nähe zu torkeln keineswegs, dass einer zu sehr dem Wein zugesprochen hat. Das kann natürlich durchaus vorkommen. Das Wort leitet sich vielmehr vom lateinischen «torculum» ab, das nichts anderes ist als die Presse, hier also die Weinpresse. Törggelen fasst alles zusammen, was um die Weinkelter und den neuen Wein gemeint ist. Es ist eine Attraktion für Einheimische und Besucher und im Mittelpunkt steht vor allem die Verkostung des neuen Weins, am besten in einer Bauernstube bei heimischen Spezialitäten. Das sind im Eisacktal Kastanien, Krapfen, Speck und Käse. Das Törggelen beschreibt ein Lebensgefühl. Es hat sich zu einer Art Weinwallfahrt entwickelt, weshalb man einen sonnigen Herbsttag nicht nur für kulinarische Freuden, sondern auch gleichzeitig für eine Wanderung nutzen kann.

Das Kloster Neustift macht da keine Ausnahme. Es verkauft nicht nur weltweit seine Weine, sondern lässt auch vor Ort probieren. Die Auswahl bietet für jeden Geschmack etwas. Aus einer Anbaufläche von 18 Hektar Moränenboden im Besitz des Stiftes und von

1 Der Kreuzgang in dem von Franz de Paula Penz 1774 fertig gestellten Kloster. 2 Deckengewölbe im Kreuzgang. 3 Erinnerung an die Vergänglichkeit: Sonnenuhr an einem der Stiftstürme. 4 Seit 1142 inmitten von Weinbergen im Eisacktal gelegen: Das Augustiner-Chorherrenstift gilt als «Weinwallfahrtsort», den Kaiser Maximilian I. als Jagdsitz schätzte.

50 Hektar Zukauf von seit Jahrzehnten dem Kloster verpflichteten Winzern produziert der Kellermeister (der heute auch im Chorherrenstift kein Augustinermönch mehr ist, sondern kirchlich betrachtet ein Laie) jährlich 450 000 Flaschen, davon 27 Prozent Sylvaner, 20 Prozent Müller-Thurgau, 11 Prozent Gewürztraminer, 10 Prozent Vernatsch, 5 Prozent roter Lagrein, 5 Prozent Blauburgunder und 22 Prozent andere Sorten, darunter kaum bekannte Typen. Die Weißweine sind charaktervolle Weine mit einer für Italien ungewohnt stahligen Säure und sehr duftigem Bukett.

Die Neustifter stellen aber auch den einzigen Sylvanerschnaps oder Sylvanergrappa Italiens her. Die für den 42-Prozenter verwendeten Tresterpartien werden besonders behutsam ausgewählt und in kleinen, eigens entwickelten Stahlbehältern vergoren. Dem Sylvanergrappa wird nachgesagt, er zeichne sich durch ein sehr feines und elegantes Bouquet aus und besitze ein delikates Aroma, das durch einen besonders milden Abgang in Erinnerung bleibe. Nur etwa mehr als 2000 Liter werden jährlich von der anderen Hausspezialität, dem Abbagnac, hergestellt. Das ist ein Destillat, welches die Stiftskellerei aus Gewürztraminertrestern gewinnt und

1–2 Putten im Innern der Stiftskirche zu «Unserer Lieben Frau». Der Innenraum wurde nach Entwürfen von Joseph Delais und Philipp Adler geschaffen, ab 1734 wurde dem romanisch-gotischen Kirchenraum ein spätbarocker Mantel verliehen. **3** Die Augustinermönche beim Chorgebet. **4** Klosterinnenhof mit «Wunderbrunnen» von 1508, auf dessen Fries die antiken Weltwunder gemalt sind. **5** Blick in den Kreuzgarten.

für mindestens sechs Monate in Eichenfässern lagert. Daher ist dieser Tresterbrand leicht tabakfarben, hat ein fruchtig-komplexes Bouquet und ein ganz besonders vielfältiges Aromenspektrum. Der Name erinnert an das italienische Wort für Abtei, «abbazia», und Cognac oder Armagnac.

Weinbau wird im Kloster Neustift seit 1142 betrieben. Das Augustiner-Chorherrenstift wurde im selben Jahr vom Brixner Bischof Hartmann gegründet und hat also von Anfang an Wein angebaut. Das geht aus Erwähnungen aus dem Gründerjahr hervor. Von Anbeginn war es auch ein viel besuchtes Hospiz und Raststätte für Pilger auf der Reise an die Adria und weiter ins Heilige Land oder nach Rom. In jener Zeit war das Kloster ein wichtiger Bezugspunkt im geistigen Leben Europas.

In den Gasthöfen und Raststätten geht und ging es trotz der frommen Gastgeber mitunter recht ausgelassen zu. In den mittelalterlichen Klöstern gehörte Musik zum Alltag. Es gab Bibliotheken mit Musikhandschriften und notenkundigen Schreibern. Gerade Brixen war für Reisende, also auch für Musiker, eine bedeutende Durchgangsstation auf der Nord-Süd-Verbindung über die Alpen. Zu den

prominentesten Gästen zählt das Kloster einen einheimischen Künstler, der durch halb Europa gezogen ist und hier im Kloster bleibende Spuren hinterlassen hat: den Minnesänger Oswald von Wolkenstein. Er wurde um 1377 auf Burg Schöneck im nahen Pustertal geboren, verließ mit zehn Jahren sein Elternhaus, wurde Ritter, zog umher bis zum Konzil in Konstanz und in die französischen Heimatlande der Troubadoure, beerbte im Streit mit seinen Geschwistern Teile des elterlichen Gutes und kehrte gegen 1435 ins heimatliche Tirol zurück. Er wurde fast sesshaft. Jedenfalls starb er 1445 in Meran und wurde im Kloster Neustift beigesetzt. In seinem Lied «Wol auff, wir wollen slauffen» preist er den hiesigen Wein und erzählt von seiner Heimat, von seiner Burg Hauenstein, von der heute nur noch eine Ruine steht, der Eisack, der Stadt Kastelruth, der Seiser- und der Flaggeralm.

Die Augustiner-Chorherren gehörten im Mittelalter zu den Pionieren des Weinbaus. Aber auch wer sich heute ihrer Kunst anvertraut, wird kaum Anlass finden, sich nach durchzechten Abenden über Kopfschmerzen beklagen zu müssen. Doch selbst wenn dies einmal der Fall sein sollte, wissen die Augustiner zu helfen. Ihr Neu-

stifter Kräutertee ist unter Experten ein Begriff: Pfefferminze, Zitro-
nenmelisse, Kamille, Ringelblume, Malve, Kornblume, Salbei. Die
Teemischung wird auszugsweise nach einer alten Rezeptur der
Neustifter Klosterapotheke zusammengestellt. Die verwendeten
Kräuter werden auf dem Rauterhof auf 1300 Meter Meereshöhe in
Riol in der Gemeinde Franzensfeste nach biologischen Richtlinien
angebaut und mit größter Behutsamkeit getrocknet.

Die Geschichte des Ordens der Augustiner-Chorherren beginnt
schon im 4. Jahrhundert mit Priestergemeinschaften. Die des Kir-
chenvaters und heiligen Augustinus dürfte wohl die bedeutendste
gewesen sein. Es waren so etwas wie heutige Wohngemeinschaf-

1 Die Bibliothek von Neustift birgt 65 000 Bücher und Manuskripte.
2 Wertvolle Bibel im Bibelsaal. **3** Erinnerung an Bischof Hartmann von
Brixen und Reste von Wandmalereien im Kreuzgang. **4** Gemäldegalerie:
«Werke der Barmherzigkeit» (links) und «Himmelfahrt im Museum»
(rechts). **5** Prachtvolle Handschrift aus der Neustifter Schreibschule.

ten, aber eben nur aus Priestern gebildet. Das waren keineswegs Klöster im späteren Sinn. Deren mönchische Tradition wurde erst mehr als ein Jahrhundert später von Benedikt von Nursia mit der Gründung des Benediktinerordens eingeleitet.

In der Frühzeit spielten solche Gruppen von Priestern und ihre Häuser eine große Rolle in der Seelsorge. Sie wurden mächtig, einflussreich und verweltlichten. Ihre Lebensregel und das Ideal dieser Gemeinschaft wurden dennoch in der großen Klerusreform des 11. und 12. Jahrhunderts als Vorbild für die «Weltpriester» genannten Pfarrer herangezogen. Die Päpste wollten gleichzeitig die Chorherren zu einem Leben in beispielhafter Gemeinschaft zurückführen und sie zum Verzicht auf persönliches Eigentum und zu den Bußübungen nach dem Vorbild der Mönche ermahnen.

Endgültigen Anstoß zur Reform der Kanoniker gab die römische Synode 1059 unter Papst Nikolaus II. (1059–1061). Dort wurden die Vorschriften erlassen, die die Bedeutung des gemeinschaftlichen Lebens und der persönlichen Armut betonten. Die Chorherrenstifte sollten Reformzentren für den übrigen Klerus bilden und die-

sen durch vorbildliche Seelsorge motivieren und unterstützen. Primär ging es um die Pflege und Einübung der feierlichen Liturgie. Die Stifte boten außerdem ausgezeichnete Möglichkeiten für die Betreuung von Kranken und Pilgern. Mit ihren Klosterschulen und dem Interesse für Wissenschaft und Kunst wurden die Chorherren bedeutende Träger des kulturellen Lebens.

Zum ersten Mal erwähnt ein päpstlicher Text in der Zeit von Papst Urban II. (1088–1099) die Augustinerregel, die «regula sancti Augustini». Etwa von dieser Zeit an spricht man von den Augustiner-Chorherren. Der Orden verbreitete sich besonders in Italien, Frankreich und den deutschsprachigen Ländern. Seine letzte große Blütezeit erlebte er im 17. und 18. Jahrhundert. Darauf folgte die Zeit der Säkularisation, der viele Klöster zum Opfer gefallen sind. Einer der berühmtesten Augustiner war übrigens der deutsche Reformator Martin Luther.

Die Abtei Neustift wird wie bereits zu Gründungszeiten noch heute von Augustiner-Klosterbrüdern geleitet. Im Mittelalter war sie ein wichtiges kulturelles Zentrum. Hier blühten eine Chormusikschule und auch kleinere Choralschulen. Der majestätische Komplex besteht aus einer spätbarocken Kirche, einem gotischen Kloster, dem Wunderbrunnen und der berühmten Bibliothek, in der 65 000 Druckwerke und Manuskripte nach 43 Sachgebieten eingeteilt aufbewahrt werden.

Die harmonische Stiftsbibliothek, die lichtvolle Basilika, der gotische Kreuzgang mit seinen Fresken und die gotischen Tafelbilder in der Gemäldegalerie sind ein Hochgenuss für jeden Kunstinteressierten. Hier, am Schnittpunkt zwischen Italien und den Ländern nördlich der Alpen, entstand eine reiche städtische Kultur mit eigener Bildersprache. Ihr wichtigster Vertreter war Michael Pacher (vermutlich 1435–1498), ein Künstler von damals europäischem Rang. Aus seiner Werkstatt kamen Schnitzwerke, Ölgemälde auf Holztafeln und Fresken. Mit seinen Skulpturen hatte sich Pacher den Bildschnitzern des Nordens verschrieben, während seine Malerei deutlich von dem italienischen Renaissancemaler Andrea Mantegna beeinflusst war. Die Kunstgeschichte spricht gar von einer beispiellosen schöpferischen Verbindung zwischen Nord und Süd.

1 Die mächtige Klosterkuppel der Stiftskirche zu «Unserer Lieben Frau»; das herrliche Deckenfresko schuf Matthäus Günther (1736). **2** Blick von der Empore auf einen der vier Seitenaltäre, die um 1770 entstanden sind. **3** Der ursprünglich romanisch-gotische Bau wurde im 18. Jahrhundert zum schönsten spätbarocken Kirchenraum Südtirols umgestaltet.

Heute umfasst die imposante Klosteranlage neben Konvent und Weinkellerei ein Schülerheim, Tagungszentrum, Bibel- und Ökozentrum. Zu den Hauptaufgaben der Augustiner-Chorherren von Neustift gehört die Betreuung von zwanzig Pfarrgemeinden in Süd- und Osttirol. Im Miteinander von klösterlichem Leben und aktiver Arbeit in den Pfarreien wird eines der Charismen des Ordens deutlich: Die Verbindung von Gemeinschaft und Seelsorge. Die Einrichtung des Bildungshauses greift mit Kursen und Seminaren die Erwachsenenfortbildung in verschiedenen Bereichen auf. Es begann 1970 mit dem Tourismuszentrum. Dazu kam bald ein Bibelzentrum zur Förderung der praktischen Bibelarbeit sowie ein Öko-

zentrum mit einem breiten Bildungsangebot im Umweltbereich. Computerkurse runden die vielfältigen Weiterbildungsmöglichkeiten ab, die für Einheimische wie für Gäste gleichermaßen angeboten werden. Musikalische Meditation erinnert an die Südtiroler

1 Im Bibelsaal finden regelmäßig Fortbildungsseminare statt. **2** Moderne Zeiten: Computercamp für Jugendliche im Bildungshaus. **3** Abt Chrysostomus Giner; neben ihren seelsorgerischen und pädagogischen Aufgaben betreuen die Augustiner-Chorherren von Neustift auch ein Bibel- und ein Ökozentrum. **4** Die im Südtrakt des Stifts untergebrachte Gemäldesammlung kann im Rahmen von Führungen besichtigt werden. **5** Badespaß im Swimmingpool – ein Schülerheim gehört ebenfalls zur Klosteranlage. **6** Blick auf die Michaelskapelle, auch Engelsburg genannt: Der zweistöckige romanische Rundbau diente ursprünglich als Hospizkapelle.

Minnesänger Walther von der Vogelweide und eben an Oswald von Wolkenstein. Oswald rät seinen Hörern: «Ich han gelebt wol vierzig jar leicht minner zwai, mit toben, wüten, tichten, singen mangerlai» und «Auch kund ich fidlen trumen paugken pfeiffen». Vielleicht konnte er all diese Instrumente spielen, vielleicht hat er sie ausprobiert; in jedem Fall beschreibt er Musik, die er bei repräsentativen Anlässen gehört hat: «Pfeiffen, trummen, saitenspil, mit engeln wolgezieret schon, die sungen klungen mangen don, ir ieslicher besunder, mit fremder stimme wunder.»

Nach einer Woche im Bergfrieden und in der Stille des Klosters, die von Musik untermalt wird, spürt heute mancher Wolkensteins Muse nach. Eine Teilnehmerin an einer solchen musikalischen Meditation fasst zusammen: «Ich fühle mich, als hätte ich eine Menge Alltag aus dem Kopf gekriegt. Ich kann besser zuhören, vor allem meinem Körper und meiner Seele.»

Professoren kommen mit ihren Studentinnen und Studenten zu Seminaren in die Stille von Neustift. Umweltorganisationen holen sich Anregungen aus dem Ökozentrum. Die Weiterbildungsgenossenschaft des Südtiroler Bauernbundes bildet hier Landwirte und berufsverwandte Gruppen sowie Natur- und Kulturinteressierte zum Natur- und Landschaftsführer aus. «Hier ist es wunderherrlich und repariert ganz sicher Leib und Seele», schwärmte ein Dichter auf seiner Reise nach Südtirol, denn kaum eine andere Landschaft verbinde so sehr Natur-, Kunst- und Glaubenserlebnisse.

Kloster Neustift (Augustiner-Chorherrenstift)

«Seit den Zeiten der mittelalterlichen Latein- und Schreibschule beleben Schüler bis zum heutigen Tage dieses Kloster.»

Anreise
Bahn: Brenner–Vahrn (Richtung Brixen).
Auto: Brennerautobahn A22, Ausfahrt Vahrn-Nord (Brixen).

Geschichte
Unter Papst Urban II. (1088-1099) gab es erstmals in offiziellen Texten einen direkten Hinweis auf die «regula sancti Augustini» (Augustinusregel). Ab dem 12. Jahrhundert wurde offiziell von «Augustiner Chorherren» gesprochen. Kloster Neustift wurde 1142 vom Brixener Bischof Hartmann gegründet. Von Anfang an war es Zentrum im geistigen Leben Europas sowie Hospiz und Raststätte für Pilger auf der Reise ins Heilige Land oder nach Rom. Davon zeugen heute noch die

berühmte, sehr umfangreiche Stiftsbibliothek, die weitläufige Bildungstätigkeit und der Klosterkeller. Wirtschaftlich war und ist das Stift aufgrund seiner Güter weitgehend selbstständig.

Sehenswürdigkeiten
Kloster: Basilika, gotischer Kreuzgang, Engelsburg, Stiftsbibliothek, mittelalterlicher Weinkeller.
Umgebung: Brixen, Bozen, Südtiroler Weinstraße, Eisacktal.

Klosterbetrieb
Bildungstätigkeit, Klosterladen, Weinkeller, Sägewerk, Mühle.

Gästeangebot
Führungen, Kurse, Seminare, Bibelzentrum, Computerzentrum, Aus- und Weiterbildung, religiöse Orientierungshilfe, praktische Bibelarbeit, Ökozentrum.

Unterkunft
Hotel «Pacher», Pustertaler Straße 6, 39040 I-Vahrn/Neustift, Tel. 00 39-04 72-83 65 70, Fax: 00 39-04 72-83 47 17, Internet: www.hotel-pacher.com, E-Mail: info@hotel-pacher.com.

Auskunft und Reservierung
Kloster: Augustiner-Chorherrenstift Neustift, Stiftstraße 1, I-39040 Vahrn, Tel. 00 39-04 72-83 61 89, Fax: 00 39-04 72-83 73 05, Internet: www.kloster-neustift.it, E-Mail: bildungshaus@kloster-neustift.it.

Heimat der katholischen Schweiz
Gegen Reformation und Revolution: Einsiedeln

Das Gnadenbild von der «Schwarzen Madonna» versinnbildlicht die alemannische Volksfrömmigkeit und ist das Ziel unzähliger Wallfahrer.

Die Geschichte beginnt mit einem Mord. Das unschuldige Opfer war der erste Einsiedler in der Gegend, in der schon seit über 10 000 Jahren nomadisierende Jäger auf Beute gingen. Der spätere heilige Meinrad soll im Jahr 835 an der Stelle, wo heute die Gnadenkapelle in der Klosterkirche von Maria Einsiedeln steht, eine Klause und eine Kapelle errichtet haben. 861 wurde dieser Meinrad von Landstreichern erschlagen. Der Legende nach verfolgten zwei Raben die Mörder bis in die Gegend vom Zürichsee und führten sie dem Richter zu. Einsiedeln hat daher seit Mitte des 13. Jahrhunderts zwei Raben in seinem Wappen und hat sich nach der wundersamen Aufklärung des Verbrechens zum ältesten und bedeutendsten Wallfahrtsort der Schweiz entwickelt.

Hundert Jahre später, 934, soll hier das Kloster Einsiedeln gegründet worden sein, das fortan die Geschicke dieser Gegend maßgebend bestimmte. Sein Abt ist bis heute Mitglied der schweizerischen Bischofskonferenz und verfügt im Klostersprengel über bischöfliche Kompetenzen. Die Ursprünge der Wallfahrt reichen mit Sicherheit bis ins 11. Jahrhundert zurück. Im Mittelalter bildete Einsiedeln ein festes Etappenziel für die Pilger auf dem Weg nach Santiago de Compostela in Spanien. Hauptanziehungspunkt ist dabei die Schwarze Madonna in der Gnadenkapelle.

Bei der Schwarzen Madonna handelt es sich um eine Marienstatue in der Gnadenkapelle, die das eigentliche Ziel der Wallfahrer ist. Ihr Name rührt von der schwarzen Gesichtsfarbe der Figur her – wie bei allen anderen schwarzen Madonnen in ganz Europa eine Folge der vielen Kerzen und Lampen, die früher in der Gnadenkapelle brannten. Allerdings mit einer Besonderheit, davon aber später. Ihren Ehrenplatz hat sie im Inneren der Klosterkirche.

Eingeweiht werden sollte die Kapelle am 14. September 948 durch Bischof Konrad von Konstanz. Nach der Legende erschien ihm in der Nacht zuvor im Traum Christus, der die Kapelle seiner Mutter Maria weihte, so dass Konrad auf die Einweihung mit der Begrün-

1 Viehabtrieb am Klosterplatz. – Die Wurzeln des Klosters reichen auf eine Einsiedelei im 9. Jahrhundert zurück. **2** Hauptanziehungspunkt im Inneren der Klosterkirche: das berühmte Gnadenbild in Gestalt der spätgotischen Schwarzen Madonna mit Kind und Krone im Festbehang. **3** Die Pferdeweihe nimmt Pater Othmar vor. **4** Die Gnadenkapelle mit dem Marienbild illuminiert für das erste Pontifikalamt der Kirchweihe.

dung verzichtete, dies sei bereits von Gott vollzogen worden. Das alljährlich am 14. September gefeierte Fest der Engelweihe geht auf diese Legende zurück. Bei diesem Höhepunkt der Wallfahrtsfestlichkeiten von Einsiedeln erstrahlen das Kloster und Teile des Dorfes im Licht vieler tausender Kerzen und die Pilger begeben sich zu einer Lichterprozession auf den Klosterplatz. Höhepunkt eines jeden Tages bildet dagegen das «Salve Regina»: An das Vesper-Gebet anschließend ziehen die Mönche des Klosters um 16.30 Uhr in einer Prozession zur Gnadenkapelle, um dort den mehrstimmigen Mariengruß zu singen.

Die Statue der Gottesmutter stammt aus der Mitte des 15. Jahrhunderts und steht vor einer Gloriole, einem goldenen Wolkenkranz, aus dem Strahlen und Blitze fahren. Seit dem Beginn des 17. Jahrhunderts trägt die Madonna in Abstimmung mit dem liturgischen Kalender unterschiedliche Kleider.

Die Wallfahrt hat die Entwicklung der Einsiedler Klostergemeinschaft ganz besonders geprägt. Ihr Anfang verliert sich im Dunkel der Jahrhunderte. Er dürfte aber eng mit der Verbreitung der Legende über die «göttliche Einweihung» der Gnadenkapelle zusammenhängen, die erstmals um die Mitte des 12. Jahrhunderts belegt ist. Der erste sichere Nachweis für die Wallfahrt selbst stammt aus dem Jahr 1337, in dem ein Geleitbrief des Vorarlberger Ritters Tumb von Neuburg für Einsiedler Pilger ausgestellt wurde. Die Stiftung des Pilgerspitals im Jahr 1353 deutet auf ein Anwachsen der Wallfahrt hin. Die Pilger kamen aus der ganzen Eidgenossenschaft und aus dem Ausland: um 1370 von Lübeck, später aus Köln und Flandern. Viele Wallfahrer strömten 1466 anlässlich der so genannten Großen Engelweihe herbei. Chronisten sprechen von der gewaltigen Zahl von 130 000 Wallfahrern.

Während der Reformationszeit ging die Wallfahrt stark zurück. Der Kampf für den alten Glauben schloss die katholisch gebliebenen Orte eng zusammen, wobei sich Einsiedeln als geistiger und religiöser Mittelpunkt erwies. In der zweiten Hälfte des 16. Jahrhunderts

1 Der anlässlich der Prozession erleuchtete Klosterplatz am Abend der Kirchweihe; Einsiedeln gilt heute als Synonym für alemannnische Volksfrömmigkeit. 934 wurden über der Klause des 861 ermordeten heiligen Meinrad die ersten Klosterbauten errichtet. 2 Die Kirche gilt als bedeutendstes Barockbauwerk der Schweiz; Stuckaturen und Deckengemälde stammen von den Brüdern Asam. 3 Die Bibliothek wurde bereits bei der Gründung des Klosters 934 angelegt. 4 Im unteren Chorraum.

wurden die offiziellen Wallfahrten der eidgenössischen katholischen Stände immer zahlreicher. Im Jahr 1600 wurde in Einsiedeln die Rosenkranzbruderschaft eingeführt, die viel für die großartige Gestaltung der Wallfahrt mit Prozessionen und geistlichen Schauspielen unternahm. Damit nahm man eine alte Tradition wieder auf, stammen doch die ersten Nachrichten von dramatischen Aufführungen in Einsiedeln bereits aus dem 12. Jahrhundert. Die barocken Schauspiele entwickelten sich aus stummen Szenen bei Prozessionen, wobei vor allem Bilder aus den Türkenkriegen eine große Rolle spielten. Ein eigentliches Festspiel findet sich erstmals 1655. Den Text verfassten zumeist Patres des Klosters, während die Rosenkranzbruderschaft die Aufführung der Schauspiele organisierte. 1773 wurden die mitunter allzu deftigen und wenig geistlichen Spiele verboten.

Ein wüstes Bild, das französische Revolutionssoldaten in Maria Einsiedeln hinterließen, zeichnet ein Klosterbericht für das Jahr 1798. Wo sonst fromme Pilger beteten, lungerten französische Revolutionssoldaten herum, würfelten, soffen und stritten um Essrationen. Pferdegeklapper, Flüche und schallendes Lachen, durchsetzt von scharfen Befehlen, dröhnten, wo sonst Mönchsgesang erklang. Staub von Stroh und Mist wirbelte bis in die Kuppeln hinauf und

der Geruch von Pulver, Schwefel und Schnaps hing in den von den französischen Revolutionssoldaten entweihten Hallen. In der Gnadenkapelle holten sie die Holzstatue der Muttergottes von ihrem Platz und schickten sie direkt nach Paris. Dort musste man allerdings feststellen, dass es sich nur um eine Kopie handelte. Die Mönche hatten diese heimlich gegen das echte Gnadenbild ausgetauscht. Die Offiziere leiteten sofort eine Fahndung ein und suchten fieberhaft nach der Figur.

Die «Flucht» des echten Gnadenbildes war nicht nur dramatisch, sondern auch lebensgefährlich. Hätten die Franzosen die Statue gefunden, die der Klosterangestellte Placidus Kälin zuerst in einem Stall versteckte, dann auf der Haggenegg oberhalb Schwyz im Boden vergrub und schließlich auf einem Ochsenkarren in einer Kiste

nach Bludenz ins Frauenkloster schmuggelte, wäre er standrechtlich erschossen worden. Die Einsiedler Madonna aber gelangte schließlich unversehrt bis nach Triest. Das Direktorium in Paris befahl währenddessen, die Gnadenkapelle abzureißen. Mit Brecheisen und Hämmern zerstörten die Soldaten das Heiligtum, um so einen Lebensnerv der alemannischen Katholiken zu vernichten.

1–3 Komfortable Gastzimmer bieten das ganze Jahr über Platz für männliche Wallfahrer. **4** Im Gastspeiseraum ist für das leibliche Wohl gesorgt; Mönche und Gäste nehmen gemeinsam die Mahlzeiten ein. **5** Zum klösterlichen Anwesen gehört ein eigenes Gestüt, das zu den ältesten Pferdezuchtbetrieben Europas zählt. **6** Weitläufiger Gang in der Klausur. **7** Stimmungsvolle Spazierwege locken in der nahen Umgebung. Der berühmte Wallfahrtsort im Südosten der Schweiz liegt inmitten einer freundlichen Voralpenlandschaft unweit des aufgestauten Sihlsees.

Als die Schwarze Madonna 1802, drei Jahre nach ihrer Flucht vor den Franzosen, feierlich nach Einsiedeln zurückkehren durfte, wurde sie zuvor in Österreich restauriert. Der Künstler machte die Haut wieder sauber und damit fleischfarben. Doch die Leute waren enttäuscht: «Das ist nicht unsere Madonna – unsere ist schwarz!» Er übermalte Gesicht und Hände mit schwarzer Farbe, und so blieb es bis heute. Im Volk hatte sich die Einsiedler Madonna als Schwarze Madonna eingeprägt.

Einsiedeln mit dem Gnadenbild wurde ein Synonym für alemannische Volksfrömmigkeit. Das Kloster steht aber auch für eine der ältesten Bibliotheken Europas. Sie wurde schon bei der Gründung des Klosters 934 angelegt und umfasst heute 1230 Handschriften, 1040 Bände Inkunabeln und Frühdrucke, 260 Mikrofilme und rund 170 000 gedruckte Bücher. Besonders wertvoll ist die grafische Sammlung mit 10 000 Blättern und 100 000 Andachtsbildchen.

Das Kloster besitzt auch 8 Hektar Weinberge am Zürichsee: Die Trauben werden nach Einsiedeln transportiert und dort im Keller ausgebaut. Der liegt unter der Klausur und ist deshalb für das Publikum nicht zugänglich, die Weine werden aber verkauft.

Einsiedeln (Benediktinerabtei)

«Höre und du wirst ankommen.»

Anreise
Bahn: Bahnstrecke Zürich–Einsiedeln.
Auto: Zürich (A3)–Ausfahrt Einsiedeln.

Geschichte
934 legte Eberhard, vormals Domprobst zu Straßburg, als erster Abt den Grundstein zum Benediktinerkloster. 947 wurde Einsiedeln Königskloster, der Abt Reichsfürst. In den folgenden Jahrhunderten wuchs Einsiedeln beträchtlich an Territorium und politischer Bedeutung. In Einsiedeln fanden 1639 im Dreißigjährigen Krieg die ersten Friedensverhandlungen zwischen Bayern und Frankreich statt. Während der Französischen Revolution wurde das Kloster geplündert und aufgehoben, 1803 konnte es wiederhergestellt werden. Einsiedeln ist heute das größte schweizerische Marienheiligtum und zählt zu den bedeutendsten Wallfahrtszielen nördlich der Alpen.

Sehenswürdigkeiten
Kloster: eindrucksvolle Klosteranlage mit Gnadenkapelle, Deckenfresken von C. D. Asam (größtes Freskengemälde der Schweiz), Stuckaturen, Stiftsbibliothek.
Umgebung: Sihlsee, Luzern, Vierwaldstätter See, Zürich.

Klosterbetrieb
Gymnasium, Theol. Fakultät, Klosterladen, Weingut, Gärtnerei, Forstabteilung, Gestüt.

Gästeangebot
Besinnungstage, Reiten.

Gottesdienste
Werktag: 7.30 Konvent/Laudes, 16.00 Vesper.
Sonntag: 7.30 Laudes, 9.30 Konvent, 16.00 Vesper.

Unterkunft
Kloster: Gästezimmer (Reservierung siehe unten).

Auskunft und Reservierung
Kloster: Benediktinerabtei Einsiedeln, CH-8840 Einsiedeln, Tel. 00 41-55-4 18 61 11, Fax: 00 41-55-4 18 61 12, Internet: www.kloster-einsiedeln.ch, E-Mail: gastpater@bluewin.ch.
Touristik: Einsiedeln Tourismus, Hauptstraße 85, 8840 Einsiedeln, Tel. 00 41 55-4 18 44 88, Fax: 00 41-55-4 18 44 80, Internet: www.einsiedeln-online.ch, E-Mail: info@einsiedeln.ch.

Urbild der Marienerscheinung
Mariastein – das Lourdes in der Schweiz

Wo ein Mönch schwärmt: «Und merkwürdig! Je mehr die Gottlosigkeit in der Welt um sich greift und sich breit macht, desto mehr pilgern treue Christusjünger hin zum Gnadenthrone der göttlichen Mutter.»

Zahlreiche Votivtafeln säumen den Weg ins Heiligtum: «Danke», «Grazie», «Merci», «Maria hat geholfen», manchmal auch etwas ausführlicher: «Merci à Marie / pour Vincent / heureux, guéri et marié» – Der Dank eines Vincent für glückliche Heilung und Heirat. Im Gästebuch finden sich alle Sorgen, mit denen die Menschen herkommen. Alltagsprobleme und Schicksalschläge: «Bitte für guten Verkauf in unserem Laden.» Oder auch die inständige Fürbitte, «dass ich die Aufnahmeprüfung bestehe».

Seit Generationen kommen Menschen zu Marienstätten, um die Muttergottes voller Vertrauen zu bitten und kehren nach der Erfüllung dankbar zurück. Sie drücken ihren Dank auf Täfelchen oder Kärtchen aus. Früher zündeten sie sogar Tausende von Kerzen an, bis diese zum Sicherheitsrisiko wurden und man sie untersagte. Heute steht nur noch eine große Kerze da und die Bitte, das Geld statt für die Lichter für einen guten Zweck zu spenden. Mehrere hundert solcher Gnadenorte zählt die katholische Kirche, darunter berühmte wie Lourdes in Frankreich oder Fatima in Portugal und weniger berühmte wie Mariastein bei Basel – nach Einsiedeln der zweitwichtigste Marienwallfahrtsort in der Schweiz.

Eine natürliche Felsenhöhle, die später zu einer Kapelle umgestaltet wurde, ist das Ziel in Maria «Stein» mit einem Gnadenbild der lächelnden Madonna in einer unterirdischen Felsengrotte. Die Gnadenstätte «im Stein» wurde erstmals 1434 erwähnt und hat dem Ort seinen Namen gegeben. Heute erhebt sich darüber hart an einer Felskante des Jura die Klosteranlage mit der Wallfahrts- und Klosterkirche. Der Ursprung geht auf die Zeit um 1380 zurück und ist legendenhaft. Kurz erzählt handelt es sich um die Geschichte eines Kindes, das von einem Felsen stürzte und nur durch das Eingreifen der Gottesmutter Maria vor dem sicheren Tod bewahrt wurde.

Wo heute das Kloster steht, war einst eine grüne Wiese. Eine Bauersfrau, die mit ihrem Kind das Vieh hütete, begab sich eines Tages

1 Im Klostergarten. **2** Populäres Wallfahrtsziel: Das Gnadenbild der «lächelnden Madonna» von 1645, das in einer unterirdischen Felsengrotte in der Gnadenkapelle aufgestellt ist. Menschen finden hier Hilfe und Ermutigung bei der «Mutter vom Trost». **3** Nebenkapelle der Klosterkirche im Klausurbereich. **4** Beim Chorgebet: Die Benediktinergemeinschaft wird seit Februar 1995 von Abt Lukas Schenker geführt.

in eine tiefer gelegene, schattige Höhle. Von Müdigkeit übernommen, schlief sie ein. Beim Erwachen vermisste sie ihr Kind. Mit eiligen Schritten stieg sie ins Tal hinunter und fand dort ihr Kind gesund und wohlbehalten. Es erzählte von seiner wunderbaren Rettung durch die Gottesmutter Maria, die den Wunsch geäußert habe, in dieser Höhle verehrt zu werden. In verklärter Langfassung und in der Sprache von früher hört sich das natürlich anders an. Der Kloster-Geschichtsschreiber Pater Dominicus Ginck zeichnete in seiner Chronik aus dem Jahr 1693 die wundersame Rettung des Kindes mit reichlich blumigen Worten: «Demnach nun die Mutter

zu genügen schlaffen / und widerum erwachet / giengen alsobald ihre ersten Gedanken nach ihrem hinderlassenen Kind / wie es um dasselbige stehe; da sie aber hin- und hersehend selbiges weder sehen noch hören oder anderwerts verspühren könnte / erschracke sie über die massen / bildete ihr nach langem Suchen und Ruffen / nichts anderes ein / als müsse das unbehutsame Kind in das tieff und schroffächtige Thal gefallen seyn / wie es dann auch ware: Laufft derohalben aller entrüst und angsthafft in höchstem Herzleyd durch einen rauch und stutzigen Umweg in das Thal hinunder ihr arm-unglückseliges / wo nicht in Stücke zerfallenes / aufs wenigest doch todes Kind für ein ungezweiffelte Leich auffzuheben / und zur Erden zu bestatten. Aber o unverhofftes Wunder! Nachdem die betrübte Mutter in das Thal gelangt / an statt da sie ihr nichts anders einbildete / als ein hertzbrechendes Traurspihl / sihe! da fande sie mit frölichem Anblick ihr tausent liebes Kind gantz unverletzt / frisch und gesund mit frewdigen Geberden Blümlein brechend.

Die Mutter von so unverhofftem Anblick theils vor Frewden / theils vor Verwunderung aller erstaunet / wusste nicht / ob sie ihren Augen glauben / oder die Sach in Zweiffel ziehen sollte? biss dass sie endlich sich um etwas erholend gefragt: Ey mein Kind / wie finde ich dich allda? Wie kommt es doch? Ja wie ist es je möglich /

Die Klosterkirche, seit 1929 Basilica minor, wurde 1648 bis 1655 vom Baumeister Urs Altermatt im nachgotischen Stil erstellt. Nach mehreren Umgestaltungen wurde sie um 1900 neubarock ausgestaltet. **1** Erzengel Michael, um 1905, in der Josefskapelle. **2** Der Rosenkranz- oder Pantalusaltar mit Rosenrelief im Seitenaltar. **3** Chorgitter von 1695. **4** Die Orgel erstrahlt nach einer umfassenden Restaurierung in der Zeit von 1999 bis 2000 im neuen Glanz. **5** Gesprächsrunde einer Jugendgruppe.

aussbringen und erlangen, Dessen dan zu einem ungezweiffelten Warzeichen habe sie mir in so entsetzlich hochen Fahl der Ursachen halber das Leben geschenkt und erhalten / auff dass ich disen Ihren endlichen Willen / in Ansehen dises gross an mir erwiesenen Wunderwercks aller Welt ehest solte offenbar machen und aussbreiten. darauff Sie eben aller erst in selbem Augenblick / da du zu mir kamest / mit herrlichem Glantz in den Himmel gestiegen / und vor meinen Augen verschwunden.»

Die glückliche Mutter eilte ins Dorf und berichtete von der wunderbaren Errettung ihres Kindes. Wie ein Magnet zog von da an die Felsenhöhle die gläubigen Seelen an. Die Freigebigkeit der Pilger

dass dir in so grausamen Fahl kein Leyd geschehen / noch widerfahren? Tausend- für einmal hättest du sollen zerschmettert und zerfallen seyn; sag mir / wie bist du dannoch in solchem Fall mit deinem so zart und wuntzigem Leben davon kommen / dass ich dich jetzt da frisch und gesund finde und antriffe? Ach liebe Mutter / antwortet das Kind /

Ja freylich mehr dann tausent- für einmal hätte ich sollen von so erschröcklichem Fall natürlicher weiss um mein junges Leben kommen seyn / wann nicht ein überaus schön hellglantzende Jungfrau gleich wie die Sonn von gar vil lieben Engeln begleitet und umgeben / in währendem Fahl mich in Ihr Jungfräwlichen Schos empfangen / und wie du nun sihest / mich beym Leben erhalten hätte / darum ich jetzt allhier dise Blümlein abbriche und samble / ihro zu Lob u. Danck ein schönes Ehren-Kräntzlin zu flechten und zu verehren: Dann ebendise so liebreiche Jungfraw hat mir gesagt / sie seye Maria die Mutter Gottes / und Himmelskönigin / und habe disen Ort und holen Felss / von dem ich bin herunder gefallen / Ihro zu einer heiligen Wohnung ausserwöhlet / allwo Ihr gebenedeyter Nam immer sollte gepriesen werden: hat auch versprochen / Sie wölle allen denjenigen / so sie in disem Stein oder Felss inbrünstig anrufen / und andächtig besuchen werden / alle erwünschte Hilff und Gnad bey Ihrem liebsten Sohn für gewiss

ermöglichte schon bald die Einrichtung einer Kapelle. Die Höhle wurde in eine kleine Kirche umgewandelt. Vor allem wollten die Menschen aber ein schönes Marienbild, aus Stein kunstreich gehauen, in der Kapelle anbringen.

Der alte Chronist schildert das Bild, das der Beschreibung nach das heutige Gnadenbild sein muss, mit folgenden Worten: «So ist diese braunlecht / doch etwas mit Rosen- oder Leibfarb undermengt / und lächlendem Angesicht, also dass selbiges ohne sonderbahre Hertzens Erquickung nicht kan angesehen werden / so je mein Pilger / dein Aug einfältig / und dein Hertz auffrichtig ist, die jemals solches begrüsst und gesehen haben / können es besser aussagen / als wir beschreiben: Sonsten sitzet ehrengemelte Bildnuss drey Schuh hoch / gleichwol jemand ihm solches stehend / wegen heut zu Tag herrelichem Geschmucksskleydung möchte einbilden: Auff dem rechten Armb halt sie ihr Jesus Kindlein über die massen lieblich und holdselig seine Äuglein gegen dich schiessend, in der Schos tragt sie die Weltkugel, die linke Hand darob haltend / als ein getrewe und hochmächtige Beschützerin ihres Reichs-Apfel: Ist kurz zu sagen sehr anmühtig, süss, lieb- und trostreich anzusehen.» Hier spricht eine holdselige, kindliche, süssliche Gläubigkeit, die uns heute fremd anmutet, aber den Ton der über die Jahrhunderte bewahrten Volksfrömmigkeit gänzlich trifft.

Außer der Wallfahrtskapelle wurde über dem Felsen eine Behausung für einen Einsiedler gebaut, der den Ort betreuen und bewachen sollte. Der erste Einsiedler soll jenes gerettete Kind gewesen sein. Genau 59 Stufen führen hinab zur Felsengrotte. «Auf romantischen Felsen des an Höhlen und Klüften reichen Jura-Gebirges erhebt sich heute das Heiligtum der Mutter Gottes von Mariastein, das wie ein Leuchtturm hinausschaut in die nahe Umgebung, aber auch geistiger und seelischer Leuchtturm ist für Tausende von Menschenherzen aus verschiedenen Ländern», schwärmte ein Mönch im Jahr 1935. «Und merkwürdig! Je mehr die Gottlosigkeit in der

Welt um sich greift und sich breit macht, desto mehr pilgern treue Christusjünger hin zum Gnadenthrone der göttlichen Mutter, den sie einst vor Jahrhunderten sich selbst auserwählt und durch ihre Erscheinung geheiligt hat.»
Eine ganz eigenartige Poesie umgebe den heiligen Ort Mariastein, begeistert sich der Klostermann weiter. Eine wunderbare Ruhe liege über ihm und seiner romantischen Grotte, und der Pilger fühle sich geborgen in der Felsenkapelle von Mariastein.
Im Jahr 1648 übersiedelten die Mönche von Beinwil im Kanton Solothurn und betreuten die Wallfahrt. Das Kloster wurde Zug um

Zug ausgebaut, 1655 wurde die im gotischen Stil begonnene Kirche geweiht, die dann ab 1900 neubarock ausgestaltet wurde. Als die Französische Revolution auf die Schweiz übergriff, wurde das Kloster während der Jahre 1798–1802 aufgehoben und teilweise verwüstet, im schweizerischen Kulturkampf wurde es unter fadenscheinigen Gründen 1874 säkularisiert. Der Konvent ging 1875 nach Delle in Frankreich ins Exil. Einige Mönche durften jedoch zurückbleiben, um die Wallfahrer zu versorgen. Die anderen wurden 1901 erneut von Delle vertrieben und zogen 1902–1906 nach Dürrnberg bei Hallein in Österreich, dann in der Zeit von 1906–1941 nach Bregenz in das St.-Gallus-Stift. Erst 1941 kehrten sie als Asylanten nach Mariastein zurück. 1970/71 schließlich wurde das Kloster, dessen Kirche inzwischen zur Basilica minor erhoben worden war, von der Eidgenossenschaft staatsrechtlich wieder anerkannt und bekam einen Abt.

Unumstritten wie zu Zeiten des frommen Schreibers von 1935 ist heute jedoch der Marienwallfahrtsort Mariastein nicht mehr. In der gemischt konfessionellen Schweiz müssen sich auch die Katholiken fragen, wie weit Marienfrömmigkeit gehen darf. Wo enden die Fürbitten und wo beginnt die Anbetung, die nur Gott selbst vorbehalten ist? Traditionalisten würden Maria gerne vergöttlichen. Pater Lukas Schenker, der vierzigste Abt des Klosters, ist deshalb nicht nur glücklich über den Pilgertourismus. In einem Interview, das er der «Züricher Weltwoche» vor einiger Zeit gegeben hat, weist er vorsichtig auf das Problem hin: «Das Vertrauen in die Fürbitte der Muttergottes ist bei vielen traditionellen Katholiken groß, gerade in der heutigen Zeit, wo viel Verunsicherung herrscht.» Die Gefahr besteht aber auch, dass die Wallfahrt von einer Minderheit vereinnahmt wird. «Es gibt immer wieder Gruppierungen, die uns in die Ecke des Rechtskatholizismus drängen wollen, und dagegen verwehre ich mich.» Volksfrömmigkeit und Marienverehrung sind bedauerlicherweise oft der Nährboden, auf den intolerante katholische Fundamentalisten ihre Ideologie bauen.

1 Im Klostergarten gedeihen Gemüse und Blumen unter der Hege und Pflege der Mönche. 2 Von schlichter Schönheit: der Konventgang. 3 Die Sakristei bietet einen würdigen Rahmen für die Aufbewahrung der liturgischen Gewänder und Geräte. 4 Die Benediktinergemeinschaft beim Mittagessen im Refektorium. 5 Steinernes Wegkreuz bei Mariastein.

Mariastein (Benediktinerkloster)

«Unsere Lebensgemeinschaft folgt dem Vorbild Jesu mit seinen Jüngern und der Urkirche.»

Anreise
Bahn: vom Baseler Zentralbahnhof mit Tram BLT Linie 10 bis Flüh, dann Postauto oder Fußweg (30 Min.).
Auto: Autobahnabzweigung Delémont via Reinach–Süd–Therwil oder Aesch–Ettingen; über Basel: Richtung City–Zoo–Bottmingen–Oberwil; vom Jura her über Laufen.

Geschichte
1648 übersiedelten Mönche von Beinwil nach Mariastein. Allmählicher Bau des Klosters unter Einbezug der Gnadenstätte. Während der Revolutionsjahre 1798–1802 aufgehoben und teilweise verwüstet. Im Kulturkampf 1874 säkularisiert. Der Konvent ging 1875 nach Delle, Frankreich, ins Exil, einige Mönche blieben zur Betreuung der Wallfahrt zurück.

Sehenswürdigkeiten
Kloster: Basilika, klassizistische Turmfassade, Kanzel, Chorgitter, Hochaltar, Chorgetäfel, Orgel, Siebenschmerzenkapelle (Statue der schmerzhaften Gottesmutter), Mirakelbild, Wallfahrtsort Maria im Stein mit Gnadenkapelle in einer natürlichen Felshöhle (erreichbar durch unterirdischen Gang), Gnadenbild der lächelnden Madonna, Sakramentsaltar.
Umgebung: Basel, Schwarzwald.

Klosterbetrieb
Wallfahrtsbetreuung, Klosterladen.

Gästeangebot
Kloster auf Zeit, geistliche Einzelgespräche, Beichtgelegenheit, Einzel- und Gruppenexerzitien, Veranstaltungen, Kurse.

Gottesdienste
Werktag: Gnadenkapelle 6.30, 8.00; Basilika 9.00 Eucharistie, 18.00 Vesper, 20.00 Komplet. *Samstag:* Basilika 19.45 Vigil. *Sonntag:* Basilika 5.30 Laudes, 6.30, 8.00, 9.30 und 11.15 Eucharistie; 15.00 Vesper; 20.00 Komplet.

Unterkunft
Klostergästehaus «St. Gertrud»: Einzel-/Doppelzimmer mit Dusche/WC (Reservierung siehe unten).

Auskunft und Reservierung
Kloster Mariastein: CH-4115 Mariastein/Solothurn, Tel. 00 41-61-7 35 11 11, Fax 00 41-61-7 35 11 03, Internet: www.kloster-mariastein.ch, E-Mail: info@klostermariastein.ch.
Touristik: Region Solothurn Tourismus, Tel. 00 41- 32- 6 26 46 46, Fax 00 41-32-6 26 46 47, Internet: www.solothurn-city.ch, E-Mail: info@solothurn-city.ch.

Geheimnisvoll seit Tausenden von Jahren
Drei Wunder und ein Mysterium: Odilienberg

Auf den heiligen Berg des Elsass pilgern Wallfahrer, Historiker und Naturfreunde, um der heiligen Odilia zu huldigen und die Geschichte Europas von der Steinzeit bis zur Gegenwart zu erkunden.

Eine mächtige, rund 10 Kilometer lange und bis zu 3 Meter hohe Mauer, die noch heute gut zu erkennen ist, umkreist schützend den Gipfel des 763 Meter hohen Odilienbergs im Elsass. Ein Kloster, das nach der heiligen Odilia benannt ist, krönt den lang gestreckten Bergrücken auf einem zur Rheinebene hin steil abfallenden Buntsandsteinfelsen. Mauer, Lage und die Klosterfrau sind bis heute von Geheimnissen umgeben, die Tausende von Jahren zurückreichen und aus dem Mont Sainte Odile den bekanntesten und meistbesuchten Wallfahrts- und Ausflugsort zwischen Vogesen und Rhein gemacht haben.

Die Heilige ist seit 1807 die Schutzpatronin des Elsass und wird vor allem von Blinden angerufen, soll aber auch bei anderen Augen-, ebenso wie bei Ohren- und Kopfleiden helfen. Die heilige Odilia, Tochter des elsässischen Herzogs Athich, wurde in Obernai geboren, wo der Odiliabrunnen auf dem malerischen Marktplatz an sie erinnert. Sie war bei der Geburt blind. Die Legende berichtet, dass ihr Vater sie deshalb töten lassen wollte, die Mutter Bethsvinda sie aber retten konnte und von einer Amme im Kloster «Palma», vermutlich im heutigen Baume-les-Dames, aufziehen ließ. Ein Bischof, Erhard von Regensburg, soll in einer Engelerscheinung den Auftrag erhalten haben, das Kloster zu besuchen, um die verstoßene Herzogstochter zu taufen. Dabei geschah das erste Wunder, das die christliche Geschichte des Odilienbergs begründete: Odilia konnte nach Erhalt des Taufsakramentes sehen.

Ihr jüngerer Bruder ließ sie nach Jahren wieder nach Hause holen. Doch der herzlos sture Vater schlug im Zorn seinen Sohn so hart, dass dieser tot niederstürzte. Das zweite Wunder geschah: Odilia erweckte ihn wieder zum Leben und musste nun abermals vor dem Vater fliehen. Sie verbarg sich in einer Höhle bei Arlesheim. Herabstürzende Steine verwundeten den sie verfolgenden Vater schwer. Erst nach Jahren schweren Leidens wollte er sich endlich

1 Terrasse des Klostergangs mit herrlicher Fernsicht über die elsässische Ebene bis zum Schwarzwald. **2** Rundgewölbe in der Tränenkapelle; dargestellt wird Christus als Hohepriester, umgeben von den christlichen Tugenden. **3** Mystisch wirkt die alte Heidenmauer: Der gut erhaltene Schutzwall ist rund 10 Kilometer lang, bis zu 3 Meter hoch und vermutlich um 400 v. Chr. entstanden. **4** Aus dem 12. Jahrhundert stammt die romanische Krypta in der Kreuzkapelle, dem ältesten Teil des Gebäudes.

mit seiner Tochter versöhnen. Odilia besuchte ihn und erhielt als Zeichen der Wiedergutmachung den Platz auf der Hohenburg, um ein Kloster erbauen zu können. Dort pflegte sie dann ihre Eltern bis zu deren Tod. Das Kloster blühte auf, obwohl das Gebäude mehrmals zerstört, dann umgebaut und umgestaltet wurde. Die Kreuzkapelle bildet den ältesten Teil. Sie stammt aus dem 12. Jahrhundert und ist im romanischen Stil erbaut. Im nördlichen Teil des Klosters befindet sich eine Terrasse mit zwei Kapellen und einem wunderschönen Blick auf die Vogesen.

Die Überlieferung berichtet auch, wie die sterbende Odilia ihre besorgten Schwestern zum Gebet in die Kirche sandte. Als sie zurückkamen, fanden sie Odilia tot. Das dritte Wunder: Von ihren inständigen Gebeten ins Leben zurückgerufen, erklärte Odilia: «Warum beunruhigt ihr euch? Lucia war bei mir und ich sah und hörte, was man mit Augen nicht sehen, mit Ohren nicht hören, sondern nur mit dem Herzen wahrnehmen kann.» Dann ergriff sie selbst den Kelch, nahm die Kommunion und starb. Der Kelch wurde nach alten Berichten noch 1546 auf dem Odilienberg gezeigt, lange Zeit gab man den Pilgern aus ihm zu trinken.

Der Odilienberg mit Odilias Grab wurde zum «heiligen Berg des Elsass» und zu einem der bedeutendsten Wallfahrtsorte in Frank-

1 Gottesdienst in der Klosterkirche. 2 Im Klostergang. 3 Der alte Klosterhof mit einer Statue der heiligen Odilia, Tochter des elsässischen Herzogs Athich (oder Adalrich genannt), die im 7. Jahrhundert lebte. Der Legende nach wurde sie blind geboren und durch die Taufe sehend. 4 Die Geschichte der heiligen Odilia als Wandgemälde. 5 Odilienstatue aus dem 8. Jahrhundert in der Kreuzkapelle; hier sind auch die Eltern Odilias begraben. 6 Die letzte Ruhestätte der Heiligen in der Odilienkapelle. 7 Als Schutzpatronin des Elsass grüßt St. Odilia vom heiligen Berg.

Kloster Ende des 17. Jahrhunderts wieder aufgebaut. Eine Gedenktafel im Hof des Klosters erinnert an den Besuch von Papst Johannes Paul II. im Jahr 1988.

Der Odilienberg zieht Gläubige und Ungläubige gleichermaßen an, Christen und Mystiker, die ihre eigene Kirchengeschichte kritisch durchleuchten wollen, historisch und archäologisch Interessierte oder Menschen, die auf der Suche nach neuen spirituellen Wegen und dem verdrängten Wissen vorchristlicher Religionen und Kulturen sind. Sie alle gehen den Weg hinauf, der sich auf der Zufahrt-

7

6

straße durch dunkle Wälder den «Heiligen Berg» hinaufwindet. Fast wähnt man sich weitab von der Großstadt Straßburg und der belebten Rheinebe. An mehreren Stellen passiert die Fahrstraße den Wall der Heidenmauer.

Ihr genaues Alter ist unbekannt. Es wird vermutet, dass sie von keltischen Stämmen ungefähr 1000 v. Chr. (nach neueren Forschungen 400 v. Chr.) als Fliehburg errichtet und im 4. Jahrhundert n. Chr. erneuert wurde. Während des Mittelalters wurde das Gemäuer als Steinbruch zum Bau der umliegenden Burgen und Klöster verwendet. Wirklich gesichert sind nur wenige Fakten. Den Berg umgeben Mysterien, die allerhand seriöse wie weniger seriöse Forscher auf den Plan gerufen haben. An Hypothesen mangelt es nicht. Den einen gilt der Berg seit dem Mesolithikum als Heiligtum. Siedlungsreste vom Gipfel und am Fuß sollen von einer der ältesten Siedlungen Europas stammen. Etwa 6000 v. Chr. sollen Nomadenjäger auf dem Elsberg und dem Stollberg auf dem Nordgipfel des Berges Unterschlupf gefunden und eine Bärengottheit verehrt haben. Eine Wetter- oder Lichtgöttin Altitonia soll ebenfalls auf dem Berg verehrt worden sein. Auf dem nördlichen Elsberg befindet sich außerhalb der Heidenmauer auch der Feenplatz, der im frauenfeindlichen Mittelalter zum Hexenplatz umbenannt wurde.

reich. Neben den Klostergebäuden erinnert bis heute eine überlebensgroße Sandsteinstatue an die Heilige. Das Kloster Niedermünster am Fuß des Berges, das 700 ebenfalls von Odilia gegründet worden ist, wurde durch einen Brand im Jahr 1542 vollständig zerstört. Die dortige Quelle, der Odilienbrunnen, gilt als hilfreich bei Augenleiden. Seine Blütezeit erlebte das Kloster Odilienberg im 12. Jahrhundert. Die damalige Äbtissin Herrad von Landsberg (1167–1195) schrieb für ihre Novizinnen und Nonnen das Buch «Hortus Deliciarum» (Garten der Wonnen), welches den Bildungskosmos des ausgehenden Mittelalters erfasste. Das Original verbrannte 1870 bei einer Belagerung Straßburgs durch deutsche Truppen. Nach mehreren Plünderungen und Bränden wurde das

Die ältesten archäologischen Funde datieren von 4300 v. Chr. In den neolithischen Zeiten davor siedelten die Menschen in den Ebenen nahe der Flüsse. Einige Jahre zuvor fanden Archäologen vier große Dörfer aus der Neusteinzeit und ein wichtiges Atelier für Werkzeuge und Keramik bei Rosheim am Fuß des Odilienbergs. Sie sprechen von «einem der wichtigsten neolithischen Keramikfunde Europas». Die Verehrung einer Göttin nahm etwa um diese Zeit wieder ab. Um 2500 v. Chr. wurden neolithische Gräber geplündert.

Kelten und Römer nutzten die Mauer als militärischen Wall und bauten sogar Wachtürme an, obwohl die Heidenmauer nach anderer Lesart ursprünglich nicht kriegerisch, sondern als Heiligtum genutzt worden sein soll – Hypothesen, die noch zu beweisen sind. Auch die, dass die Heidenmauer in der Steinzeit gebaut worden sein könnte und damit bis in die Frühzeit der Menschheitsgeschichte zurückreichen würde.
Odilia wird aus solchen Perspektiven weniger als legendäre christliche Heilige interpretiert. Ihre Person und den darum entstandenen

Kult deuten ihre Anhänger vielmehr als eine logische Fortsetzung heidnischer Vorläufer. In Zeiten, in denen der Papst Frauen und Mädchen untersagt hatte, zu lehren und zu lernen, habe Odilia in ihrem Kloster eine Art Uruniversität in fränkisch-irischer Tradition gegründet, wobei sie Wissenschaften mit Spiritualität vereinte und Christentum mit älteren heidnischen Traditionen. Wenn man Legenden, Mythen, Rituale und die Geschichte untersucht, so manche Stimmen, dann gelingt es, Teile der vorchristlichen Geschichte der fränkisch-irischen Regionen Europas zu rekonstruieren.

So bietet der Ausflug zum Mont Sainte Odile nicht nur das Erlebnis der herrlichen Vogesenlandschaft, sondern auch den Spaziergang durch ein spannendes Stück elsässische Geschichte sowie die Begegnung mit einer der schönsten Heiligenlegenden. Der Tourismus am Oberrhein wächst ohnehin immer mehr zusammen. Grenzüberschreitende Angebote sehen deshalb für Urlauber im Schwarzwald stets Abstecher ins benachbarte Elsass vor. Meistens führen sie nach Straßburg, Colmar, entlang der elsässischen Weinstraße in idyllische Weindörfer, aber auch auf den Odilienberg, der zudem als Tagungsort an Bedeutung gewinnt.

1 Der wappengeschmückte Pilgersaal für die Wallfahrer – auf den Odilienberg, französisch «Mont Sainte Odile», strömen alljährlich Hunderttausende. 2 Auch Wirtschaftsseminare werden im Kloster abgehalten. 3 Gastzimmer: Als Tagungsstätte gewinnt der Wallfahrtsort immer mehr an Bedeutung. 4 Viel Platz, gutes Essen und eine überwältigende Aussicht bietet die Gaststätte «Herrade». 5 Regenbogen über dem Elsass.

Als Wandergebiet ist er unumstritten, etwa auf einem gut ausgeschilderten Weg an der Heidenmauer entlang. Empfehlenswert ist der südliche Rundgang, teils an Felsen, teils an oder auf der Mauer bis zum 817 Meter hohen Männelstein und weiter bis zur Grotte des Druiden. Die zweite Rundstrecke führt an zwei Burgen, der Ruine Hagelschloss am nördlichsten Ende der Heidenmauer und an der Burgruine Dreistein vorbei. Auf beiden Wegen hat man eine herrliche Aussicht auf die bewaldeten Berge der Vogesen und auf die kleinen Dörfer und Städte in der Rheinebene.

Odilienberg (Wallfahrtsort)

«Der heilige Berg des Elsass.»

Anreise
Bahn: Bahnhof Straßburg–Obernai.
Auto: Kehl–Straßburg–Autobahn Richtung Colmar, dann Abzweigung nach Obernai, von dort Hinweisschilder Mont Sainte Odile.

Geschichte
Um 700 Gründung durch die Merowingerprinzessin Odilia, Tochter des elsässischen Herzogs Atich. Die Blütezeit des Klosters war im 12. Jahrhundert. Die damalige Äbtissin Herrad von Landsberg (1167–1195) schrieb das Buch «Hortus Deliciarum», das das Wissen der damaligen Zeit beinhaltete.

Das Original verbrannte 1870 bei einer Belagerung Straßburgs. Nach mehreren Plünderungen und Bränden wurde das Kloster Ende des 17. Jahrhunderts wieder aufgebaut. Die Kreuzkapelle, die Engelskapelle und die Odilienkapelle stammen noch aus dem 11./12. Jahrhundert. Eine Gedenktafel im Hof des Klosters erinnert an den Besuch von Papst Johannes Paul II. von 1988. Der herrlich gelegene Wallfahrtsort Odilienberg wird der «heilige Berg des Elsass» genannt, die heilige Odilia ist die Schutzpatronin des Elsass. Vom 30 Minuten entfernt liegenden Mannelstein, einem Felsplateau, hat man eine noch schönere Aussicht über die elsässische Ebene bis hin zum Schwarzwald.

Sehenswürdigkeiten
Kloster: Kreuzkapelle, Engelskapelle, Odilienkapelle, Sandsteinstatue der heiligen Odilia.
Umgebung: Rundwege um den Odilienberg zur Heidenmauer (keltischer Ringwall), Druidengrotte, Ruine Hagelschloss, Burgruine Dreistein, Ausflüge in die Vogesen und ins Elsass.

Klosterbetrieb
Hotel, Restaurant, Pilgerheim.

Unterkunft
«Hotel Odilienberg» (Reservierung siehe unten).

Auskunft und Reservierung
Kloster: Mont Sainte Odile, F-67530 Ottrott, Tel. 00 33-3-88 95 80 53, Fax: 00 33-3-88 95 82 96.
Touristik: Office de Tourisme, Place du Beffroi, F-67210 Obernai, Tel. 00 33-3-88 95 64 13, Fax: 00 33-3-88 49 90 84, Internet: www.obernai.fr, E-Mail: otobernai@sdv.fr.

Kleines ABC der Orden

Augustiner heißen alle nach der Augustinusregel lebenden männlichen und weiblichen Ordensgemeinschaften. Heute gebräuchlich nur noch für die Augustiner-Chorherren, auch Regularkanoniker des heiligen Augustinus genannt (lateinisch «Ordo Canonicorum Regularium Sancti Augustini», CRSA). Zur Zeit der Kirchenreform im 11. Jahrhundert führten viele Dom- und Stiftskapitel das gemeinsame Leben auf der Grundlage der Augustinusregel ein; aus ihren Zusammenschlüssen entstanden die Chorherren. Sie verbinden das klösterliche Gemeinschaftsleben mit dem priesterlichen Dienst. Seine Blütezeit erlebte der Orden der Augustiner-Chorherren im 12. Jahrhundert, dann noch einmal im 18. Jahrhundert. 1959 schlossen sich alle selbstständigen Kongregationen zu einer Konföderation unter einem Abtprimas zusammen, der turnusmäßg bestimmt wird. Die weltweit rund 850 Mitglieder in neun autonomen Kongregationen arbeiten vor allem in der Seelsorge und im Unterricht.

UT IN OMNIBUS GLORIFICETUR DEUS
damit in allem Gott verherrlicht werde (RB 57,9)

Benediktiner: Der Orden geht zurück auf den heiligen Benedikt von Nursia, der im 6. Jahrhundert auf dem Monte Cassino zwischen Rom und Neapel seine Mönchsregel verfasste. Heute gibt es weltweit rund 30 000 Benediktinerinnen und Benediktiner. Auch die Orden der Zisterzienser und der Trappisten leben nach der Benediktusregel. Die beiden wichtigsten Grundlagen der benediktinischen Spiritualität sind die Heilige Schrift und die Ordensregel. Eine reiche Quelle stellen zudem die Schriften der Mönche und Nonnen des Benediktinerordens aus früheren Jahrhunderten dar.

Die Männerklöster sind in 21 Kongregationen zusammengeschlossen, die wiederum eine weltweite Benediktinerkonföderation bilden. An der Spitze jeder Kongregation steht ein auf sechs Jahre gewählter Abtpräses, an der Spitze der Konföderation ein auf acht Jahre gewählter Abtprimas mit Sitz in Rom. Seit seiner Wahl im September 2000 übt dieses Amt der ehemalige Erzabt von St. Ottilien, Notker Wolf, aus.

Die Männerklöster sind allein dem Papst weisungsgebunden und daher nicht den jeweiligen Diözesanbischöfen unterstellt. Sie sind wirtschaftlich autonom und erhalten keinen Anteil an den Kirchenbeitragsgeldern.

Auch die benediktinischen Frauenklöster haben sich zusammengetan: im deutschsprachigen Raum in der «Vereinigung der benediktinischen Frauenklöster im deutschen Sprachgebiet» (VBD). Dazu gehören Benediktinerklöster und -gemeinschaften in Deutschland, Österreich, der Schweiz, Dänemark und Schweden. Ziel dieser Vereinigung ist es, das Miteinander der verschiedenen Klöster zu fördern, sich über gemeinsame Fragen auszutauschen und sich gegenseitig zu unterstützen.

Alle zwei Jahre findet eine Vollversammlung statt, zu der die Oberinnen der Klöster eingeladen werden. Aus diesem Kreis wiederum wird alle vier Jahre eine Vorsitzende gewählt, die zwischen den Vollversammlungen für den Informationsaustausch unter den Klöstern sorgt und die nächste Vollversammlung vorbereitet.

Auf internationaler Ebene haben sich die Benediktinerinnenklöster der ganzen Welt in der «Communio internationalis benedictinarum» (C.I.B.) zusammengeschlossen. Im September 2002 fand in Rom das erste Symposium der C.I.B. statt mit rund einhundert Äbtissinnen und Priorinnen aus allen fünf Kontinenten.

Bettelorden, Mendikanten, Bettelmönche: Das sind jene Mönchsorden, in denen im Unterschied zu den «Besitzorden» nicht nur der einzelne Mönch, sondern auch die Gemeinschaft auf Besitz verzichtet und sich durch Arbeit oder Betteln erhält. Die Bettelorden entstanden im 13. Jahrhundert als Abwehr gegen die Verweltlichung der Kirche. Sie unterscheiden sich von den alten Mönchsorden durch die grundsätzliche Verbindung des klösterlichen Lebens mit seelsorgerlicher Betätigung und durch die zentralisierte Verfassung, die keine selbstständigen Klöster kennt. Als Bettelorden im ursprünglichen Sinn gelten vor allem die Franziskaner und Dominikaner.

Dominikaner: Gründer war 1214 der Spanier Dominikus Guzman aus Caleruega. In Südfrankreich wirkte er zusammen mit anderen Predigern gegen die Irrlehre der Katharer und entdeckte dabei seine Predigtbegabung. Er verpflichtete sich, um glaubwürdig zu sein, der radikalen Armut. In Toulouse gründete er eine Gemeinschaft mit 16 Schülern. 1216 bestätigte Papst Honorius III. den Orden. Ein Jahr danach sandte Dominikus seine Mitbrüder von Toulouse aus

1 «Damit in allem Gott verherrlicht werde» – Credo der Benediktiner im Kloster Seckau. **2** Gemälde von Stephan Kessler im Kloster Neustift: «Probst Rottenpuecher und seine Gemeinschaft». **3** Mosaik des heiligen Franziskus im Kapuzinerkloster Stühlingen. Alte Drucke im Stift Zwettl: **4** «Der Augustinerorden». **5** «Der Benedicterorden». **6** «Der Kartheuserorden». **7** «Der Zistercienserorden». **8** Illustration aus dem Scheyerner «Rotelbuch». **9** Bischofsstab im Kloster Niederaltaich.

Der Augustiner Orden

Der Benedicter orden vnderm

Der Kartheuser orden vn

Der Cistercienser orden vnnd dem

ganz Frankreich und nach Spanien. Nach sechs Jahren bildete er die erste Gemeinschaft in Oxford in England. Hier nannte man die Dominikaner «Black Friars» – Schwarze Brüder –, weil sie auf ihren Wanderungen schwarze Kutten und Kapuzen über einer weißen, wollenen Tunika trugen. Ende des 13. Jahrhunderts gab es in England bereits fünfzig Häuser

Als eine ihrer zentralen Aufgaben sahen die Wanderprediger den Kampf gegen die «Ketzer», aus diesem Grund übertrug die römische Kurie den Dominikanern 1231 die Inquisition, die sich während des ausgehenden Mittelalters zu einem weitreichenden politischen Machtinstrument der Kirche entwickelte. Das Amt des päpstlichen Theologen, das der Papst 1218 eigens für Dominikus geschaffen hatte, blieb auf Jahrhunderte in den Händen eines Ordensmitglieds. Die Dominikaner werden in einem Wortspiel gerne «Domini canes» – Spürhunde des Herrn – genannt. Vier Päpste, Innozenz V., Benedikt XI., Pius V. und Benedikt XIII. sowie über sechzig Kardinäle gehörten dem Orden an. Darüber hinaus brachten die Dominikaner bedeutende Maler wie Fra Angelico sowie große Theologen und Philosophen hervor, zu denen Thomas von Aquin und Albertus Magnus, die deutschen Mystiker Meister Eckhart, Johannes Tauler und Heinrich Seuse sowie der italienische Prediger und Reformer Savonarola zählen. Im ausgehenden Mittelalter verfügten nur die Franziskaner über einen ähnlich starken Einfluss, die beiden Orden teilten sich viele Machtbereiche innerhalb der Kirche und in den katholischen Ländern. Häufig erregten sie damit den Zorn von Pfarrern in den Gemeinden, die sich in ihren Rechten beschnitten sahen. Heute gibt es weltweit noch über 6500 Dominikaner in etwa 600 Klöstern und anderen Niederlassungen. Der gesamte Orden wird geführt von einem auf zwölf Jahre gewählten Ordensgeneral. Er residiert im römischen Konvent Santa Sabina.

Dritter Orden: Der «Tertius Ordo» ist eine Vereinigung von Laien, die sich einer klösterlichen Ordensgemeinschaft anschließen und sich deren Leitung unterstellen. Die Dritten Orden bildeten sich im 13. Jahrhunderten im Anschluss an die Bettelorden.

Einsiedlerorden heißen jene Orden, die aus Einsiedlervereinigungen hervorgegangen sind oder deren Mitglieder in einzelnen Klausen innerhalb eines Klosters wohnen, wie die **Kartäuser** (siehe dort) und **Kamaldulenser.**

Franziskaner bezeichnet alle Mitglieder sämtlicher Ordensgemeinschaften, die sich auf Franz von Assisi berufen. Die eigentlichen Franziskaner sind die Mitglieder des Ordens der Minderen Brüder (Ordo Fratrum Minorum, OFM), die nach der 1223 von Papst Honorius III. bestätigten Regel leben. Sie gehören zur Gruppe der Bettelorden; ihr Ordenskleid ist ein brauner Habit mit Kapuze, weißem Strick und braunem Umhang.

Nach der Regel des Franz von Assisi sollte die Gemeinschaft der Minderbrüder ihr Leben nach dem Evangelium führen, auf jeglichen persönlichen und gemeinsamen Besitz verzichten, sich zum Dienst an den Menschen durch Arbeit jeder Art und Predigt verpflichten. Auseinandersetzungen über die Auslegung der Ordensregel und die Anpassung an die sich wandelnden Erfordernisse ließen bereits im 13. Jahrhundert zwei Richtungen entstehen: Die Spiritualen, die auf wörtliche Regelbeobachtung drängten, und die Konventualen, die in Gemeinschaften (Konventen) lebten und eine Milderung der strikten Ordensregel anstrebten. Im 17. Jahrhundert spaltete sich die Reformgruppe der **Kapuziner** (siehe dort) ab. Weltweit zählen die Franziskaner 18 000 Mitglieder, die Kapuziner 11 000.

Jesuiten: Die Gesellschaft Jesu (Societas Jesu, SJ), wurde von dem Spanier Ignatius von Loyola und einiger seiner Studiengefährten 1534 in Paris gegründet, um arm und keusch zu leben. Von Anbeginn strebten sie danach, dem Papst direkt untertan zu sein. Ihr Plan, nach Studienende zur Mission nach Palästina zu reisen, scheiterte jedoch an den venezianisch-türkischen Kriegen. Ziel der Jesuiten ist die Verteidigung und Verbreitung des Glaubens und die Hinführung der Menschen zu einem christlichen Leben durch Predigt, Vorträge, geistliche Übungen (Exerzitien) und die christliche Unterweisung vor allem von Schülern. Um sich die für ihre Tätigkeit notwendige Mobilität zu bewahren, leben die Jesuiten nicht wie monastische Orden in Klöstern (mit Klausur), sondern in offenen Häusern und Kollegien. Sie sind nicht zum gemeinsamen Chorgebet verpflichtet und tragen keine eigene Ordenskleidung. Der Orden mit heute über 22 000 Mitgliedern gliedert sich in Provinzen und wird zentralistisch von einem auf Lebenszeit gewählten Generaloberen mit Sitz in Rom geführt.

Kapuziner (Ordo Fratrum Minorum Capuccinorum, OFMCap) sind ein selbstständiger, radikal der Armut verpflichteter Zweig des Franziskanerordens (siehe dort). 1538 entstand als Ableger der Franziskaner-Klarissen die Schwesterngemeinschaft der Kapuzinerinnen. Zum Ordensauftrag gehört insbesondere das Engagement für Arme und Notleidende, Obdachlose und Kranke. Kapuziner tragen ein braunes, mit einem Strick gegürtetes Habit, an das eine lange Kapuze angenäht ist, daher ihr Name.

Karmeliten, Karmeliter: Der Orden wurde als «Ordo Fratrum Beatae Mariae Virginis de Monte Carmelo» (OCarm) während der Kreuzzüge im 12. Jahrhundert von marienfrommen Einsiedlern im Karmelgebirge im Norden Palästinas gegründet. 1452 gliederte der französische Generalprior Johannes Soreth den Karmeliten einen Frauenzweig an. Unter dem Einfluss der spanischen Mystikerin Teresa von Ávila bildeten sich im 16. Jahrhundert die unabhängigen Reformorden der Unbeschuhten Karmeliten (Ordo Fratrum Carmelitarum Discalceatorum, OCD) bzw. Karmelitinnen. Zum Zeichen ihrer Enthaltsamkeit gehen die Nonnen und Mönche barfuß in Sandalen. Im Mittelpunkt des karmelitischen Klosterlebens stehen das kontemplativen Apostolat, Unterricht und geistliche Übungen wie Exerzitien und Meditation.

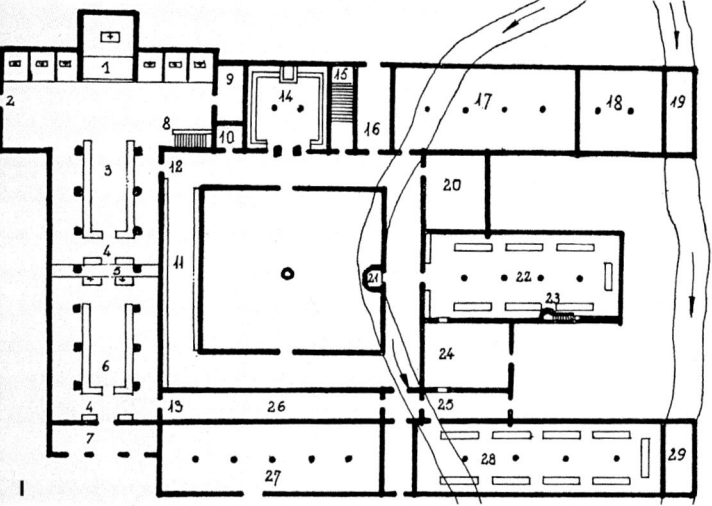

Kartäuser: Der «Ordo Cartusiensis» (OCart) gehört zu den kontemplativen Orden. Sein Gründer Bruno von Köln lebte um 1080 einige Zeit bei Robert von Molesme, dem Gründer der Zisterzienser, und zog sich danach mit einigen Gefährten in die Einsamkeit zurück. Erzbischof Hugo von Grenoble stellte ihm 1084 das Gebiet nördlich von Grenoble, die Chartreuse (lateinisch «Cartusia»), zur Klostergründung zur Verfügung, woraus sich das deutsche Wort «Kartause» ableitet. Die Priestermönche leben in kleinen Eremitenwohnungen in der Kartause. Sie sind zu Einsamkeit und Schweigen verpflichtet. Um 1145 wurde in Prebayon in der Provence der Orden der Kartäuserschwestern gegründet, die die gleichen Regeln befolgen wie die Kartäusermönche.

Orden sind Zusammenschlüsse von Personen (Ordensgemeinschaften), die sich bestimmten Regeln unterworfen und gewisse Verpflichtungen übernommen haben. In der katholischen Kirche heißen sie amtlich «Institute des geweihten Lebens», deren Mitglieder die Gelübde der ehelosen Keuschheit, des Gehorsams und der Armut abgelegt und sich zu einem gemeinschaftlichen Leben – meist in einem Kloster – unter der Leitung eines Oberen verpflichtet haben. Die Priester eines Ordens werden Patres genannt, die nichtgeweihten Ordensleute bezeichnet man als Brüder oder Fratres, Schwestern oder Nonnen.

Die Ursprünge der Ordensgemeinschaften gehen auf das Mittelalter zurück, als Kleriker häufig ein gemeinsames Leben wählten, auf dessen Grundlage zunächst die Chorherrengemeinschaften (Chorherren) entstanden, später die **Augustiner** und **Prämonstratenser**. Im 13. Jahrhundert entstanden so die Bettelorden (**Franziskaner, Dominikaner**). Zur Zeit der katholischen Gegenreformation im 16. Jahrhundert formierten sich **Jesuiten, Oratorianer**, **Theatiner** und **Ursulinen**.
Voraussetzung für die Aufnahme in einen Orden ist eine ein- bis zweijährige Probezeit, das Noviziat. Der Austritt kann durch päpstlich genehmigten Übertritt in eine andere Gemeinschaft erfolgen, durch Exklaustration (zeitweilige Beurlaubung, wobei der Mönch oder die Nonne an das Gelübde gebunden bleibt, soweit dies mit den neuen Lebensbedingungen vereinbar ist) oder Säkularisation (dauerhaftes Ausscheiden mit Dispens von den Gelübden).

Trappisten sind im 17. Jahrhundert als Reformzweig aus dem Zisterzienserorden entstanden und zeichnen sich durch strenge Schweigeregeln sowie strikte, weltabgeschiedene Buß- und Gebetsübungen aus. Ihr erster Abt war Armand Jean Le Bouthillier de Rancé vom Kloster Notre Dame de la Trappe im Süden Belgiens, das den Asketen den Namen gab. 1892 wurden alle reformierten Zisterzienserklöster zu einem unabhängigen Orden vereinigt. 1902 erhielten die Trappisten den Namen «Reformierte Zisterzienser» oder «Zisterzienser der strengen Observanz». Nach dem Zweiten Vatikanischen Konzil wurde einigen Trappistenklöstern die Lockerung ihrer Disziplin gewährt.
Der Tagesablauf von Trappistinnen und Trappisten besteht aus Gebeten, Lektüre und Handarbeit. Sie essen, schlafen und arbeiten in völliger Stille und essen weder Fleisch, Fisch noch Eier. De Rancé verbot auch jegliche intellektuelle Tätigkeit; im Gegensatz dazu fördern die heutigen Trappisten die Gelehrsamkeit. Sie tragen ein weißes Gewand, mit naturfarbenem Gürtel und schwarzem Schulterkleid. In den weltweit rund sechzig Trappistenklöster leben etwa 3000 Mönche und Nonnen.

Zisterzienser: Ihr Orden, lateinisch «Sacer Ordo Cisterciensis» (SOC), wurde 1098 in Cîteaux in Frankreich von einer Gruppe von Benediktinern des Klosters Molesme unter der Leitung von Robert von Molesme mit dem Ziel gegründet, strikt nach den Regeln zu leben, die der heilige Benedikt von Nursia im Jahr 540 für seine Mönche aufgestellt hatte. Als Teil der Ordensregel befürworteten die Zisterzienser strenge Askese sowie Handarbeit und lehnten Einnahmen aus der Verpachtung von Ländereien ab. Bernhard von Clairvaux wurde 1115 zum Gründerabt von Clairvaux. Ihm verdankten die Zisterzienser ihren gewaltigen Einfluss im 12. Jahrhundert, vor allem an der römischen Kurie. Sie entwickelten vielerorts das wirtschaftliche Leben und hinterließen gewaltige gotische Bauwerke. Ihre Ordenstracht besteht aus einer weißen, schwarz gegürteten Tunika, schwarzem Skapulier (Überwurf) mit Kapuze und weißer Flocke (mantelähnliches Überkleid).

Der Tag der Mönche
am Beispiel der Benediktinererzabtei Beuron

4.40 Uhr Der Tag der Mönche beginnt. Noch dringt kein Tageslicht durchs Fenstergeviert, da mahnt schon die Glockenstimme. Das Kloster erwacht. Die Mönche eilen zur Morgenhore. Das einstündige Chorgebet verdrängt mit sanfter Monotonie die Schatten der Nacht: «Dank oh Gott, Du hast uns einen neuen Tag geschenkt ...».
Schweigend gehen die Mönche durch den Kreuzgang – Silentium, Zeit der Stille. In der Morgendämmerung ist jeder für sich, in sich gekehrt.
Beim Frühstück im Refektorium herrscht geschäftiges Kommen und Gehen.

Um **7.30 Uhr** vereint die Terz – das Gebet zur dritten Stunde – die Mönche zur Zwiesprache mit Gott, bevor sie alle – jeder an seinem Platz – ihr Tagwerk beginnen.

8.00 Uhr Der normale Arbeitstag geht weiter in den Handwerksbetrieben, der Verwaltung, der Bibliothek, dem Kunstverlag, der Klosterbuchhandlung, auf der Baustelle und in der Landwirtschaft. Einzelne Mönche sind zum wöchentlich zugeteilten Einsatz für die Gemeinschaft beschäftigt. Sie versehen den Tischdienst, Spüldienst und anderes mehr.

11.15 Uhr Wieder ruft die Klosterglocke. Der Konvent sammelt sich in der Statio zum Einzug in die Kirche, um das Hochamt zu feiern. Der Gregorianische Choral ist im Tagesablauf der Mönche sakraler und zeitlicher Höhepunkt gleichermaßen.

12.10 Uhr Mittagszeit. Zuerst das viertelstündige gesungene Mittagsgebet. Beim gemeinsamen Mahl im Refektorium hört man die Lesung des Lektors: Gelehrtes, Wissenswertes, Nachdenkliches – die ausgewählte Literatur kann durchaus profan sein.

Von **13.00 bis 14.00 Uhr** ist Mittagsruhe. Danach kehrt jeder Mönch an seinen Arbeitsplatz zurück.

18.00 Uhr Aus allen Richtungen treffen die Mönche zusammen, nehmen ihre Plätze im Chorraum der Abteikirche ein, feiern – vom Organisten begleitet – das lateinisch gesungene Abendgebet, die Vesper. Die liturgischen Weisen gregorianischer Schule bringen die Tageshektik zum Schweigen.

Um **18.45 Uhr** wartet im Refektorium das Abendbrot. Bei der nachfolgenden Rekreation – sommers im Garten, sonst im Rekreationszimmer – soll man sich austauschen. Eindrücke klingen nach. Der Tag klingt aus.

19.40 Uhr Die Glocke ruft zum Nachtgebet, der Komplet. Dann kehrt die Stille wieder ein im Kloster. Silentium. Die Nacht ist kurz.

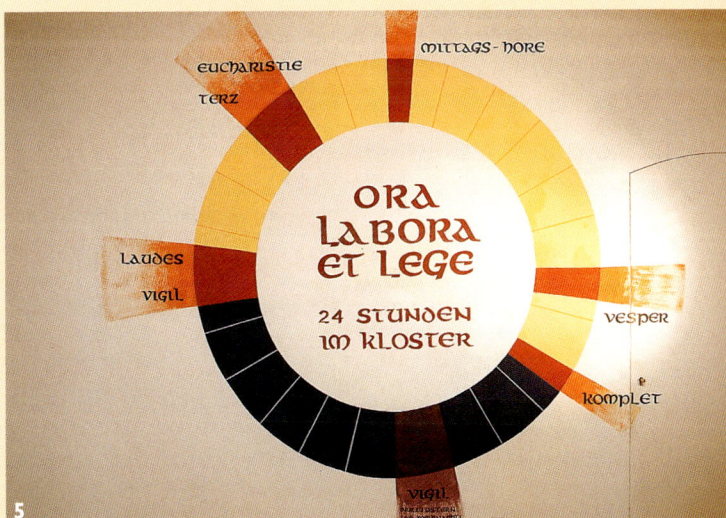

1 Kloster Loccum: Idealplan eines Zisterzienserklosters. **2** Novizinnen im Kloster St. Marienstern (1929). **3** Refektorium der Erzabtei Beuron. **4** Chorgebet, Klosterkirche Mariastein. **5** Tagesablauf im Kloster Seckau.

Nützliche Begriffe aus dem Klosterleben

Abt

Das Wort Abt ist die Bezeichnung für den Vorsteher einer klösterlichen Mönchsgemeinschaft und leitet sich aus dem aramäischen «aba» (griechisch und lateinisch «abbas» – Vater) ab. In der Benediktusregel wird der Abt als geistlicher «Herr» und «Vater» gesehen, dem die Mönche Gehorsam bezeigen. Im Abt begegnen die Mönche Christus selbst.

Abtei (Priorat, Propstei, Stift)

Klöster, denen ein Abt als Oberer vorsteht, werden Abtei genannt. (Bei einem Nonnenkloster spricht man von einer Äbtissin bzw. Oberin.) Diese Klöster haben in der Regel auch ein eigenes Vermögens- und Verwaltungsrecht und sind damit selbstständig. Analog zur Abtei bezeichnet man Klöster, denen kein Abt, sondern ein Prior vorsteht – in den Frauenklöstern eine Priorin – als «Priorat». Bei Klöstern, die von einem Propst geleitet werden, spricht man von einer «Propstei». Als Stift werden jene Klöster bezeichnet, die im Mittelalter mit Grundvermögen ausgestattet und von Staat und Kirche zur juristischen Person erhoben wurden. Die Mitglieder der Stifte sind «Stiftsherren» oder «Kanoniker» bzw. «Stiftsdamen» oder «Kanonissen».

Amen

Die aus dem Alten Testament in die christliche Liturgie übernommene Zustimmungsformel der Gemeinde zu Rede, Gebet und Segen, sinngemäß: «So sei es».

Augustinusregel

Die Ordensregel der Augustiner betont die Liebe zu Gott und dem Nächsten und ordnet das Leben in der klösterlichen Gemeinschaft. Sie ist überliefert in drei Texten, die mindestens bis ins 7. oder 6. Jahrhundert – in Teilen vielleicht bis auf den heiligen Augustinus (354–430) selbst – zurückreichen. Die Regel ist von zahlreichen anderen Ordensgemeinschaften übernommen worden, darunter von den Prämonstratensern und Dominikanern.

Basilika

Ein im Römischen Reich spätestens Anfang des 2. Jahrhunderts v. Chr. entstandener Bau für Markt- und Börsenverkehr, Gerichtsverhandlungen, Ämter und Behörden. Die große Marktbasilika war eine lang gestreckte Halle mit oft überhöhtem Mittelschiff (für Fenster zur Belichtung) und rings umlaufenden oder nur an den Langseiten liegenden Seitenschiffen, die durch Säulen oder Pfeiler vom Hauptraum getrennten wurden. Gegenüber dem Haupt-

eingang bildete eine Rundmauer den Abschluss, so dass eine Apsis entstand – der bevorzugte Platz des Richters oder Herrschers (Thronsaal) oder auch zur Aufstellung eines Bildwerks. Das Christentum übernahm seit dem 4. Jahrhundert in modifizierter Form die Anlage als Sakralraum. Charakteristisch ist das erhöhte Mittelschiff, mit Aufteilung des Innenraums für den Klerus und die Gemeinde. In der Apsis wurden der Bischofsstuhl (Kathedra) und der Altar aufgestellt.

Heute ist die Basilika im katholischen Kirchenrecht außerdem eine liturgisch privilegierte Kirche. Der Papst verleiht den Titel als «basilica maior» – das sind die fünf Patriarchalbasiliken in Rom – oder «basilica minor». Zu Letzteren gehören Kirchen in der ganzen Welt, die mit dieser päpstlichen Auszeichnung als besondere Zentren geistlichen Lebens gewürdigt werden.

Breviergebet (Stundengebet)

Das Brevier ist das Buch für das tägliche Stundengebet, das zu bestimmten Zeiten am Tag verrichtet wird. In klösterlichen Gemeinschaften geschieht dies in gemeinsamer Form.

In der Benediktinerabtei Ettal beispielsweise sind die Gebetszeiten wie folgt gegliedert:

Vigil (Nachtwache) 5.15 Uhr; Laudes (Morgengebet) 5.40 Uhr; Terz 9.00 Uhr; Sext 12.00 Uhr; Non 15 Uhr (die letzteren drei werden «kleine Horen» genannt, es sind die Gebetszeiten zur dritten, sechsten und neunten Stunde des Tages); Vesper (Abendgebet) 18.00 Uhr; Komplet (Nachtgebet) 19.30 Uhr.

Der Frühchor oder auch die Morgenhore am Tagesbeginn hat sich aus der alten Matutin (lateinisch «hora matutina» – morgendliche Stunde, auch «Mette», daher der Begriff Christmette) ent-

4

wickelt und wurde früher nach Mitternacht rezitiert, das heißt auf einem Ton gesprochen, oder gesungen. Sie besteht auch heute noch aus einem Vigil-Teil (lateinisch «vigilia» – Nachtwache). Die Gedanken der Vigil kreisen daher um Nacht und Licht, ihre Psalmen sind zum Teil heilsgeschichtlich. Meditativer Mittelpunkt der Vigil ist eine längere Lesung. Der zweite Teil dieser Hore nimmt die alte Gebetstradition der «Laudes» (Lobgesänge) auf. Nun bricht der Tag an. Christus wird als die aufgehende Sonne begrüßt. Die älteste Vigil ist die Feier der Osternacht.

Bruder (Frater), Pater
Das lateinische «Frater» ist wie das deutsche Wort «Bruder» die Bezeichnung der Mönche. Je nach Haustradition wird das Wort «Bruder» oder «Frater» verwendet. Abgekürzt steht die Anrede vor dem Ordensnamen mit «Fr.», «fr.» oder «Br.». Die Anrede für die Priestermönche lautet «Pater» («Vater») und wird abgekürzt mit «P.». Die Rangordnung unter den Mönchen wird allerdings nicht durch einen «Status» oder das Lebensalter, sondern nur durch das Eintrittsalter bestimmt.

Chor
Im antiken Griechenland ist der Chor ursprünglich die für kultische Tänze abgegrenzte Fläche im Theater. Im kirchlichen Bereich wurde mit dem Chor dann der Raum bezeichnet, in dem sich die Sänger aufhielten (Chorraum). Der Dienst, der hier vollzogen wurde (und wird), ist entsprechend nach dem Raum benannt: Chordienst, Chorgebet. In früheren Zeiten wurde der Raum durch die sogenannten Chorschranken abgegrenzt.

1 Stich von Kloster Niederaltaich aus dem Werk «Sciagraphia Cosmica» (1678) von Daniel Meissner, einer Sammlung von achthundert weltweit berühmten Städten, Festungen und Schlössern. **2** Nonnen beim Gebet im Kloster St. Marienthal. **3** Kostbare Handschrift aus dem Stift Zwettl. **4** Historische Aufnahme: Knabenchor im Kloster Niederaltaich (1933). **5** Das Chorgitter in der Klosterkirche von Einsiedeln (Stich von 1680).

Choral
Einstimmiger, von einzelnen Vorsängern (lateinisch «cantores» – Kantoren) oder der ganzen Chorgemeinschaft vorgetragener Gesang des Stundengebets und der Eucharistiefeier in einer ruhigen, meditativen Singweise. Der Choral geht zurück auf eine altkirchliche, im Mittelalter fortentwickelte Gesangstradition von verhaltener Rhythmik und Dynamik, wobei die unterlegten Texte (Psalmen, Bibelzitate oder Hymnen) den Melodiecharakter beeinflussen. Der ursprünglich unbegleitete Gesang wird heute zum Teil von der Orgel unterstützt. Die Tonfolge ist entweder syllabisch (ein Ton auf einer Silbe) oder melismatisch (mehrere Töne je Textsilbe). Grundlage des Chorals sind die so genannten Kirchentöne, die von der Dur-Moll-Tonalität abweichen. Der Gregorianische Choral ist die älteste schriftlich überlieferte Musik West- und Mitteleuropas. Als Choral wird bisweilen auch (vor allem im evangelischem Raum) das «Kirchenlied» bezeichnet.

5

Christliche Symbole

Sie sind Sinnbilder des Glaubens, die in der Zeit der frühen Christenverfolgung entstanden sind. Sie sollten das Bekenntnis zum christlichen Glauben in einer feindlichen Umwelt verbergen und als Geheimsprache der Verständigung dienen. Oft sind sie aus der profanen Umwelt abgeleitet oder sind allegorischen Auslegungen der Bibel entliehen. Zu ihnen gehören vor allem das Kreuz und das Christusmonogramm. Des Weiteren erscheint Christus im Symbol des Guten Hirten, als Fischer (Symbol des Menschenfischers) oder als Philosoph (Symbol des Lehrers). Die rettende Kraft Gottes wird im Bild des Jona (auch Symbol der Auferstehungshoffnung) dargestellt.

Als eines der wichtigsten Geheimzeichen im frühen Christentum gilt das Symbol des Fisches Die einzelnen Buchstaben des griechischen Wortes «ichtys» (Fisch) sind eine Abkürzung für das Glaubensbekenntnis der ersten Christgläubigen: «Iesus christos theou yios soter» – Jesus Christus, Gottes Sohn, Retter. Ebenfalls als christliche Tiersymbole gelten das Lamm (Christus), die Taube (Heiliger Geist und Friedenssymbol), der Hirsch (Symbol für den Gottsuchenden), der Pfau (Auferstehungshoffnung) oder der Phönix (Auferstehung). Im Mittelalter wurde die Symbolsprache immer reicher und vieldeutiger. In den Kirchen der Reformation nahm ihre Bedeutung dagegen stark ab. In der Zeit des katholischen Barock kam das Dreieck als Sinnbild der Dreifaltigkeit (mit dem allsehenden Auge Gottes) auf.

Eucharistie

Die Eucharistiefeier ist der Höhepunkt des klösterlichen Tages. Der Begriff Eucharistie kommt aus dem Griechischen und heißt so viel wie «Danksagung». Die Eucharistiefeier wird als Gedächtnis an das letzte Abendmahl und an die erlösende Opferhingabe Christi gefeiert. Nach Feierlichkeit wird unterschieden: rezitierte Messe (ohne Gesang), feierliches Amt oder Hochamt (mit zusätzlichen Altardiensten), Pontifikalamt (von einem Bischof oder Abt gefeierte Messe), Konzelebration (von mehreren Priestern gemeinsam geleitete Eucharistiefeier), Papstmesse.

Gelübde

Das ist in der katholischen Kirche ein feierlich Gott gegebenes Versprechen, in dem sich der Gelobende zu etwas zeitlich oder lebenslänglich verpflichtet. In den Orden sind es die Evangelischen Räte Gehorsam, Armut und Ehelosigkeit.

Glockenturm

Der neben der Kirche stehende oder in den Baukörper integrierte Turm nimmt die Glockenstube mit den Glocken auf. Der frei stehende Glockenturm wurde zuerst bei frühchristlichen Basiliken Italiens gebaut, der Campanile. Die Kirchen der Zisterzienser und der Bettelorden verfügen über keinen Glockenturm, sondern besitzen nur einen Dachreiter.

Habit

Das Ordensgewand ist für die einzelnen Gemeinschaften durch die jeweiligen Ordensregeln, Konstitutionen, Satzungen oder Gewohnheiten festgelegt. Ursprünglich hat das Ordensgewand folgende Teile: Tunika (Untergewand), Gürtel (lateinisch «Zingulum»), Kapuze, Skapulier (Überwurf), Kukulle (faltenreiches, mantelähnliches Übergewand mit weiten Ärmeln). Die Kukulle, die bei der ewigen Profess überreicht wird, wird nur beim Gottesdienst getragen.

Im 55. Kapitel der Benediktusregel ist die «Kleidung der Brüder» beschrieben. Die Übergabe des Ordensgewands findet mit der Zeremonie der Einkleidung statt. Dabei kann für jedes Kleidungsstück ein Deutewort gesprochen werden. Während die Mönchsorden von ihrem Ordensgewand als «Habit» sprechen, wird das Gewand bei den Bettelorden oftmals «Kutte» genannt.

Kloster

Der Begriff Kloster kommt vom lateinischen «claudere» – schließen. Gemeint ist zunächst einmal der klösterliche Gebäudekomplex sowie die klösterliche Gemeinschaft (Konvent). Der heilige Benedikt hat in seiner Regel festgelegt, dass die Klöster autark, also selbstständig sein sollen und alles Notwendige wie Wasser, Mühle, Garten und Werkstätten sich auf dem Klostergelände befinden soll, damit die Mönche sich nicht außerhalb des Klosters aufhalten müssen. Das lateinische «monasterium» beschreibt den zur Außenwelt abgeschlossenen Lebens- und Kultbereich einer Nonnen- oder Mönchsgemeinschaft, in dem die Bewohnerinnen oder Bewohner ein ausschließlich religiös ausgerichtetes Leben nach festgelegten Regeln führen wollen. Das Kloster dient der geistlichen Konzentration auf ihre Aufgaben und soll die Ordensgemeinschaft gleichzeitig gegen äußere Beeinflussungen oder Versuchungen schützen.

Meditation

Meditation oder Kontemplation ist im heutigen spirituellen Sprachgebrauch der Sammelbegriff für das geistliche Leben des einzelnen Ordensmitglieds; genauer: der betrachtende Umgang mit Texten aus der Heiligen Schrift, von Kirchvätern und religiösen Schriftstellern. Je nach der Intensität und der Gebetsbezogenheit der Meditation spricht man von meditativem oder von kontemplativem Beten, das heißt, wie sich der Einzelne in persönlicher und themenbezogener Hinwendung auf Gott einlässt. Dies kann diskursiv oder emotional geschehen. Benedikt umfasst diesen zum Tagesablauf eines Mönchs oder einer Nonne

Christliche Symbolik im Kloster Maria Laach: **1** Mosaik eines Pfaus und **2** Holzportal mit einem geschnitzten Christusmonogramm. Der Pfau wird seit dem frühen Christentum als Sinnbild der Auferstehung verehrt, da sein Fleisch in der Antike als unverweslich galt. **3** Bruder Antonius in der Sakristei von Kloster Niederaltaich. **4** Mönche im Stift Admont auf dem Weg zum Mittagessen. **5** Im Refektorium von Kloster Ettal.

zählenden Bereich mit dem Ausdruck «lectio divina» – geistliche Lesung. Intensives Einüben ins meditative Lesen und Beten kann zur wortlosen, schweigenden Ergriffenheit durch Gott führen; man spricht dann von «Kontemplation» (Beschauung) und «Mystik» (Gotteserfahrung). Diese Meditation wirkt sich auf das ganze religiöse Leben des Einzelnen aus, auf die Mitfeier im Chorgebet und der heiligen Messe und auf die gesamte physisch-psychische Lebensauffassung und -gestaltung. Sie erwächst aus der geistlichen Tradition des östlichen wie des westlichen Christentums und hat keine Parallele zu fernöstlichen Versenkungsmethoden wie Zen oder Yoga.

Mönch

Das Wort «Mönch» geht auf das Griechische zurück und bedeutet in seinem Ursprung «allein (lebend)». Der altchristliche Ausdruck hat zwar religionsgeschichtliche Parallelen, meint jedoch die individuelle Konfrontation mit dem Gott der Offenbarung in abgeschiedener, das heißt auf Bereiche wie Ehe, Familie, Besitz, Autonomie der Lebensführung (Sozialisation) verzichtender Lebensführung. Der Mönch sucht daher die Einsamkeit – zum Beispiel in der Natur, in der Wüste oder einer anderen unbewohnten Gegend –, um ungestört betende und meditierende Weise der Suche nach Gott nachgehen zu können. Ursprünglich war der Mönch ein Einsiedler (Anachoret), der sich dann mit anderen genossenschaftlich zu gegenseitiger Hilfe zusammenschloss. Mönchsgemeinschaften bildeten schließlich Gemeinschaftsklöster (Zönobium, Monasterium) heraus, wie etwa der heilige Benedikt von Nursia. Benedikt organisierte eine optimale Form des Zusammenlebens von mönchischen Individuen und sich gegenseitig unterstützenden Mitbrüdern. Seitdem schließen sich Mönchtum und Mitbrüderlichkeit nicht aus, denn auch der zönobitische Mönch sieht im Für-sich-Sein und Mit-Gott-Sein eine regelmäßige Verpflichtung. So bieten die Benediktinerklöster jedem Mönch ein tägliches, geschütztes Maß an individueller Spiritualität an (Meditation, «lectio divina»).

Das strenge ursprüngliche Einsiedlertum hat sich bis heute im Kartäuserorden erhalten. In der orthodoxen Ostkirche wird dieses mönchische Leben vor allem in der Mönchsrepublik auf dem griechischen Berg Athos fortgesetzt. Im katholischen Sprachgebrauch zählen zu den Mönchsorden die nach der Regel des heiligen Benedikt lebenden Benediktiner, Zisterzienser und Trappisten sowie die Kartäuser.

Noviziat

Die Einkleidung ist die feierliche Übergabe des Ordensgewands an ein neues Mitglied der Klostergemeinschaft. Der Einkleidung geht in der Regel eine erste Probezeit, das «Postulat», voraus. Mit der Einkleidung beginnt für den Bewerber das Noviziat – eine Probezeit von meist einem Jahr, in dem der Novize sich im klösterlichen Leben erproben kann. Mit dem Ordensgewand kann dem Bewerber auch ein Ordensname gegeben werden. Nach

dem Noviziat kann der Novize oder die Novizin die zeitliche Profess ablegen. Für die Aufnahme in ein Kloster können unterschiedliche Stufen, Zeitabstände und Regelungen gelten.

Profess

Die Profess ist die öffentliche Ablegung der Gelübde. Der Begriff leitet sich aus dem lateinischen «professio» – Bekenntnis – ab. Während bei den Benediktinern die drei Gelübde Gehorsam (oboedientia), Ortsbeständigkeit (stabilitas) und klösterlicher Lebenswandel (conversatio morum) üblich sind, haben andere Ordensgemeinschaften die Evangelischen Räte: Armut, Keuschheit und Gehorsam. Die Profess wird in mehreren Stufen abgelegt. Nach dem Noviziat legt der Bewerber oder die Bewerberin eine «zeitliche Profess», begrenzt auf einige Jahre, später dann die «ewige» oder «feierliche» Profess ab, mit der sich der Mönch oder die Nonne für immer an das Kloster bindet.

Refektorium

Der heilige Benedikt legt auf die Tischgemeinschaft und ihre Gestaltung besonderen Wert; er gibt dem Mahl durch Gebet, Schweigen und Lesung ein gottesdienstliches Gepräge, dem auch die dafür freigehaltene Zeit und die Würde des Raumes entsprechen soll. Dieser Raum wird in den Klöstern «Refektorium» – Speisesaal (lateinisch «reficere» – wiederherstellen, erquicken, stärken) genannt. Nach alter Tradition wird während der Mahlzeiten geschwiegen. Ein Tischleser trägt während dieser Zeit die Tischlesung vor.

Statio

Vor dem Gottesdienst versammeln sich die Mönche zur Statio, bei der sich jeder innerlich auf die Feier vorbereiten und Abstand zu seiner Arbeit gewinnen soll. Als äußeres Zeichen der Konzentration wird bei der Statio die Kapuze getragen.

5

Vesper

Der Begriff Vesper kommt vom lateinischen «vespera» – der Abend. Die Vesper ist der liturgische Abendgottesdienst und gehört zum täglichen Stundengebet. Ursprünglich bildete die Vesper den ersten Teil der nächtlichen Vigilien, die mit Anbruch des Abends begannen. Gegliedert ist die Vesper in den Hymnus, die Psalmen, eine Kurzlesung mit einem Antwortgesang und dem «Magnifikat», dem Lobgesang Mariens – auch «canticum» genannt. An Sonn- und Feiertagen wird die Vesper feierlich gestaltet. In jüngerer Zeit hat sich die vor allem junge Leute ansprechende Gottesdienstform der «Jugendvesper» entwickelt, die oft ähnliche Strukturen wie die monastische Vesper aufzeigt.

Register

Impressum

Der Fotograf:
Mirko Milovanovic studierte Foto-
design in Dortmund und arbeitet
seit 1993 als freier Fotograf vor
allem für Werbung, Reise, Theater-
und Tanzprojekte. Darüber hinaus
realisiert er multimediale Arbeiten
und Diavorträge u.a. über China
und Lettland.

Der Autor:
Hanspeter Oschwald, Redakteur
und Publizist, beschäftigt sich seit
seiner Jugend mit Kirchenthemen.
Er war 23 Jahre lang bei der dpa,
darunter sechs Jahre in Rom und
fast neun in Paris. Außenpolitik-
chef bei der «Welt» und von
1992 bis 2000 Auslandschef bei
«Focus». Heute Leiter der Burda-
Journalistenschule. Schrieb u.a.
einen Klosterurlaubsführer und
ein Buch über den Vatikan.

Danksagung:
Der Autor dankt den Klöstern
und örtlichen Fremdenverkehrs-
ämtern für die Erlaubnis, aus ihren
Webseiten zu zitieren.

Einbandfotos:
Vorderseite: spätromanisch-früh-
gotischer Kreuzgang mit Brunnenhaus und -schale im Stift Zwettl
(großes Bild); Portalgitter in der
Abteikirche von Kloster Plankstetten; Nonne im Kloster St. Marienstern; Stillleben im Gastzimmer,
Kloster Habstahl (oben, von links
nach rechts).
Rückseite: Kräutergarten von Stift
Admont.
S. 1: Seminarteilnehmerinnen bei
der Meditation, Stift Zwettl.

Bildnachweis:
Beuroner Kunstverlag: S. 8 u.r.
Bildarchiv Preussischer Kultur-
besitz, Berlin: S. 139 u.l.
Kloster Andechs: S. 14 u.l., 14/15
(Tom Schmid).
Kloster Habstahl: S. 7 u.r., 10 (3),
76 M.o., 78/79, 79 r., 208 o.r.
Look, München: S. 12 M.o., 12/13,
16 l. (Werner), 29 r. (Frei).
Kloster Marienstern: S. 10/11.
Kloster Niederaltaich: S. 207 u.r.,
211 o.
Kloster Schäftlarn: S. 8 l.
Gerhard Trumler, Wien: S. 7 u.l.,
8/9, 9 (3), 11 u., 65 u.l., 207 o. (4)
und u.l., 210 u.r.

Alle anderen Aufnahmen stammen
von Mirko Milovanovic, München.

Die Aufnahmen vom Kloster
Weingarten entstanden mit
freundlicher Genehmigung des
Staatl. Vermögens- und Hochbau-
amts Ravensburg.

Die Karte auf der hinteren
Einbandklappe zeichnete
Astrid Fischer-Leitl, München.

Alle Angaben dieses Bandes wurden von den Autoren sorgfältig
recherchiert und vom Verlag auf
Stimmigkeit und Aktualität geprüft.
Allerdings kann keine Haftung für
die Richtigkeit der Informationen
übernommen werden. Für Hinweise und Anregungen sind wir
dankbar.
Zuschriften an den C.J. Bucher
Verlag, Lektorat, Paul-Heyse-
Straße 28, 80336 München.

Wir danken allen Rechteinhabern
und Verlagen für die Erlaubnis zu
Nachdruck und Abbildung. Trotz
intensiver Bemühungen war es
nicht möglich, alle Rechteinhaber
zu ermitteln. Wir bitten diese, sich
an den Verlag zu wenden.

ZEIT FÜR KLÖSTER
Produktion:
BUCH UND BILD Verlagsservice
Axel Schenck, Bruckmühl
Konzeption: Joachim Hellmuth,
Gesche Wendebourg
Lektorat: Marina Burwitz und
Marion Hölczl
Register: Ruth Pischl-Hadjadj
Bildgestaltung: Joachim Hellmuth
Bilddokumentation:
Susanne Schauer
Graphische Konzeption und
Gestaltung: Werner Poll
Herstellung: Angelika Kerscher,
Gabriele Kutscha

Technische Produktion:
Repro Ludwig, A-Zell am See
Passavia Druckservice GmbH,
Passau

© 2003 by Ullstein Heyne List
GmbH & Co. KG, München
Das Buch erscheint im
C.J. Bucher Verlag. Der C.J. Bucher
Verlag ist ein Unternehmen der
Ullstein Heyne List GmbH & Co.
KG, München

Alle Rechte vorbehalten
Printed and bound in Germany
ISBN 3-7658-1326-5